# 启蒙与改良：
# 凉山乡贤岭光电教育实践研究

刘 星 著

中央民族大学出版社
China Minzu University Press

图书在版编目（CIP）数据

启蒙与改良：凉山乡贤岭光电教育实践研究／刘星著．—北京：中央民族大学出版社，2025.3

ISBN 978-7-5660-2259-2

Ⅰ.①启… Ⅱ.①刘… Ⅲ.①岭光电—教育思想—研究 Ⅳ.①G40-092.7

中国国家版本馆 CIP 数据核字（2023）第 221965 号

## 启蒙与改良：凉山乡贤岭光电教育实践研究

| | |
|---|---|
| 著　　者 | 刘　星 |
| 责任编辑 | 舒　松 |
| 封面设计 | 布拉格 |
| 出版发行 | 中央民族大学出版社 |
| | 北京市海淀区中关村南大街27号　邮编：100081 |
| | 电　话：(010)68472815(发行部)　传真：(010)68932751(发行部) |
| | 　　　　(010)68932218(总编室)　　　　(010)68932447(办公室) |
| 经 销 者 | 全国各地新华书店 |
| 印 刷 厂 | 北京鑫宇图源印刷科技有限公司 |
| 开　　本 | 787×1092　1/16　印张：17.75 |
| 字　　数 | 280千字 |
| 版　　次 | 2025年3月第1版　2025年3月第1次印刷 |
| 书　　号 | ISBN 978-7-5660-2259-2 |
| 定　　价 | 78.00元 |

**版权所有　翻印必究**

本书为国家社会科学基金项目"民国时期乡村建设浪潮下四川凉山彝族土司岭光电的乡村治理研究"（批准号：20XMZ013）的阶段性成果。

贵州省哲学社会科学创新团队建设计划资助

# 目 录

**绪 论** …………………………………………………………… 1
　一、选题缘由与研究价值 ………………………………………… 1
　二、概念说明与研究动态 ………………………………………… 4
　三、研究思路与视角 …………………………………………… 25

**第一章　抗战时期的教育及在凉山实施情形** ………………… 31
　第一节　抗战时期的教育概况 ………………………………… 31
　　一、抗战时期的教育 ………………………………………… 31
　　二、边民教育的兴起 ………………………………………… 34
　　三、边民教育实施情况 ……………………………………… 39
　第二节　凉山教育的社会背景 ………………………………… 46
　　一、社会状况 ………………………………………………… 46
　　二、社会组织 ………………………………………………… 49
　　三、物质分配与社会矛盾 …………………………………… 50
　第三节　凉山的教育状况及特点 ……………………………… 52
　　一、传统文化教育 …………………………………………… 53
　　二、现代文化教育 …………………………………………… 56
　　三、教育特点 ………………………………………………… 63

**第二章　岭光电的成长环境与早期经历** ……………………… 72
　第一节　田坝地方与斯补土司 ………………………………… 72

一、田坝基本情况与特点 ········································· 72
　　二、斯补村与斯补土司 ········································· 76

第二节　少年土司岭光电 ············································ 82
　　一、平静的童年 ················································· 82
　　二、转折中的少年 ············································· 84

第三节　外出求学与学成归来 ········································ 87
　　一、辗转多地求学 ············································· 87
　　二、学成归来服务凉山 ········································· 90

# 第三章　创办私立斯补边民小学校 ···································· 97

第一节　荣耀还乡 ····················································· 98
　　一、岭光电回田坝 ············································· 98
　　二、初掌土司事务 ············································· 99
　　三、力排办学争议 ············································· 100

第二节　坚定办学 ···················································· 102
　　一、办学条件 ·················································· 103
　　二、办学情况 ·················································· 110

第三节　岭光电的学生们 ············································ 127
　　一、新社会的人才 ············································· 127
　　二、人才的摇篮 ················································ 130

# 第四章　开展社会教育 ·············································· 133

第一节　社会教育与乡村建设 ········································ 133
　　一、乡村建设中的教育 ········································· 133
　　二、边民社会教育 ············································· 136
　　三、凉山乡村问题 ············································· 137

第二节　发展经济民生，倡导新兴事物 ································ 139
　　一、重视耕植 ·················································· 139
　　二、奖励工匠 ·················································· 141

三、提倡医药…………………………………………………… 142

第三节　改良习俗，不"吃"百姓 …………………………… 144
　　一、采取保障老百姓财产的措施 ……………………………… 144
　　二、废除加重老百姓负担的规矩 ……………………………… 147

第四节　训练民众，维护安定 ………………………………… 150
　　一、传授现代文化知识 ………………………………………… 151
　　二、进行体育军事训练 ………………………………………… 152

第五章　个人价值与社会价值统一的教育目的 ………………… 157

第一节　教育目的及价值取向 ………………………………… 158
　　一、教育目的 …………………………………………………… 158
　　二、价值取向 …………………………………………………… 160
　　三、抗战时期边民教育目的 …………………………………… 161

第二节　促进个人发展 ………………………………………… 163
　　一、培养青年知识分子 ………………………………………… 163
　　二、提高民众文化水平 ………………………………………… 165
　　三、促进地方安定团结 ………………………………………… 166

第三节　合力中华民族建设 …………………………………… 167
　　一、争取平等民族地位 ………………………………………… 168
　　二、构建民族平等理论 ………………………………………… 171
　　三、融入中华民族建设 ………………………………………… 174

第六章　因地制宜的教育策略 …………………………………… 179

第一节　因俗制宜，因势利导 ………………………………… 179
　　一、利用土司权威以身作则 …………………………………… 179
　　二、各取所长互相促进 ………………………………………… 181
　　三、树立典型推广新文化 ……………………………………… 183

第二节　彝、汉结合，灵活务实 ……………………………… 184
　　一、教学语言的选用困难 ……………………………………… 185

二、斯补校的解决办法 ·················································· 188
　　三、岭光电办法的适用性 ·················································· 195

**第七章　创新性的民族文化融合理念** ·································· 200
　第一节　"把药丸揉进苦荞粑"的岭式理念 ·································· 200
　　一、涵化及涵化类型 ·················································· 200
　　二、民族文化融合的政府导向 ·················································· 201
　　三、岭式理念 ·················································· 203
　第二节　推动地方传统文化传承 ·································· 204
　　一、凉山传统文化的优点 ·················································· 204
　　二、批判性传承传统文化 ·················································· 206
　　三、对地方传统文化的贡献 ·················································· 208
　第三节　吸收中华民族文化养分 ·································· 213
　　一、积极认同中华民族文化 ·················································· 213
　　二、构建地方文化新的"濡化"因子 ·················································· 215
　　三、斯补区的新文化中心 ·················································· 217

**第八章　启蒙与改良** ·································· 219
　第一节　岭光电兴办教育的影响 ·································· 219
　　一、开启凉山彝人创办现代学校教育的先河 ·················································· 219
　　二、为中华人民共和国培养一批人才 ·················································· 221
　　三、为地方传统文化传承提供借鉴思路 ·················································· 223
　第二节　现代文化的启蒙者 ·································· 224
　　一、现代意义上的学校教育 ·················································· 225
　　二、把现代文化引入社会教育 ·················································· 228
　第三节　地方传统文化的改良者 ·································· 229
　　一、程度上的改良 ·················································· 231
　　二、范围上的改良 ·················································· 232
　　三、改良的局限性 ·················································· 233

**结语：特殊的"乡"造就的自觉性乡贤** ………………………… 237

**参考文献** ………………………………………………………… 247
  一、史料与专著类 ………………………………………… 247
  二、期刊类 ………………………………………………… 256
  三、译著类 ………………………………………………… 264
  四、英文类 ………………………………………………… 266
  五、学位论文类 …………………………………………… 266
  六、报纸、手稿及油印资料 ……………………………… 267

**后　记** …………………………………………………………… 269

# 绪 论

## 一、选题缘由与研究价值

### （一）选题缘由

岭光电（1913—1989），彝族人，彝名兹莫慕理，系四川凉山甘洛县"煖带田坝土千户"最后一代土司，南京中央陆军军官学校第十期毕业生，曾先后在国民政府不同机构任职，担任过重庆行营"边民调查团"少尉翻译及国民政府立法院第一届立法委员等十余种职务。西昌是其进行公务活动的主要地点，同时为委员长西昌行辕、西康省政府主席行辕和西康省政府设置在西昌的宁属屯垦委员会工作。在此期间，他在沟通民族关系、调解民族矛盾和促进民族团结方面表现出色，受到当地人和政府的推重。因少时亲历军阀迫害，惨遭家破人亡之痛，在外求学时耳闻目睹彝族人受欺之事，岭光电认为是由于人们缺乏文化知识的原因所致，因此立志通过提高个人文化知识水平，提高民族影响力，进而为中华民族和现代民族国家的建设与强大做贡献。岭光电于1937年在其土司辖地成立"私立斯补边民小学校"（简称斯补校），这是凉山第一所完全由本地人自己创办的现代意义上的小学。在社会转型、时局动荡之中，岭光电散尽私财、多方筹措、倾尽全力办学，使斯补校办学卓有成效①，受到政府的嘉奖和社会的好评。从斯补校走出的300多名人才，在凉山的解放、民主改革和社会建设中均发挥重要作用，产生良好的社会影响。与此同时，岭光电对其辖区的农林、卫生、习俗等方面进行了一系列社会改良，并取得良好成效。岭光电在中华人民共和国成立后从事的教育活动，也对凉山的解放、民主改革和建设发挥了积极作用。

岭光电的教育实践是民国时期乡村教育中少见的成功案例，其贡献在西南一带和时人当中影响很大，其本人以贤达闻名，受人称颂；但由于其复杂身份，对其进行全面研究者甚少。笔者认为，岭光电在学校教育和乡村建设方面所做的努力，对我国当下的农村教育和乡村振兴，仍具有积极借鉴意义；其采取的批判性传承传统文化，策略性吸收中华民族文化养分的办法，对现在传统文化的传承具有启示作用。基于以上原因，笔者选择了此课题。

### （二）研究价值

岭光电的教育实践可分为四个部分：第一，1937—1952年在四川凉山创办现代意义上的"私立斯补边民小学校"，成功培养出300多名人才，为凉山的解放、民主改革和建设提供坚实力量。第二，在其辖地斯补区②有效开展奖励耕植、移风易俗、引进现代医疗等一系列社会教育活动，使斯补地方成为当时动荡社会中的安宁净土；同时期在西昌担任"保甲军训合一训练所教官""西康省干部培训团上校教官"和"乐西公路"边民筑路队北段支队支队长职务时，为当地培养了不少青年人才。第三，中华人民共和国成立初期担任凉山第一届"少数民族干部训练班"班主任，培训了一批中华人民共和国急需的少数民族干部；编撰的扫盲课本"彝族谚语"帮助大

---

① 凉山彝族自治州地方志编纂委员会. 凉山彝族自治州志（下册）[M]. 北京：方志出版社，2002：2500.
② 指岭光电土司家的辖区，包括从凉山甘洛县田坎、海棠一带的高山村子到田坎斯补村的区域。因其土司驻地在斯补村，故统称其辖区为斯补区、斯补地方。

批人脱盲，使这批人迅速学会基础彝文，掌握写字、记账的基本本领，成为民族地区基层急需的千千万万的乡村干部和村社会计人员。这些人为凉山的解放、民主改革和建设发挥了重要作用。第四，20世纪80年代受聘于中央民族学院担任彝族历史文献专修班任课教师，教授彝文和彝族历史；整理、翻译14部彝文经典，为彝族文化的传承与发展做出贡献。

民国时期，很多地方都开展了声势浩大的乡村教育事业，如梁漱溟在河南辉县和山东邹平开展的乡村教育、晏阳初在河北定县进行的平民教育实验、陶行知在江苏南京晓庄开办的乡村教育等，然而真正成功者鲜有。岭光电的教育实践在民国时期众多的乡村教育案例中颇具典型意义，是抗战时期乡村教育中少见的成功案例，其成功引人注目；但与同时代大力兴办农村教育的晏阳初、梁漱溟等专职教育家不同，岭光电的主业是政府官员和田坝土司，教育是他主业之余从事的事业，不论是其本人还是后来的研究者，从未对其教育实践和理念进行过全面的阐述与剖析。因此，本课题具有较大的研究价值。

1. 理论价值

岭光电的教育实践为我国民族教育提供了具有鲜明特色的个案范例，可丰富我国多元一体化的民族教育理论。对我国现在的乡村教育和民族地区的教育发展有借鉴意义，如推广国家通用语言文字、人才培养、传统文化的教育等等。岭光电在大力引进现代文化进行乡村教育的同时，也很注意对当地传统文化的教育与传承，这对于现在全球一体化的背景中，如何保持民族文化的传承与发展，为中华民族文化提供新鲜血液，提供了借鉴思路。

2. 实际应用价值

本课题研究成果，一方面可以促进农村和民族地区的教育发展。作为第一个彝族人在凉山成功创办现代小学的典型，同时也是全国同时期乡村教育中少见的成功案例，岭光电的教育方法和经验，有许多值得学习的地方，总结和传承其教育理念，可以给农村和民族地区提供借鉴和参考，有助于我国教育发展。另一方面可以促进新农村建设，有利于乡村振兴。"三农"问题仍是我国转型时期的突出问题，农村的发展决定着我国现代化进程的快慢；发展农村各项社会事业，提高农民科学文化素质，培育新农民，成为关系农村建设、乡村振兴的重要因素。岭光电立足乡村实际，从乡民需要出发，对乡村进行适合本土特点改造的方法，在今天仍有其现实意义。

## 二、概念说明与研究动态

### （一）关于教育的几个概念说明

根据斯大林关于民族的经典定义"民族是人们在历史上形成的一个有共同语言、共同地域、共同经济生活以及表现于共同民族文化特点上的共同心理特征的稳定的共同体"[1]，和我国当前学术界对民族的界定"民族是在一定的历史发展阶段形成的稳定的人们共同体。一般来说，民族在历史渊源、生产方式、语言、文化、风俗习惯以及心理认同等方面具有共同的特征"[2]，可以得出这个结论：自从民族形成以后，人类社会的任何人必然属于其中一个民族，不存在不属于民族共同体的社会成员。任何民族都有教育，教育是培养人的一种活动。恩格斯在《家庭私有制和国家的起源》第一版序言中明确提出：历史的决定因素是直接生活的生产和再生产，即生活资料或者说物质资料和人类自身的生产。[3] 物质资料和人类再生产都离不开人这个关键因素，而人要获得生产物资资料的劳动技能和实现对人的培养，都必须依靠

---

[1] 斯大林. 斯大林全集：第二卷 [M]. 北京：人民出版社，1953：294-295.
[2] 国家民族事务委员会. 中国共产党民族理论政策干部读本 [M]. 北京：民族出版社，2011：19.
[3] 中共中央马克思恩格斯列宁斯大林著作编译局. 马克思恩格斯选集：第四卷 [M]. 北京：人民出版社，1995：2.

教育。人类社会积累起来的生产、生活经验和知识技能等，都是通过教育传给后代，因此也可以说人是教育的产物；而人天然具有民族性，因此可以说所有针对人的教育都具有民族性，一切教育都是民族教育。[1]

1. "民族教育"概念界定

民族教育这个概念有广义和狭义之分，从广义上说指一切教育活动，包括所有民族的教育；从狭义上说，在我国指少数民族的教育。

广义的民族教育。关于民族教育的广义界定，学界有两种意见较有代表性，一种认为民族教育"是指对一个有共同语言，共同地域，共同经济活动以及表现于共同的民族文化特点上的共同心理素质这四个基本特征的稳定的共同体的文化传播和培养该共同体成员适应本民族文化的社会活动"[2]。另一种把民族教育的基本概念定义为：凡是具有某个民族反映在语言、地域、经济生活以及表现在共同文化上的共同心理素质方面的基本特征的，为其政治、经济服务的培养人才的社会活动，就是民族教育。[3] 这两种定义都是从民族教育的广义方面来说的，涵盖了一切民族的教育，既可以是单一民族国家的教育，也可以是多民族国家的教育；既可以指古代民族的教育，也可以是近现代、当代民族的教育；既可以指汉族的教育，也可以指各个少数民族的教育，总之，囊括了一切教育活动。抗战时期的边民教育也是指向广义的民族教育。

狭义的民族教育。从我国现代教育的发展来看，大多数时候民族教育指除汉族教育以外的少数民族教育。

1951年9月，在第一次全国民族教育会议上，教育部部长马叙伦做了关于本次会议的报告，对民族教育做了系统阐述，明确指出民族教育就是指少数民族教育，其提出的总方针为："少数民族教育必须

---

[1] 耿金声. 论民族教育的概念和民族教育的特点 [J]. 民族教育研究, 1991 (2).
[2] 哈经雄, 滕星. 民族教育学通论 [M]. 北京: 教育科学出版社, 2001: 6.
[3] 耿金声. 论民族教育的概念和民族教育的特点 [J]. 民族教育研究, 1991 (2).

是新民主主义的内容的，即民族的、科学的、大众的教育，而不能是其他性质的教育。但这种教育应采取适合于各民族人民发展和进步的民族形式，照顾民族特点，很好地和各民族实际情况结合起来。"① 1980年中共中央和国务院批准颁发的《关于加强民族教育工作的意见》中对"民族教育"的内涵仍然保持一贯以来的明确指向：就是指少数民族教育。"当前，少数民族教育也要认真贯彻执行'调整、改革、整顿、提高'的方针②。"《中国大百科全书·教育卷》将民族教育定义为："少数民族教育就是在多民族国家内对人口居于少数的民族实施的教育，简称民族教育。在中国指对汉族以外其他民族实施的教育。"《教育大辞典·民族卷》将其界定为："民族教育是中国少数民族教育的简称，特指除汉族以外，对其他55个少数民族实施的教育。"民国初期也是把民族教育归为指向少数民族的教育，这从颁布的文件名称和设立的管理民族教育的机构名称都能体现出来，如1913年临时国民政府颁布的《蒙藏学校章程》，1930年南京国民政府教育部就专门为管理民族教育而设立了蒙藏教育司。

2. 抗战时期的"民族教育"同类概念说明

中国人民抵抗日本侵略的战争始于1931年的"九一八"事变，1937年7月7日的"卢沟桥事变"后全面爆发，至1945年8月15日日本正式宣布投降结束，这段时期既是中国全面抗击日本侵略的时期，也是遭遇空前民族危机的时期。在民族危亡关头，教育界很多人士提出，应对非常时期之需要，应通过"非常时期之教育"，增进全社会抵御外敌的团结力和抵抗力，加强社会战时经济生产力。③ 为增强中华民族认同意识，增强持久抗战的力量，发动全面抗战、实现全民动员，全国上下重视教育作用，从教育入手成为当时的社会共

---

① 国家教育委员会民族地区教育司. 少数民族教育工作文件选编 1949—1988 [M]. 呼和浩特：内蒙古教育出版社，1991：37.
② 谢启晃. 中国民族教育史纲 [M]. 南宁：广西教育出版社，1989：75.
③ 抗日救国运动中教育界之责任 [N]. 申报，1931-10-3 (010).

识。① 随着抗日战争形势的加剧，边远各省区成为抗战的重要根据地，边民教育被视为抗战建国的基础②，教育文化亟待推进，边民教育遂适应抗战形势而加速成长。政府和社会各界或从政策支持，或从办学实务，或从理论研究等各方面共同推动边疆教育的发展。此时期边民教育也称为"边地教育"，或"边疆教育"，均指同一种教育活动，以居住于文化边疆的各民族为施教对象，其教育内容为二元形式，既要保存及传授各族之固有文化或地域文化之外，还须灌输民族国家所需的统一文化与现代文化，并设法同时传授这二元文化而不相冲突，使二元文化趋于一元而创造中华民族文化的最高形式。③

因此，抗战时期的"边民教育"，从教育实施对象、教育内容和教育目的而言，与前述广义的民族教育含义大体相同。1937年凉山岭光电土司创办的"私立斯补边民小学校"和在斯补区开展的社会教育，就属于当时政府和社会各界都看重的边民教育。本书在使用"边疆教育""边地教育""边民教育"这三个概念时，大体上是在现代民族教育的广义范畴上运用。

3. 本书采用广义的民族教育概念

四川凉山乡贤岭光电土司于1937年3月至1952年创办"私立斯补边民小学校"，同时在其家乡开展社会教育，并在其他地方进行教育活动，其教育实践和教育思想形成跨越全面抗战时期，可以说是此时期边民教育的典型案例。根据前文所述，边民教育属广义上的民族教育范畴，因此，本书采取广义的民族教育定义。即民族教育是对有着共同语言、共同地域、共同经济生活以及表现于共同民族文化特点上的共同心理特征的稳定的民族共同体进行的文化传承和培养该民族共同体成员的活动，一方面使民族共同体成员适应现代社会，以求得

---

① 吴蹒人. 今后二年之边疆教育 [J]. 建国教育, 1939 (2).
② 曹树勋. 抗战十年来中国的边疆教育 [J]. 中华教育界（复刊第1卷）, 1947 (1).
③ 朱家骅. 论边疆教育 [Z] //朱家骅. 边疆教育概况（续编·代序）. 中华民国教育部边疆教育司编印, 1947.

个人更好的生存与发展，另一方面继承和发扬本民族的优秀传统文化，① 建设各民族共有精神家园，以达到促进个人全面发展、促进民族团结、实现国家和中华民族繁荣昌盛的目的。根据以上广义的民族教育概念界定，结合本书的研究内容，本书中的"民族教育"与抗战时期倡导的中华民族教育是同一指向，指针对所有民族实施的一切教育活动，具体内容如下。

教育对象：指多民族国家中各民族的成员，在我国包括汉族和所有少数民族的成员。

教育内容：指多民族国家中现代通行文化的教育和各民族传统文化的教育。

教育形式：学校教育、家庭教育和社会教育。

教育目的：一方面使民族共同体成员适应现代社会，促进个人全面发展，以求得个人更好的生存与发展；另一方面继承和发扬本民族的优秀传统文化，建设各民族共有精神家园，促进民族团结、实现中华民族和国家的繁荣昌盛。

### （二）研究动态

本书的调查资料均来源于笔者所做的四次田野调查：笔者曾于2013年3—4月到岭光电创办学校所在地的甘洛县（中华人民共和国成立前属越西县管辖）和越西县，8—9月到西昌市、昭觉县、喜德县，11—12月到西昌市等地调查，2016年1月到甘洛县、汉源县和西昌市进行田野调查。通过与当地人、岭光电的亲属和学生的访谈，获得了大量第一手资料。大部分档案史料也来源于笔者的实地调查。写作前期，笔者曾先后到国家图书馆、四川省档案馆、甘洛县档案馆、甘洛县史志办、越西县档案馆、越西县史志办、西昌市档案馆、凉山州档案馆、凉山州史志办、凉山州图书馆、西昌学院彝族文化研

---

① 哈经雄，滕星. 民族教育学通论［M］. 北京：教育科学出版社，2001：8.

究中心、凉山彝族奴隶社会博物馆搜集相关档案史料。

此外，本书的部分资料来源于岭光电的手稿和油印资料。前者如《雷波卢占鳌父子》(1962)、《随中央军撤退逃亡》(1963)、《回忆舅舅》(1986)、《岭光电委员的发言》(1986)、《忆私立斯补边民小学校》(1987)、《阿侯入侵与麻卡格初反击情况及参加者族谱》(1987)、《忆乐（山）西（昌）公路北段边民筑路队》(1988)、《蒋大成为人》(1988) 等；后者主要是岭光电整理、翻译的 14 部彝文经典。笔者把这 14 部经典分成四类：教育类：《教育经典》(1982)、《谚语》(上，1982)、《谚语》(中，1983)、《谚语》(下，1983)、《凉山彝族有关妇女的谚语》(1983)；历史类：《双动古侯》(1982)、《雪族》(1982)，《史传》(1983)；宗教类：《呗耄献祖经》(1981)，完成于 20 世纪 80 年代的《邪兆经》《驱猴经》《祛鬼经》；文学类：《之子宜乍》(1984)、《石尔呵俄特》(20 世纪 80 年代手抄本)。

在以上资料的基础上，结合已有研究，在此对关于岭光电、民族教育和乡贤的研究动态作逐一梳理。

1. 关于岭光电的研究

关于岭光电的研究在民国时期主要是时人的一些评论和记载；中华人民共和国成立后，由于岭光电的复杂身份，其在教育方面做出的突出贡献并没有得到宣传，也就谈不上对他的研究；直到 20 世纪 80 年代末开始出现有关岭光电的介绍、评价和研究。

（1）对岭光电的介绍和评价

民国时期的一些学界名人与一些外国友人对岭光电的教育实践几乎是一边倒的赞誉有加，但针对岭光电的专门研究则没有。如马学良的《听傈胞代表岭光电氏谈话后》[1]，庄学本的《介绍越巂煖带密土司岭光电》，任乃强的《我所知道的夷[2]族土司岭光电先生》，文韬的

---

[1] 马学良. 听傈胞代表岭光电氏谈话后 [J]. 边疆通讯，1947 (8-9).
[2] 关于"夷"的说明：本书在引用中华人民共和国成立之前对彝族的称谓时，遵照原文使用"夷"字，绝无歧视之意。

《青年领袖岭光电》①等文章。庄学本认为岭光电为"边地封建社会中不可多得之杰出人才"②；任乃强介绍岭光电"以忠勤能干著称"③。曾通过岭光电辖区的俄国人顾彼得（Pote Gullart）在其著作《彝人首领》（Princes of The Black Bone: Life in the Tibetan Borderland）更是对岭光电进行了热情洋溢的赞美④；1942年《亚洲》（Asia）上发表的一篇文章《当"倮倮"遇见汉人》（When Lolos Meet Chinese）称岭光电是"很有前途的年轻人，可以通过改善西康'倮倮'的状况，而对全中国作出更大的贡献"⑤；1947年发表于美国《国家地理杂志》（National Geographic Magazine）的一篇文章《夷区历险记》（Adventures in Lololand）忠实地记录了几个美国人到凉山搜寻美国失事飞机，受到岭光电保护的情形⑥。

云南楚雄彝族文化研究所所长刘尧汉的《悼念岭光电先生》⑦一文中高度评价岭光电对彝族文化的贡献；吴国清的《开明进步人士岭光电先生》、《介绍开明进步人士岭光电先生》分别从教育、文化、卫生和对社会稳定的作用介绍了岭光电对凉山彝族的贡献⑧；阿扎木呷的《回忆开明土司岭光电》⑨，马林英的《办学兴教的开明上司岭光电》⑩介绍了岭光电兴办教育的一些具体事项。

---

① 文韬. 青年领袖岭光电［N］. 新康报，1945-05-04.
② 庄学本. 介绍越嶲㬊带密土司岭光电［J］. 边疆通讯，1947（8-9）.
③ 任乃强. 我所知道的夷族土司岭光电先生［J］. 边疆通讯，1947（8-9）.
④ ［俄罗斯］顾彼得. 彝人首领［M］. 和锵宇，译. 成都：四川文艺出版社，2004.
⑤ Sun Keewone. When Lolos Meet Chinese［Z］//彭文斌. 岭光电、美国空军大凉山救援队和西方媒体. 2013年11月1日岭光电研讨会上的发言.
⑥ Rennold L. Lowy. Adventures in Lololand［J］. National Geographic Magazine，1947，91（1）：105-108.
⑦ 刘光汉. 悼念岭光电先生［J］. 彝族文化，1989（年刊）.
⑧ 吴国清. 开明进步人士岭光电先生［J］. 凉山民族研究，1993. 吴国清. 介绍开明进步人士岭光电先生［J］. 凉山民族研究，1994.
⑨ 阿扎木呷. 回忆开明土司岭光电［J］. 凉山民族研究，1997.
⑩ 马林英. 办学兴教的开明土司岭光电［M］//沙玛·加甲. 彝族人物录. 呼和浩特：内蒙古教育出版社，1997：306-309.

(2) 民族文化传承与社会活动

李列的《现代学术史上的主位研究——以岭光电和曲木藏尧为例》和其博士论文《彝族研究现代学术的建立》①，王菊的《从"他者叙述"到"我者建构"彝学研究的历史转型》②，谢敏的硕士论文《学术与时局：以〈康藏研究月刊〉为中心的考察》③，李国太的《岭光电：土司家庭走出的彝族学者》④，戴玥琳的硕士论文《凉山彝族土司文化探究——以甘洛田坝地区为例》⑤ 均涉及岭光电在彝族文化研究方面的贡献。

关昉的《从民国报刊资料看彝族土司岭光电两次赴南京请愿事迹——以四川、南京报刊为核心》和硕士论文《一个彝族土司的国家认同与民族认同——以岭光电两次赴南京请愿事为考察中心》⑥、伊利贵的博士论文《民国时期西南"夷苗"的政治承认诉求——以高玉柱的事迹为主线》⑦ 等对岭光电的社会活动有较多论述。

(3) 教育理念

岭光电的教育理念主要体现在一些传记、文集和未刊文稿中。

岭光电的自传《忆往昔》⑧ 记录了作者的主要生平事迹，是本课题研究的重要依据；蒋昭的《末代土司岭光电》⑨ 以传记的形式记叙

---

① 李列. 现代学术史上的主位研究——以岭光电和曲木藏尧为例 [J]. 民族艺术研究，2006 (1). 李列. 彝族研究现代学术的建立 [D]. 北京：北京师范大学，2005.

② 王菊. 从"他者叙述"到"我者建构"彝学研究的历史转型 [J]. 贵州民族研究，2008 (4).

③ 谢敏. 学术与时局：以《康藏研究月刊》为中心的考察 [D]. 成都：四川师范大学，2010.

④ 李国太. 岭光电：土司家庭走出的彝族学者 [N]. 中国民族报，2013-08-02 (07).

⑤ 戴玥琳. 凉山彝族土司文化探究——以甘洛田坝地区为例 [D]. 北京：中央民族大学，2015.

⑥ 关昉. 从民国报刊资料看彝族土司岭光电两次赴南京请愿事迹——以四川、南京报刊为核心 [J]. 民族史研究，2013 (12). 关昉. 一个彝族土司的国家认同与民族认同——以岭光电两次赴南京请愿事为考察中心 [D]. 北京：中央民族大学，2015.

⑦ 伊利贵. 民国时期西南"夷苗"的政治承认诉求——以高玉柱的事迹为主线 [D]. 北京：中央民族大学，2011.

⑧ 岭光电. 忆往昔 [M]. 昆明：云南人民出版社，1988.

⑨ 蒋昭. 末代彝族土司岭光电 [M]. 香港：天马出版有限公司，2011.

了岭光电的生平事迹，内容多与岭光电的《忆往昔》重合，带有作者强烈的主观色彩；温春来、尔布什哈收集整理的《岭光电文集》① 分上、中、下三册，收录了岭光电几乎所有的著述，包括完整的《倮情述论》《忆往昔》的大部分篇章、散见于民国时期报刊的文章、时人对岭光电的评价、解放后岭光电公开发表和一些未刊发的手稿，岭光电与友人之间部分往来书信以及一些回忆、纪念岭光电的文章，是进行岭光电研究的重要参考资料。

《岭光电文集》的内容主要可分为四类：第一，彝族历史、习俗、宗教等文化方面。如《西南彝族史》（1936）、《倮苏概述》（1947）、《彝族民间故事》（1950）、《倮罗经典选译》（1942）、《凉山彝族习俗点滴》（1983）、《试谈毕摩和苏尼》（1985）等。第二，政论时评方面。如《如何推进边务》（1942）、《我在夷区实施建设的经验》（1943）、《建设川康区计划书》（1943）、《治理边务常有的错误》（1946）、《边疆民族新生命》（1947）、《夷人要求参政的呼吁》（1947）、《彝族聚居区人民群众需要彝文》（1987）、《酗酒问题》（1988）等。第三，亲历见闻方面。如《邓秀廷临死前对普雄的阴谋》（1963）、《靖边改组及其对布托彝人的屠杀》（1964）、《当土司的时候》（1979）、《羊仁安与刘文辉的关系》（1985）、《忆"乐西公路"北段边民筑路队》（1988）等。第四，教育方面，有以下 18 篇文章。《川康倮族青年训练之回顾》（1943）、《改进西康宁属边教之意见》（1938）、《对于边教的一点意见》（1943）、《教育与三化政策》（1944）、《边教难》（1945）、《论边民教育》（1946）、《夷人急需生计教育》（1946）、《凉山彝族教育问题》（1983）等文章阐述了岭光电对教育实践中一些问题的思考，并根据实际情况提出切实可行的建议，除了这些与教育直接相关的文章外，岭光电的教育思想还体现在他对彝文、彝文化的态度上。如《关于夷文》（1942）、《彝文好

---

① 温春来，尔布什哈. 岭光电文集［M］（上、中、下册）. 香港：香港科技大学华南研究中心，2010.

像不能拼音字那么用》(1964)、《对彝族文字的看法》(1960)、《彝族聚居区人民群众需要彝文》(1987)、《成立四川省彝文学校使我想到了什么》(1986)。另外，岭光电的个人经历见闻中也涉及他的教育观念。如《越嶲田壩建设社会工作概况》(1943)对彝民教育和风俗改良情况的介绍，《我在夷区实施建设的经验》(1943)中对斯补校办学情况的详细介绍，《我在腴田特别政治指导区工作的经验》(1988)回忆了腴田办学失败的经历，《私立斯补边民小学》(1987)记录了斯补校建校前后的情况，《忆往昔——改土归流及我再任土司期间的改革》(1985)有关于岭光电办学的内容。

另外，岭光电一些未公开发表的手稿和油印资料也表达了他对于教育的一些观点，与公开刊登的文章对照，可以看到他更真实的思想动态轨迹。如《蒋大成为人》(1988)、《岭光电委员的发言》(1986)等；有的手稿与已经发表的文章在细节上有出入，如《回忆舅舅》(1986)、《忆乐（山）西（昌）公路北段边民筑路队》(1988)等。岭光电关于教育的理念也体现在他对于彝文、彝文化的看法；而这些看法，很多时候反映在他为自己整理翻译的油印典籍所写的前言或后记中。如《史传》(1983)前言中对于彝文同源的见解，《之子宜乍抄后语》(1964)中对彝文经典的辩证看法，《谚语》(1982)中对彝族谚语功能的论述和选编标准的采用等。

(4) 学术活动

① 斯补校建校60周年庆祝活动

1997年4月10日在甘洛县田坝区胜利乡举行了"庆祝私立斯补边民小学校建校六十周年"活动。参加活动的有来自成都市、凉山州、甘洛县、胜利乡各级领导代表、原斯补校的部分学生和老师、岭光电的亲属代表和当时胜利乡民族小学的部分人员。此次庆祝活动回顾了岭光电的办学经过，高度评价了岭光电在教育方面的历史功绩，提出了对以后教育前景的展望。会后由罗德华、马金辉、阿扎·木基慕日、马之一和蒋正才编辑形成了《庆祝私立斯补边民小学校建校六十周年》的小册子，本文参考了其中一些内容。

② 岭光电先生民族教育思想学术研讨会

2013年11月1日至4日"岭光电先生民族教育思想研讨会"在四川省西昌市举行，由中央民族大学、西南民族大学、凉山民族研究所和凉山奴隶博物馆联合主办，西南民族大学蔡华教授担任本次研讨会组委会主任，负责发起、筹备此次会议，指导策划征稿、审稿、定稿工作和会议日程安排。出席会议的有来自中山大学、中央民族大学、重庆大学、西南民族大学、《大西南月刊》编辑部、四川省新闻中心、四川警察学院、楚雄彝族文化研究院、西昌学院、凉山民族研究所、凉山奴隶博物馆、凉山州彝学会的41位专家学者和来自成都、西昌、甘洛、昭觉、喜德等各级单位的31位代表。研讨会共收到论文22篇，著作1部，宣传资料2份。会议议题主要集中在三个方面：第一，岭光电的经历及贡献。如张锡煊的《茫茫彝空中的光电交响曲》、吴国清的《凉山彝族启蒙教育的开拓者——岭光电》、肖惠华、曲木约质的《纪念楚雄彝族文化研究院原顾问岭光电先生》、蒋正才的《岭光电先生从昭觉起义到西昌的经过》等。第二，岭光电的思想理念。如岭福祥的《岭光电先生民族教育思想探析》、陈国光的《岭光电教育实践中的"民本"思想》、邓海春的《民国时期岭光电先生进步思想形成历程》、刘星的《论岭光电教育目的》、木乃热哈与戴玥琳的《岭光电教育改革中的儒文化思想》等。第三，岭光电的其他活动及探讨。如巫达的《论彝族的宗教文化世俗化》、钟进文的《人物行动与社会结构互动的价值和意义》等从岭光电的行为与社会的互动来呈现其实践活动价值。

此外，西南民族大学副校长沙马拉毅教授，凉山州宣传部阿呷部长，中央民族大学的潘蛟教授和岭福祥教授，西南民族大学的蔡华教授、李文华教授和朱建新教授，中山大学的温春来教授，分别从不同角度高度评价岭光电的贡献及对现在教育和文化传承的现实意义。

2. 关于民族教育的研究

（1）当前民族教育理论研究

在构建系统的民族教育理论方面有谢启晃的《民族教育概论》（1984）、庄孔韶的《教育人类学》（1989）、景时春的《民族教育学》（1990）、孙若穷的《中国少数民族教育学概论》（1990）、王鉴的《民族教育学》（2002）、哈经雄与滕星的《民族教育学通论》（2001）、吴明海的《中国少数民族教育史教程》（2006）、宝玉柱的《民族教育研究》（2009）、李政涛的《教育人类学引论》（2009）、（德）武尔夫的《教育人类学》（2009）等，其中以孙若穷、王鉴和哈经雄的著作较为全面、系统。

《中国少数民族教育学概论》奠定了改革开放以来民族教育理论的基础，"标志着民族教育学作为一门独立的学科基本形成"[1]。《民族教育学通论》[2] 几乎涉及了民族教育的各个领域，也包括了当前民族教育的一些热点问题。其中提出的民族教育的基本概念较为符合我国实情，得到学术界的认同，本文中采用的"民族教育"的广义含义即参考了这一概念，前文在界定"民族教育"概念时已有涉及，兹不赘述。《民族教育学》[3]（2002）从民族教育基本理论、民族双语教学论、多元文化课程论、民族教育事业管理论各个角度进行论述，逻辑清晰，资料翔实，论证充分，是进行民族教育研究的重要参考资料。李政涛的《教育人类学引论》对教育人类学的目的、价值、使命、方法论基础、基本概念、基本问题进行了阐述。[4]（德）武尔夫的《教育人类学》主要从人的可塑性问题、模仿的意义与形式、教育全球化与跨文化教育几方面展现了当前西方教育人类学的前沿进展。[5]

---

[1] 孙若穷. 中国少数民族教育学概论 [M]. 北京：中国劳动出版社，1990.
[2] 哈经雄，滕星. 民族教育学通论 [M]. 北京：教育科学出版社，2001：6.
[3] 王鉴. 民族教育学 [M]. 兰州：甘肃教育出版社，2002：21.
[4] 李政涛. 教育人类学引论 [M]. 上海：上海教育出版社，2009.
[5] [德] 克思斯托夫·武尔夫. 教育人类学 [M]. 张志伸，译. 北京：教育科学出版社，2009.

王鉴、安富海的《当前我国民族教育研究前沿与热点问题综述》(2011)[①],对民族教育政策研究、民族教育与民族文化传承、民族地区基础教育课程改革研究、民族团结教育研究、少数民族双语教育研究五个方面进行了综合论述,并提出未来研究发展方向;滕星、彭亚华的《20世纪80年代后的中国民族教育研究发展综述》(2007)[②]从民族教育理论研究、科研队伍的形成和发展、学术期刊等几个方面对我国民族教育发展研究做了论述,并指出以后发展应注意的问题。

(2) 抗战时期民族教育研究

据前文所述,抗战时期的边民教育、边疆教育和边地教育均指向同一种教育活动,属于广义的民族教育。早期研究边民教育的代表人物有杨堃、吴文藻、费孝通、廖泰初、刘曼卿、卫惠林、梁欧第、李安宅等,他们共同谱写中国教育早期现代化的边疆教育篇章。

中国著名民族学家、社会学家、人类学家杨堃第一次提出了边疆教育学的概念。1937年6月,杨堃发表《边疆教育与边疆教育学》[③]一文。该文从社会学和人类学的角度论述教育的内涵,站在解决边疆问题的高度,论述边疆教育学的重要意义,倡导进行基于事实的而非价值的边疆人类学或边疆民族学的教育研究。这是中国人类学家、民族学家在国家危难的境遇下针对本国的实际问题而提出的边疆教育学,从一开始就具有鲜明的国家认同的特色。吴文藻在1938年发表的《论边疆教育》[④]中倡导建立一套科学的边疆教育学理论,指导边疆教育实践。

刘曼卿的《边疆教育》[⑤]、卫惠林的《边疆民族问题与战时民族

---

① 王鉴,安富海. 当前我国民族教育研究前沿与热点问题综述 [J]. 学术探索,2011 (2).
② 滕星,彭亚华. 20世纪80年代后的中国民族教育研究发展综述 [J]. 中央民族大学学报(哲学社会科学版),2007 (2).
③ 杨堃. 边疆教育与边疆教育学 [J]. 旬论,1937 (2) 上.
④ 吴文藻. 论边疆教育 [J]. 益世周报,1938 (10).
⑤ 刘曼卿. 边疆教育 [M]. 上海:商务印书馆,1937.

教育》①和曹树勋的《边疆教育新论》②，这三本在民国时期的边疆教育研究学术专著成果非常值得重视。刘曼卿的《边疆教育》分上、中、下三篇，共二十二章，上篇"导论"，探讨边疆教育的理论问题，中篇"概况"，分级分类描述边疆教育，下篇"计划"讨论边疆教育发展策略。此著作内容完整，逻辑清晰，在20世纪30年代可算是边疆教育研究的"开山之作"。③

卫惠林的《边疆民族问题与战时民族教育》重点探讨战时边疆教育与国防建设的关系以及如何推进战时边疆民族教育，认为应从巩固国防建设和增进民族团结的高度来认识边疆教育的重要性和紧迫性。④

曹树勋的《边疆教育新论》，篇章体例为"四编十六章"，内容涉及"边疆教育概述""边疆教育行政""边疆教育事业""边疆教育问题"等。该书不仅对南京国民政府推行边疆教育之对象、指导方针、语言政策、经费政策和学生的优待政策、边地青年教师进行了探讨，而且对"语文问题与教育""民族问题与教育"以及推行边疆教育的方法等问题提出很好的建议。刘、卫、曹这三本影响颇大的学术著作都是在基于边民教育实地调查的前提下，来探讨民国时期的边疆教育问题。

民国时期边疆教育方面的学术论文较丰富，发文时间集中在抗战前后不同阶段，其关注视角及重点也存在差异，表现出由实践活动到理论阐释、从具象到抽象的特征。抗日战争全面爆发前，是边疆教育兴办的草创阶段，这一阶段的边疆教育论文主要侧重边疆教育现状调查、改进方法及途径。如《我国边疆教育之计划与设施》⑤《边疆教

---

① 卫惠林. 边疆民族问题与战时民族教育[M]. 南京：中山文化教育馆，1938.
② 曹树勋. 边疆教育新论[M]. 南京：正中书局印行，1945.
③ 朱解琳. 甘宁青民族教育史简编[M]. 西宁：青海人民出版社，1993：381.
④ 卫惠林. 边疆民族问题与战时民族教育[M]. 南京：中山文化教育馆，1938：24.
⑤ 郑鹤声. 我国边疆教育之计划与设施[J]. 教育杂志，1926（6）.

育的现况》①《甘肃教育概况及改进计划》② 和《云南教育事业的现状》③ 等。抗战全面爆发后，西北、西南地区成为抗战的大后方，边疆地区备受国人关注，南京国民政府的边疆教育政策体系已渐趋成形并初见成效。这一时期学界主要侧重于边疆教育政策意见及边疆教育问题讨论，如《民族政策与边疆教育》④《边疆问题与边疆教育》⑤《实施边疆教育之管见》⑥《抗战建国与边疆教育》⑦《推进边疆教育问题之商榷》⑧ 等。国内局势在抗战胜利后发生转变，学界重新审视边疆教育事业，持续探索边疆教育发展途径。这一阶段相关研究题材呈现出总结性或回溯性特征。代表性论文有：《十年来我国的边疆教育》⑨《现阶段边疆教育总检讨》⑩《近年来边疆教育概况》⑪《今后实施边疆教育之商榷》⑫ 等。这些成果基于边疆教育史视域，从国家宏观层面和区域层面反思、总结边疆教育问题。

当前亦有部分学者关注边疆教育方面的研究，如孙懿⑬、马廷中⑭、王景⑮等，他们主要围绕抗战时期民国政府的边疆教育政策特色、演进脉络及其评价进行讨论。另外，陈学金对边疆教育研究与边疆教育学进行了较为全面的梳理，在他看来，20 世纪 30 年代边疆教

---

① 陈守智. 边疆教育的现况 [J]. 中华教育界，1936 (2).
② 水梓. 甘肃教育概况及改进计划 [J]. 开发西北，1934 (6).
③ 李子廉. 云南教育事业的现状 [N]. 云南日报，1937-05-07.
④ 梁瓯第. 民族政策与边疆教育 [J]. 广西教育研究，1941 (6).
⑤ 孙诞先. 边疆问题与边疆教育 [J]. 青年月刊，1941 (4).
⑥ 谢澄波. 实施边疆教育之管见 [J]. 建设研究，1940 (3).
⑦ 郭维屏. 抗战建国与边疆教育 [J]. 甘肃教育，1939 (12).
⑧ 谢松涛. 推进边疆教育问题之商榷 [J]. 中国回教救国协会会报，1942 (5).
⑨ 梁瓯弟. 十年来的我国边疆教育 [J]. 学艺杂志，1947 (1).
⑩ 宗亮东. 现阶段边疆教育总检讨 [J]. 文化先锋，1946 (18).
⑪ 周辉鹤. 近年来边疆教育概况 [J]. 边疆通讯，1947 (1).
⑫ 张星泽. 今后实施边疆教育之商榷 [N]. 中央日报，1946-09-05.
⑬ 孙懿. 抗战时期民国政府的边疆教育政策 [J]. 中国边疆史地研究，2005 (4).
⑭ 马廷中. 民国政府的民族教育政策研究 [J]. 西南民族大学学报（人文社科版），2007 (7).
⑮ 王景. 论民国政府少数民族教育政策的演变及其重心的转移 [J]. 学术探索，2015 (5).

育学是"无名而有实"的教育人类学发展阶段。①

（3）关于传统文化传承

在地方传统文化传承方面，卢德生的《民族文化传承中的社会教育运行机制研究》②强调学校教育的社会使命，认为民族地区的学校教育可以在借鉴社会教育的运行机制中提升自己的历史生命力；刘星的《适应与创造：论四川凉山彝族文化的传承路径》③基于凉山地方传统文化传承的现状，提出地方传统文化"适应与创造"的传承路径；邓佑玲的《民族文化传承的危机与挑战：土家语濒危现象研究》④全面分析了土家语濒危的表现、特点、过程、成因及影响，提出了应对土家语濒危的具体对策和措施；刘正发的《凉山彝族家支文化传承的教育人类学研究》⑤从教育人类学的视角来系统分析、研究和探索凉山彝族家支文化及其传承和教育选择的问题；李红婷的《无根的社区　悬置的学校：湖南大金村教育人类学考察》⑥对当代乡村教育存在的问题提出对策建议；钱民辉的《多元文化与现代性教育之关系研究——教育人类学的视野与田野工作》⑦从人口较少民族社区的教育发展差异的构成及比较、学校文化及文化冲突、少数民族学生学业失败的原因考察多元文化与现代性教育的关系。

孙杰远的《文化断裂与教育使命》⑧，王鉴的《地方性知识与多

---

① 陈学金.中国教育人类学简史［M］.北京：人民出版社，2018.
② 卢德生.民族文化传承中的社会教育运行机制［M］.北京：中国社会科学出版社，2009.
③ 刘星.适应与创造：论四川凉山彝族文化的传承路径［J］.贵州民族研究，2019（10）.
④ 邓佑玲.民族文化传承的危机与挑战：土家语濒危现象研究［M］.北京：民族出版社，2006.
⑤ 刘正发.凉山彝族家支文化传承的教育人类学研究［M］.北京：中央民族大学出版社，2007.
⑥ 李红婷.无根的社区　悬置的学校：湖南大金村教育人类学考察［M］.北京：民族出版社，2011.
⑦ 钱民辉.多元文化与现代性教育之关系研究——教育人类学的视野与田野工作［M］.北京：民族出版社，2008.
⑧ 孙杰远.文化断裂与教育使命［J］.当代教育与文化，2009（1）.

元文化教育之价值》①，余晓莹的《国外多元文化教育研究发展初探》②，赵世林的《论现代化进程中的民族文化传承》，③滕志研的《中国少数民族教育政策与美国多元文化教育政策的比较分析》④，万明钢、白亮的《西方多元文化教育与我国少数民族教育之比较》⑤等论文对我国地方传统文化传承、我国民族教育与英美国家多元化教育比较等问题进行了阐述。其中孙杰远在论文中提出地方传统文化的发展应该在与不同文化的接触过程中实现民族文化的革新与整合，从而促进自身文化的发展，这一观点对我国现在的教育如何处理地方传统文化与外来文化有启发意义；万明钢、白亮从西方多元文化教育与我国民族教育社会背景和诉求的差异、教育意蕴与教学目标、模式的不同，指出我国的民族教育不能简单套用西方多元文化教育理论，应"将西方多元文化教育理论与我国的具体国情结合起来，促进其本土性转化，才是丰富我国少数民族教育理论和方法的理性选择"，其分析切合我国国情，丰富了我国民族教育理论。

3. 关于乡贤的研究

中国古代重视乡贤的观念由来已久，尤其是明清时期，不仅为乡贤建祠，还专门书写乡贤名录。民国时期，延续了书写乡贤传记、名录的传统，开始收集、整理与乡贤相关的各种文物、文献资料。尤其重要的是，乡贤问题开始进入现代学术研究视野：与明清时期以立传表彰先贤、垂范后世的旨趣有异，现代学术研究偏向于把乡贤视为乡绅阶层的代表，着重考察其社会流动与社会功能，人与社会的关系问题。21世纪以来，乡贤研究发生范式转换，转向了"文化"问题。

---

① 王鉴.地方性知识与多元文化教育之价值 [J]. 当代教育与文化，2009（4）.
② 余晓莹.国外多元文化教育研究发展初探 [J]. 比较教育研究，1994（6）.
③ 赵世林. 论现代化进程中的民族文化传承 [J]. 思想战线，1995（6）.
④ 滕志研.中国少数民族教育政策与美国多元文化教育政策的比较分析 [J]. 当代教育与文化，2010（2）.
⑤ 万明钢,白亮. 西方多元文化教育与我国少数民族教育之比较 [J]. 民族研究，2008（6）.

国内外学者对中国传统乡绅阶层的研究极其深广。[1] 这里着重探讨传统乡绅参与社会教化与乡村治理相关的研究成果。

(1) 侧重于人与社会的关系问题

20世纪初期，韦伯就敏锐地认识到中国村落的长老和读书人等是村落利益的真正代表。[2] 杨开道1937年出版的《中国乡约制度》一书从社会史的视野出发研究乡贤参与乡村治理的情况，把乡约制度当作先觉昔贤建设乡村的一种试验，一种理想。[3] 1945年杨懋春研究了乡绅阶层在乡村社会的地位与功能，认为乡绅阶层主要包括村庄中的长者、学校教师和给村庄提供特别服务的人等，这些人在村中"实际上是受人尊敬的非官方领导。"[4]《皇权与绅权》由费孝通、吴晗等六位学者写成，于1948年12月由上海"观察社"初版，旨在分析传统中国的社会结构与阶层权力运行，通过分析乡绅对于教育和文化的享有，探讨乡绅的社会职责与权力[5]。该书的问世，标志着"士绅"作为阶层概念开始被中国本土学者所注意。

20世纪50—70年代，由于众所周知的原因，国内学界对乡绅参与乡村教育、乡村治理问题的研究近乎空白。而此时海外学者的成果有：美国的张仲礼出版了《中国绅士——关于其在19世纪中国社会中作用的研究》一书[6]，英国人莫里斯·弗里德曼的《中国东南的宗

---

[1] 巴根. 明清绅士研究综述 [J]. 清史研究, 1996 (3); 郝秉键. 日本史学界的明清"绅士论" [J]. 清史研究, 2004 (4); 郝秉键. 西方史学界的明清"绅士论" [J]. 清史研究, 2007 (2); 徐祖澜. 中国乡绅研究述评——基于国内外主要著作的考察 [J]. 前沿, 2011 (22).

[2] 马克斯·韦伯. 中国的宗教：儒教与道教 [M]. 康乐, 简惠美, 译. 南宁：广西师范大学出版社, 2010：142-143.

[3] 杨开道. 中国乡约制度 [M]. 北京：商务印书馆, 1937：1.

[4] 杨懋春. 一个中国村庄——山东台头 [M]. 张雄, 沈炜, 秦美珠, 译. 南京：江苏人民出版社, 2012：159.

[5] 费孝通, 吴晗, 等. 皇权与绅权 [M]. 北京：生活·读书·新知三联书店, 2013：153-154.

[6] 张仲礼. 中国绅士——关于其在19世纪中国社会中作用的研究 [M]. 上海：上海人民出版社, 1955.

族组织》一书①，萧公权的《中国乡村：19世纪的帝国控制》一书②，这些学者大多倾向于挖掘乡绅阶层在传统社会教化及治理中的积极意义。20世纪80年代，海外学者对乡绅的研究还在持续推进：有黄宗智的《华北的小农经济与社会变迁》、萧邦奇的《中国精英与政治变迁：20世纪初的浙江》、杜赞奇的《文化、权力与国家——1900—1942年的华北农村》③等，这些研究倾向于针对某个区域的乡村的调查和观察，来分析乡绅在乡村治理中的角色和作用。21世纪以来，李怀印的研究较有代表性：国家权力与乡村社会之间存在相互合作、依赖的一面，"县官采取实用的办法来进行地方治理"④。

20世纪80年代后国内也有几位学者关注乡绅阶层，特别是90年代，研究乡绅问题的论著逐渐增多。王先明是其中的代表性学者，其成果包括《近代中国绅士阶层的分化》《中国近代绅士述论》《近代绅士——一个封建阶层的历史命运》⑤，主要分析近代绅士的命运、阶层变化与基层政权蜕化、变化之间的关系。另外，宣朝庆2020年由中华书局出版的《泰州学派的精神世界与乡村建设》颇为重要，该书阐述了"王学左派"乡村治理实践与儒学思想的内在关联性。⑥

在上述乡绅研究的学术谱系中，人与社会的关系问题是研究重心。

---

① 莫里斯·弗里德曼. 中国东南的宗族组织 [M]. 刘晓春, 译. 上海：上海人民出版, 2000.
② 萧公权. 中国乡村：19世纪的帝国控制 [M]. 张皓, 译. 北京：九州出版社, 2018.
③ 黄宗智. 华北的小农经济与社会变迁 [M]. 北京：中华书局, 1986；萧邦奇. 中国精英与政治变迁：20世纪初的浙江 [M]. 许　望等, 译. 南京：江苏人民出版社, 2021；杜赞奇. 文化、权力与国家——1900—1942年的华北农村 [M]. 王福明, 译. 南京：江苏人民出版社, 1996.
④ 李怀印. 华北村治：晚清和民国时期的国家与乡村 [M]. 岁有生, 等译. 北京：中华书局, 2008：160.
⑤ 王先明. 近代中国绅士阶层的分化 [J]. 社会科学战线. 1987 (3)；王先明. 中国近代绅士述论 [J]. 求索, 1989 (1)；王先明. 近代绅士——一个封建阶层的历史命运 [M]. 天津：天津人民出版社, 1997.
⑥ 宣朝庆. 泰州学派的精神世界与乡村建设 [M]. 北京：中华书局, 2020.

(2) 转向"文化"问题的范式转换

21 世纪以来，乡贤研究别开生面，转向了"文化"问题，开始关注传统乡贤文化的社会功能，具有"范式"转换的特征。学术史的研究激发了学人的现实观照，乡贤文化传承以及当代乡贤逐渐进入大众的视野。

邓辉、陈伟的《乡贤文化的前世今生》辨析说明乡贤文化的缘起、形成、演变及再定型，阐述其对国家"文治教化"难以下达的社会基层所发挥的独有价值与意义，着重探讨乡贤文化所具有的示范与辐射效应对社会的和谐稳定发展的关键性和重要性。[①] 季中扬、张兴宇的《乡贤文化传承与当代乡村治理》一书作为国家社科基金 2018 年度项目"新乡贤参与农村社区治理路径和方式研究"的研究成果，前半部分较为系统地梳理了乡贤文化的历史传统与传承发展脉络，阐述了绅士阶层、乡里制度及乡贤文化传统。[②]

青年学人赵克生认为明代地方庙学中的乡贤祠具有崇德报功、教化民众的社会价值，着重关注乡贤祠是如何由国家、地方与民间三方共同构建的。[③] 魏峰提出，由先贤祠到乡贤祠的演变轨辙，折射出宋明两朝地方势力的成熟与强弱，乡贤祠的创设旨在强化地方认同。[④] 肖正德发现，传统乡村塾师曾担任诸如乡村礼乐的承担者、乡村文化的代言人、乡村治理的协助者等乡贤角色，他着重分析了传统乡村塾师乡贤角色的内制外塑因素条件。[⑤] 容中逵分析了传统乡贤社会教化的伦理诉求、实践表达、运行基础及当代价值。[⑥] 赵浩探讨了

---

① 邓辉, 陈伟. 乡贤文化的前世今生 [M]. 湘潭: 湘潭大学出版社, 2016.
② 季中扬, 张兴宇. 贤文化传承与当代乡村治理 [M]. 北京: 商务印书馆, 2022.
③ 赵克生. 明代地方庙学中的乡贤祠与名宦祠 [J]. 中国社会科学院研究生学报, 2005 (1).
④ 魏峰. 先贤祠到乡贤祠——从先贤祭祀看宋明地方认同 [J]. 浙江社会科学, 2008 (9).
⑤ 肖正德. 传统乡村塾师的乡贤角色及当代启示 [J]. 社会科学战线, 2020 (11).
⑥ 容中逵, 杜薇. 传统乡贤社会教化的文化逻辑及其当代价值 [J]. 湖南师范大学教育科学学报, 2021 (5).

"乡贤"的伦理精神及其向当代"新乡贤"的转变轨迹。① 王泉根认为，新世纪乡贤文化研究在构建和谐社会、传承民族精神、激励年轻一代等方面发挥着特殊作用，乡贤文化具有地域性、人本性、亲善性、现实性特征。② 张会会的博士学位论文《明代的乡贤祭祀与乡贤书写——以江浙地区为中心》系统全面地梳理了古代乡贤文化的源流、变迁，分析明代乡贤祭祀与乡贤书写互为表里共同发挥激励后进、教化地方民众的作用，讨论了明代地方乡贤传统的构建以及明代国家与社会之间的互动关系。③

梁漱溟指出，"中国的问题并不是什么旁的问题，就是文化失调"④。只有通过中华优秀传统文化创造性发展、创新性转化，才能建设新时代美好乡村。乡贤是中华优秀传统文化的传承者，乡村公共事务的管理者和乡村共同富裕的引领者。乡贤文化是中华优秀传统文化的重要组成部分，是值得珍视的宝贵文化遗产。

以上三个领域的研究各有其特点：对岭光电的研究多集中在对其事迹介绍和评价方面，或是对其某一方面的关注，如社会活动、乡村建设、彝族文化、教育活动等；缺少对岭光电系统、深入的研究；有对岭光电教育活动的研究，但比较零散，缺少对岭光电教育实践和思想的全面系统的研究；目前的大多数研究凭借公开出版或发表的刊物文章进行，缺少基于第一手资料的研究。民族教育方面的研究呈现百花齐放的局面，学校教育、社会教育、语言教育、课程设置、地方传统文化传承等各个专题都有深入细致的研究，但存在视角单一、孤立的现象，很多研究或是把民族教育放在"学校教育"或"社会教育"的领域中进行，或是专门讨论传统文化的教育，极少有把学校教育、

---

① 赵浩."乡贤"的伦理精神及其向当代"新乡贤"的转变轨迹［J］.云南社会科学，2016（5）.

② 王泉根.中国乡贤文化研究的当代形态与上虞经验［J］.中国文化研究，2011（04）.

③ 张会会.明代的乡贤祭祀与乡贤书写——以江浙地区为中心［D］.长春：东北师范大学，2015.

④ 梁漱溟.乡村建设理论［M］.上海：上海人民出版社，2011：23.

社会教育、地方传统文化放在同一个框架内进行研究的案例；民国时期民族教育的研究成果可谓丰富，或是提出边民教育实践中存在的具体问题及解决措施，或是对现状的思考，或是对以后教育理想设计的愿景，表现了特殊时期民众对边民教育的重视态度及务实精神；现在学术界也有不少关于民国时期边民教育和乡村教育的研究，但都缺少对教育个案的整体研究，尤其缺少对偏远地区的个案整体研究。已有的乡贤研究几乎囊括了乡贤问题的各个方面，甚至对近来兴起的新乡贤现象也有及时的反映，但研究涉及的地域一般定位在儒学文化较为盛行的地方，对于儒学文化影响较弱的边远地区、即"特殊的乡"则罕有关注，而实际上这些边远地区也存在着事实上的乡贤文化。

本书基于大量第一手田野调查资料和文献资料，系统阐述岭光电创办现代小学、开展社会教育、进行地方传统文化传承活动和其他所有的教育实践活动，把学校教育、社会教育和地方传统文化传承放在岭光电教育实践这一个框架中，从教育目的、教育策略、文化融合理念全面分析岭光电的理念，构建其教育理念系统。本书的特别之处还在于从乡贤道德伦理的普遍适应性和特殊表现性的理论出发，把对传统乡贤的研究视角扩展到儒学文化影响较弱的凉山，从乡贤的角度分析岭光电的学业德行，阐述其对凉山乡里的贡献。

## 三、研究思路与视角

### （一）研究思路

本文试图运用文献资料和田野调查资料，相互印证，忠实地再现凉山乡贤岭光电土司的教育实践活动；并在与民族教育理论、传统文化传承理论和乡贤文化理论的对话中，从教育目的、教育策略、文化融合模式三方面勾勒出岭光电的教育理念形貌；进而展现本课题的研究意义。

如前文"研究价值"中所述，岭光电的教育实践活动包括四个部分，通过对其创办学校教育和进行乡村改造教育活动的全面考察与剖析，系统总结其教育理念：第一，教育目的注重个人价值和社会价值的统一。通过学校教育培养青年知识分子，通过社会教育提高民众文化水平，从而提高个人适应现代社会的能力，以获得个人更好的发展。通过教育促进个人全面发展，从而达到共建现代民族国家、共谋中华民族强大的目的，即岭光电所说的通过"启豁其智识，培养其能力，改善其生活，增进其道德"，以达到"齐一其意志，纯清其思想，同臻进化，以完成其复兴民族之最大使命"[①]。第二，采取因地制宜的教育策略。岭光电的教育实践之所以能获得成功，很大程度上在于采取了因地制宜的教育策略。在招收学生、采用国家通用语言教学、增强学生的学习动力和兴趣、传承地方传统文化等方面都体现了这一策略的灵活运用。第三，创造性采用"把药丸揉进苦荞粑"的民族文化融合理念。岭光电认为应批判性继承地方传统文化，积极认同中华民族文化，大力吸收中华民族文化养分，使这些新养分成为地方文化新的"濡化"因子，就好比把药丸揉进苦荞粑，把新事物放在人们熟悉的事物当中，使之愿意接受，从而实现民族文化的融合。作为民国时期乡村教育中少见的成功案例，岭光电的教育实践和理念有其独特意义：其创办的现代学校教育在凉山具有启蒙与推动作用；办学经验对当下的农村学校义务教育有启示与借鉴作用；以学校为载体，对辖地进行全面改造乡村社会教育对现在正在进行的"乡村振兴"具有参考意义；在引进现代文化的过程中，如何保持并发扬当地传统优秀文化，岭光电的民族文化融合理念给人们提供了可供借鉴的经验。岭光电本人也因其优良的学行德业和突出贡献被视为凉山自觉性意义上的乡贤。

---

① 岭光电. 倮情述论［M］. 成都：成都开明书店，1943：71，97.

## （二）研究视角

本书预期在以下三方面取得突破。

一是从广义的民族教育角度深入剖析岭光电的教育实践和理念。民族教育从广义的角度上来说，既包括学校教育，也包括社会教育，包括各少数民族按照自身文化特点所进行的有意识的文化传承活动，但大多数研究往往把民族教育放在"学校教育"领域中进行，如我国民族教育专家滕星、王鉴近年来发表的《20世纪80年代后的中国民族教育研究发展综述》（2007）、《当前我国民族教育研究前沿与热点问题综述》（2011）中所涉及的大量研究均是在"学校教育"范围内进行；对岭光电教育的研究大多数也是局限于其学校教育。也有少数研究把传统文化传承和社会教育纳入民族教育的范畴，如蒋立松的《试析西南民族教育意义阐释的路径》[1]、刘茜的《无字的教科书：苗族服饰文化的课程意义解读》[2]、王一影的《实施边民教育的刍议》等。[3] 而把学校教育、社会教育、地方传统文化传承放在同一个框架内进行研究，存在着实际操作上的困难，也很考验研究者的驾驭能力；而在本书研究的案例中，岭光电在其辖地开展的社会教育活动和当地传统文化传承的教育活动是其民族教育实践的重要构成部分，与其学校教育活动相辅相成，全面兼顾才能完整展现岭光电的民族教育理念，因此本书是从民族教育的广义向度上展开的研究。

二是整体性视角。本书是第一次对岭光电教育实践和理念的系统研究。岭光电一生涉及政治、教育、乡村建设、彝族文化传播与整理等领域，且多有建树，以前对岭光电的研究多集中在对岭光电的事迹介绍或某个单一方面，总体上存在缺少第一手资料，不够全面、不够系统的问题。本书收搜集了大量岭光电发表的关于教育的文章和相关

---

[1] 蒋立松，吴红荣. 试析西南民族教育意义阐释的路径 [J]. 民族教育研究，2010（1）.
[2] 刘茜. 无字的教科书：苗族服饰文化的课程意义解读 [J]. 民族教育研究，2009（4）.
[3] 王一影. 实施边民教育的刍议 [J]. 贵州教育，1942（7-9）.

手稿、油印资料，以及第一手调查资料，全面展现了岭光电的教育活动，并系统论述了其教育理念。

另外，岭光电的教育实践活动与教育理念是当时全国乡村教育的有机构成，也是我国边民教育的一个成功范例，与现代民族国家的建构紧密相关，是凉山独特的政治格局、社会环境以及岭光电个人的特殊经历所造就的产物，因此有必要把岭光电教育思想放在全国边民教育、凉山的社会环境和岭光电的个人经历的背景下来研究，从整体上把握岭光电的教育理念全貌。

三是从地方乡贤的角度讨论岭光电的教育实践和思想。在儒学文化盛行的地方，以推选、表彰、祭祀为主要程序的制度性乡贤文化很受追崇，并引导带动自觉性的乡贤文化。而在远离国家政治中心、儒学文化影响较弱的偏远地区，制度性乡贤文化缺乏产生的土壤，一时难以形成，但仍广泛存在着对"贤"的追求，存在着事实上的、自觉的乡贤文化。已有的乡贤理论研究极少将研究范围落脚在这些偏远地区，本书试图将乡贤理论与偏远地区关联起来。

民国时期的凉山斯补区一带远离中央政府政治中心，受儒学文化影响较轻，具有特殊的社会生活环境，是一个特殊意义上的"乡"，要求"贤"具有与本土传统文化相匹配的特殊道德内容，当地土司阶层向来追求的"好名声"就是追求"贤"的表现之一。岭光电不仅拥有传统文化中的"好名声"，其在社会变迁中成就的新型学行德业更是造福乡里，惠泽一方，可谓是自觉意义上的乡贤。本书力图拓展以往的研究角度，从乡贤的角度解析岭光电的教育实践和理念。

全书共分九个部分，包括绪论和正文八章。

绪论阐述选题缘由和研究价值，介绍资料来源，特别说明民族教育的概念界定以及与教育、边民教育的关系，及本书对民族教育概念广义的取向；从对岭光电的研究、乡贤研究、民族教育研究三方面梳理研究动态，分析其成就与不足；阐述本书的研究思路，提出三种创新性的研究视角。

第一章阐述抗战时期的中国民族教育概况及凉山教育的社会背景，分析凉山教育特点：当地传统文化教育占主导地位；国家现代文化教育已开始发展，形成初步的学校教育体系；学校创办举步维艰；社会教育收效甚少。

第二章介绍岭光电出生地田坝地方的基本情况和岭光电的早期人生经历。

第三章介绍岭光电创办私立斯补边民小学校的过程，首先分析当时实际办学的困难；接着阐述岭光电回田坝后为沟通民族关系，减少民族矛盾和彝族内部矛盾所做的工作；重点展现岭光电创办私立斯补边民小学校所遇到的困难、办学条件、办学情况和斯补校学生成才的事情。其中岭光电采取的强迫与给便利相结合的招生办法、尽可能创造优良的教学条件、灵活运用教育策略等措施对斯补校的成功办学起了关键作用。

第四章介绍国民政府在边疆地区实施社会教育的情况，分析在边疆实施社会教育的原因及作用；阐述岭光电在斯补区进行的一系列社会教育活动：重视耕植、奖励工匠、提倡医药、改良习俗、训练民众、安定地方等。突出岭光电办事的出发点：一切从老百姓利益出发，一切为提高老百姓生活水平。

第五章运用教育目的理论，分析抗战时期国民政府提出的边民教育目标：共同建设中华民族，实现现代民族国家构建。这一总体目标分别渗透在国语国文教育、公民教育、史地教育、乡土教育、边政教育和社会教育等各项教育活动之中，岭光电的办学理念也深受这一总目标的影响，其教育目的重视个人价值和社会价值的统一：通过学校教育、社会教育促进个人全面发展，提高当地人文化知识，提高当地人进入现代社会的能力，促进民族团结，进而达到提高民众整体文化水平，合力建设中华民族的目的。

第六章论述岭光电因地制宜的教育策略：采取树立典型，利用新文化形式传承当地传统文化，利用当地传统文化因素传播新文化的办法；分析斯补校采取灵活务实的语言教育方法，推行汉语教学，同时也开展边地语文教学的过程和成效。并论述其语言教育策略对现在凉山语言教育的启示。

第七章围绕民族文化交融理念进行探讨。人类学文化变迁的"涵化"理论的一个基本观点是：涵化的一个重要作用就是使涵化过程的一方，接受另一方群体的行为规范和价值观念，从而拓宽己方的视野并激发己方群体文化的创造力。岭光电对待国家共同文化和地方传统文化的理念与此类似，提出"把药丸揉进苦荞粑"的观点，地方文化是苦荞粑，国家共同文化的优秀成分是药丸：大力认同国家共同文化，积极吸取中华民族文化养分；批判性继承地方传统文化，除旧纳新，积极致力于国家共同文化和地方传统文化的融合。

第八章从启蒙与改良的视角全面论述岭光电教育实践活动的影响与教育理念。岭光电开启了凉山当地人成功创办现代学校教育的先河，为中华人民共和国培养了大批人才，为地方传统文化传承提供了借鉴思路，其教育实践活动在民国时期的凉山具有启蒙之功和改良之用。其教育理念集中表现在提高个人文化知识，促进个人发展，合力中华民族建设的教育目的；立足实际需要形成有效的灵活务实、因地制宜的教育策略；以及"把药丸揉进苦荞粑"的现代文化和地方传统文化交融的理念。其改良活动具有影响范围小、进步缓慢和岭式办学的成功具有特殊性的局限性特点。

岭光电生于凉山斯补地方，且有功德于民，其在教育方面的突出贡献及优良学行德业造福桑梓，惠及后人，在当地社会影响深远，对现在的乡村教育、民族地区的教育、地方传统文化传承和乡村振兴仍有积极借鉴意义；其学行德业恰好对应了中华民族传统文化对乡贤的要求，是凉山这一特殊的"乡"造就出的自觉性乡贤。

# 第一章 抗战时期的教育及在凉山实施情形

## 第一节 抗战时期的教育概况

### 一、抗战时期的教育

"教育是国之大计，党之大计"[①]，"一个民族的复兴，需要强大的物质力量，也需要强大的精神力量"[②]，而教育既能为一个民族提供强大的物质力量，又能提供强大的精神力量。现代民族国家非常重视教育这一治国理政的重要举措，中国抗战时期亦是如此。在中国现代教育的发展历程中，抗战时期的教育无疑留下了浓墨重彩的一笔。

#### （一）抗日民主根据地的教育

抗日战争爆发后，毛泽东于1937年7月23日提出："根本改革

---

① 习近平. 高举中国特色社会主义伟大旗帜　为全面建设社会主义现代化国家而团结奋斗——在中国共产党第二十次全国代表大会上的报告[M]. 北京：人民出版社，2022：34.
② 习近平文化思想首次提出. 新华社，2023-10-9. http://politics.people.com.cn/2023/1009/c1001-40091041.html.

过去的教育方针和教育制度。不急之务和不合理的办法，一概废弃。"①强调了教育须及时应变。1938年4月，毛泽东进一步重申"用教育来支持抗战。目前的抗战是规定一切的东西，我们的教育也要听抗战的命令，这就叫做抗战教育"；同年11月，毛泽东又提出："实行抗战教育的政策，使教育为长期战争服务。"②会议根据毛泽东意见，做出了《实行国防教育政策，使教育为民族自卫战争服务》的决议。决议中提出：教育为战争服务，落实到实际，就是教育要为根据地建设服务，与生产劳动相结合。可见，中国共产党在抗日民主根据地执行的教育方针就是教育为长期抗战服务，教育与生产劳动相结合。这时期的教育政策包括：一是实行以抗日救国为目标的新制度与新课程；二是团结知识分子；三是"干部教育第一，国民教育第二"。③

围绕以上提出的教育方针和政策，抗日民主根据地的教育，大体可分为干部教育和国民教育两部分，干部教育居于优先地位。"在抗日民主根据地办理各级各类教育的原则是干部教育重于群众教育，在干部教育中现任干部的提高重于未来干部的培养；在群众教育中成人教育重于儿童教育，在各种教育中战争与生产所直接需要的知识与技能的教育重于其他一般文化教育。"④国民教育由两个部分组成，一部分是群众教育，面向普通老百姓，形式灵活，学制较短；另一种是普通教育，有正规的学制、课程等。由于根据地的中等学校实际上以培养干部为主，所以这里的普通教育主要是小学教育。

### （二）南京国民政府的教育

抗日战争时期，南京国民政府为了应付急剧变化的战争形势，在

---

① 毛泽东选集：第2卷[M]．北京：人民出版社，1991：348．
② 毛泽东大观[M]．北京：中国人民大学出版社，1993：165．
③ 毛礼锐，沈灌群．中国教育通史：第5卷[M]．济南：山东教育出版社，1988：186．
④ 高奇．中国现代教育史[M]．北京：北京师范大学出版社，1985：195．

教育上先后颁布了系列法规，确定了抗日战争时期的教育政策和实施方案。1937年8月，南京国民政府在抗战爆发后不久即提出"战时须作平时看"的教育方针，颁布了《总动员时督导教育工作办法纲要》，规定抗战时期办理各级教育的基本政策。1938年4月国民党召开临时全国代表大会，制定了《中国国民党抗战建国纲领》，其中也对战时教育的开展和进行做了四点规定：一是改订教育制度及教材，推行战时教程，注重国民道德之修养，提高科学研究与扩充设备；二是训练各种专门技术人员，予以适当之分配，以应抗战需要；三是训练青年，俾能服务于战区及农村；四是训练妇女，俾能服务于社会事业，以增加抗战力量。① 在同一次会议上，还根据这四点规定拟定了实施教育的九点方针。② 南京国民政府在全国抗战的形势下提出的"抗战建国"的基本国策和"战时须作平时看"的教育方针，"是一项并不短视的重要决策。它既顾及了教育为抗战服务的近期任务，也考虑了教育为战后国家重建和发展的远期目标，使得教育事业在艰苦卓绝的战争环境中仍能苦苦支撑，并在大后方西南、西北地区还有所发展"③。

一是学校教育。在初等教育方面，全国小学学校数量在1936年为320080校，1937年抗日战争爆发以后，学校数量受战争影响下降至229911校，1939年到1940年间降到最低，1942年略有增强，到1945年为269937校。④ 学制方面，初等教育采用多轨制，有一年制、四年制和六年制。中等教育方面，中学学校数量增长较快。从1937年起，开始设立国立中学；学制则有三三制、四年制和六年制并行。

---

① 教育部教育年鉴编纂委员会. 第二次中国教育年鉴 [M]. 上海：商务印书馆，1948：10-11.
② "三育并进；文武合一；农村需要与工业需要并重；教育目的与政治目的一贯；家庭教育与学校教育密切联系……对于各级学校教育，力求目标之明显，并谋各地之平均发展；对于义务教育，依照原定期限，以达普及；对于社会教育与家庭教育，力求有计划之实施。"曲铁华. 中国教育史 [M]. 武汉：武汉大学出版社，2011：294.
③ 孙培青. 中国教育史 [M]. 上海：华东师范大学出版社，2000：420.
④ 高奇. 中国教育史研究（现代分卷）[M]. 上海：华东师范大学出版社，2009：257.

高等教育方面，大学学制与课程基本维持战前状况，1937年10月，中央大学等各校内迁。高等院校的内迁使原来大多集中在京、沪东南沿海城市的高等学校散播到成都、重庆、昆明等西部及西北地区，改变了原来高校的分布格局，促进了西南、西北地区教育文化事业的发展。①

二是职业教育。此时期国民政府对职业教育的发展方针是重点发展初级实用职业教育，职业补习教育和短期职业训练，提倡生产建设与教育合作。1937年全国职业学校数为292校，1945年增至576校，培养了一批开发和建设西南、西北地区的人才。②

三是社会教育。国民政府对社会教育体系进行两方面的战时调整：一是根据抗日战争的实际需要而设立应急式机构，如国内社会教育工作团、中央民众教育馆、教育部附设青木关民众教育馆等国立社会教育机构，抗战胜利后裁撤；二是着眼于建国的远景目标，如各级学校办理社会教育，将失学民众补习教育纳入国民教育体系，建立社会教育督导制度等。这一时期的社会教育概念，已突破与学校教育相适应的框架，其内容更偏重于中华民族意识的唤醒和国家观念的培养。

## 二、边民教育的兴起

抗日战争爆发后，边民教育受到社会和政府的高度重视，开始快速发展。

### （一）何谓边民教育

抗战时期流行的"边民教育"或"边地教育"都属于边疆教育范畴，"边疆教育是一个通称……逐渐流行着的代用术语是边民教育

---

① 曲铁华. 中国教育发展史纲 [M]. 长春：东北师范大学出版社，2006：203.
② 高奇. 中国教育史研究（现代分卷）[M]. 上海：华东师范大学出版社，2009：265.

或边地教育"①；另外从当时政府发布一些文件名称、时人的文章题目、学校的校名也可见这三个名称通用的情况，如《边地青年教育及人事行政实施纲领》②《四川省边地教育实施》③《实施边民教育的刍议》④《边民教育之借鉴》⑤、"私立斯补边民小学校"（岭光电于1937年创办的小学）等。因此，本书以边疆教育统指同时期的边民教育和边地教育，后二者也可指称边疆教育。

那么边疆教育的"边疆"如何划分？当时学界从评判标准的不同，提出多元边疆的概念：⑥ 其一地理的边疆，其二政治的边疆，其三文化的边疆。而根据政府1941年所颁《边地青年教育及人事行政实施纲领》中边疆教育之"边疆"指"文化的边疆"，指的是"蒙藏及其他各地之人民，其语言文化具有特殊性质者"。⑦

曾任国民政府教育部部长的朱家骅也明确指出边疆教育以"文化的边疆"为对象，"系指语言文化具有特殊性质者而言"⑧，因之国内有些地区距离国防线尚远，然因其语言文字、宗教信仰、风俗习惯以及生活方式等与内地尚有不同，在文化方面具有差异性，也称之为文化的边疆，如黔之苗区、滇之夷区、桂之瑶区等。⑨

因此，抗战时期的边民教育，"以文化的边疆为准绳"，以居住于文化边疆之各族人民为教育对象；教育内容具有二元性，除保存及传授各族之固有文化或地域文化之外，必须灌输民族国家所需的统一文

---

① 梁瓯第. 边疆教育导论 [J]. 贵州教育，1942：7-9.
② 曹树勋. 边疆教育新论 [M]. 南京：正中书局印行，1945：16.
③ 四川省边地教育实施. 四川省教育厅参加全国边疆教育会议纪念刊 [C]. 四川省国民教育指导月刊印，1941.
④ 王一影. 实施边民教育的刍议 [J]. 贵州教育，1942（7-9）.
⑤ 陈国钧. 边民教育之借鉴 [J]. 贵州教育，1942（7-9）.
⑥ 张廷休. 边疆与教育. 贵州教育，1942（7-9）；吴泽霖，吴泽霖. 边疆的社会建设 [J]. 边政公论，1943（1-2）；朱家骅. 论边疆教育 [M]//中华民国教育部边疆教育司编印. 边疆教育概况（续编·代序）. 1947.
⑦ 曹树勋. 抗战十年来中国的边疆教育 [J]. 中华教育界，1947，1（1）.
⑧ 朱家骅. 论边疆教育 [M]//中华民国教育部边疆教育司编印. 边疆教育概况（续编·代序）. 1947.
⑨ 张廷休. 边疆与教育 [J]. 贵州教育，1942（7-9）.

化与现代文化。① 其施教对象指的是居住于文化的边疆的全体各族人民，并不单单指少数民族。作为边疆教育最有系统法案之一的《边地青年教育及人事行政实施纲领》中明确规定：招收学生不分种族、宗教，混合教学训练，并规定优待边生之奖励与补助等办法。② 有学者在论及边疆教育的特性时指出："边疆教育以边民全体为施教对象"，并特别强调这个"边民全体"是指居住在边地的所有民族，并非单指"特定同胞"。③ 边民教育兴起于抗战前夕，抗战时期得到快速发展，在全面抗战、边疆开发乃至抗战胜利后的国家建设中都发挥了重要作用。

### （二）边教成功是抗战建国成功的基础

抗战时期是中国民族矛盾异常尖锐的时期。1931年"九一八"事变后，整个东北和内蒙古东部地区被日本帝国主义侵占，成为沦陷区；1937年抗日战争全面爆发，民族国家遭遇空前危机。帝国主义侵略者打着"民族自决"的幌子，试图扭曲、挑拨、利用边疆各族群的关系，对中国进行分裂。面对此种危机，中国的中华民族认同意识和民族主义呐喊空前高涨。自孙中山系统阐发中华民族整体观理论、倡议"把我们中国所有各民族融成一个中华民族"的"民族主义"以来，④"中华民族复兴"很快成为国民党及南京国民政府的主导政治话语，到抗战时期更成为凝聚人心的口号。中国共产党在瓦窑堡会议上提出"中华民族的基本利益，在于中国的自由独立和统一"⑤；毛泽东撰文指出"我们中华民族有同自己的敌人血战到底的气概"⑥。

---

① 朱家骅. 论边疆教育 [M] //中华民国教育部边疆教育司编印. 边疆教育概况（续编·代序）. 1947.
② 曹树勋. 边疆教育新论 [M]. 南京：正中书局印行，1945：17.
③ 黄熙庚. 边疆教育的特性及其应有之设施 [J]. 贵州教育，1942（7）.
④ 孙中山全集：第5卷 [M]. 北京：中华书局，1985：390-394.
⑤ 中央档案馆. 中共中央文件选集：第10册 [G]. 北京：中共中央党校出版社，1982：598.
⑥ 毛泽东选集：第1卷 [M]. 北京：人民出版社，1991：161.

顾颉刚在《益世报》发出"中华民族是一个"的呐喊，提出在国家危难之际应以整体的中华民族主义外争国权、内争民权①；翦伯赞、杨成志、孙绳武、方豪等众多名人学者对以整体的中华民族主义实现民族国家建设持高度共识。面对帝国主义侵略带来的"亡国灭种"的民族危机，首要的就是发动名副其实的全面抗战！发动全面抗战，便应全民动员；要实现名副其实的全民动员，真正达到凡是在中华民族版图以内的每一份子，地无分南北，人无分老幼，无论何人，皆有守土抗战之责的认识，"必须有很强烈的民族意识，很炽热的抗战决心，而且都能各在本位上有组织有计划的加紧努力，增加持久抗战的力量，然后最后胜利。在这儿我们得注意一种推进并改造社会的重要机能——教育。"② 西南边疆因其在抗战时期的重要地位，其教育尤其引人注目。

抗战时期是中国边疆教育实践和研究的一个十分重要的发展时期。一方面，国民政府为贯彻民族主义国策推行和实施边疆教育，对边疆民族进行安抚，以达到稳固边疆、共同攘外之目的。③ 另一方面，随着抗战的推进，南京国民政府迁都重庆，边区更是受到重视，西南边地成为祖国大后方。无论从国防安全、后防的安定还是资源的供给，都对全国的局势起着重要作用，而开发、建设西南边地的前提均在于教育的推进。

但边地存在的一些问题，对抗战建国，特别是"国府西迁"后的局势极其不利。从民族凝聚力来看，边区因为长期远离政治中心，交通困难，边区民众与内地之间的交往较少，也较少受到政府的权威与公信的影响，对于国家观念总体上比较薄弱。边民彼此之间经常因种族、文化、语言、宗教等不同而易生隔膜；加之交通阻碍，消息传递困难等地理上的障碍，历代封建社会长期以来贪官污吏剥削压制等，

---

① 顾颉刚. 中华民族是一个 [N]. 益世报·边疆周刊，1939-02-13.
② 吴蹄人. 今后二年之边疆教育 [J]. 建国教育，1939（2）.
③ 陈学金. 中国教育人类学简史 [M]. 北京：人民教育出版社，2018：91.

更使隔膜难以消弭；"坐令野心者有机可乘，得行其民族分化政策"。① 如四川"古蔺苗胞之惑于小恩小惠，黑水夷胞之时蒙蜚语谣言"等，导致"帝国主义别有用心地向中国各族群输入'民族意识'"，② 使中国无法凝聚人心，汇聚力量来组织有效反抗侵略者的军事侵占及资源掠夺。因此，国民政府不管是从国家战略高度还是现实需要出发，都必须下大力气对边疆进行全面经营。

抗战期间，中国一批年轻的民族学家和人类学家转战西南大后方，从事社会科学研究，也开展了大量民族教育调查和研究工作。"自抗战军队与国府西迁，四川边地顿成重要，第五、十六两区，考查团体，一入夏季，络绎不绝于途。"③ 此时期，一些开发第五、十六两区的规划与方案纷纷出台，主要路径为开发资源、发展交通，加强政治，发展教育，齐头并进，以改良边民生活，使其内地化。国民政府于1941年五届八中全会乃综合历届大会重要决议编定的《边疆施政纲要》就分别从一般原则、政治、经济和教育四个方面提出建设边地的办法。④ 这些主张，治本治标，两者兼备，可视为治边善策。

然而，不管是从政治、经济还是文化、卫生方面经营边地，当时的国民政府和许多有识之士一致认为，要达到开发边地的目的，根本途径在于教育，在于适应边地而兴起的边疆教育。《四川省边地教育实施》中提出建设边地的"补救之方"，为改善边民生活，提高文化水平，培养边民国家民族至上的观念，使其对中华民族有极强的信心，对政府有坚定的信仰，进而促进政治经济的发展，充分发挥边疆民众的人力物力，以期达到意志集中，力量集中的效能；而要培养发

---

① 四川省边地教育实施. 四川省教育厅参加全国边疆教育会议纪念刊［C］. 四川省国民教育指导月刊印，1941：1.
② 马戎. 民国时期的社会转型、政权建设与族群关系［J］. 西北民族研究，2015（2）.
③ 四川省边地教育实施. 四川省教育厅参加全国边疆教育会议纪念刊［C］. 四川省国民教育指导月刊印，1941：46.
④ 曹树勋. 边疆教育新论［M］. 南京：正中书局印行，1945：12-13.

挥边民之信念与与力量，"胥教育是赖矣。"① 曾任教育部边疆教育委员会委员、边疆教育司第三科科长的梁瓯第认为抗战时期我国边疆面临巨大危机，而用于解决危机的军事、政治、经济等治边策略，都必须与教育联系起来，认为重视、实施边疆教育至关重要，把边疆教育视为治理边疆的重要举措：要巩固民族间的感情，要培养边民的自治能力，要提高边民的自觉认识，要改良边民的物质生活；其先决的预行工作，"均非有赖于教育不可，至于开发边疆的资源、贡献边疆的人力，更非通过教育的力量，无从下手"②。曾任"教育部蒙藏教育司高等教育司"司长的张廷休也指出：国民政府在八中全会上提出边疆施政纲要，其目的在整个边疆的建设，而其实施中心，几乎完全着重在教育！"边疆教育和国防建设的关系是不可分开的"③ "我们的口号是赶快实施边疆教育，普及边疆教育" "边教的成功是建国成功的基础"④。

正是抗战时期民族国家遭遇的空前危机，促使边民教育的兴起；边民教育的成功与否被视为抗战建国成功的基础。

## 三、边民教育实施情况

### （一）边疆教育行政机构

国民政府中央层面主管边疆教育的行政机构为"教育部蒙藏教育司"，依照国民政府十八年国民党三届二中全会决议，于1930年正式设置此机构。依照组织法之规定，该司具有如下职能、蒙藏地方教育之调整、各种教育事业之兴办、教育师资之培养、子弟入学之奖励事

---

① 四川省边地教育实施 [C] //四川省教育厅参加全国边疆教育会议纪念刊. 四川省国民教育指导月刊印，1941：1.
② 梁瓯第. 边疆教育导论 [J]. 贵州教育，1942 (7-9).
③ 张廷休. 国防建设中之边疆教育 [J]. 教育通讯周刊，1941，4 (22).
④ 张廷林. 边疆教育与民族问题 [J]. 学生之友，1941 (1).

项及其他蒙藏、其他边疆教育事项；内设二科，第一科主管行政，第二科专管编译研究。① 但这时期仍有其他部门机构插手边疆教育事务，运行过程中弊端明显。热心边教的人士有统一行政管辖权的愿景和诉求，1941 年行政院颁布《边地青年教育及人事行政实施纲领》，明确规定中央对边地青年教育依照一般教育行政系统，由"教育部"主管。② 为更好履行职责与职能，使名称与实际管理相符合，1947 年教育部把"蒙藏教育司"改为"边疆教育司"。

边疆教育行政机构在各省设在教育厅，其中专设科、股，履行职责；在县局设在教育科，设置股，或者专人，履行其职责。各边远省分边地教育委员会，由教育厅遴选聘请有关机关人员及当地熟悉边地教育的专家组成。主管边教的科长、督学为必选委员，教育厅厅长担任主任委员。四川省政府于 1936 年 1 月奉令成立边民教育委员会，后来因人事变动，于 1939 年 9 月 20 日才正式成立。后于 1940 年将该会改为四川省边区教育委员会。③ 至 1943 年，四川"教育厅"已设专股管理边地教育，西康未设专门机构，仅派专人主其事。④

### （二）边疆教育方针

民国政府在不同时期对边疆教育的重视程度不一，但其一以贯之的方针是力求边疆教育之推进与普及，力谋边疆特殊环境的适应，力求中华民族意识与民族文化之交融统一。此方针在以下三个不同时期的边疆教育最具系统性的法案都得以体现。

第一个是《三民主义教育实施原则》第六章"蒙藏教育"，于 1931 年 9 月底通过⑤，可视为边教方针的开始。其中规定三项目标：

---

① 曹树勋. 边疆教育新论［M］. 南京：正中书局印行，1945：21.
② 曹树勋. 边疆教育新论［M］. 南京：正中书局印行，1945：19.
③ 四川省边地教育实施［C］//四川省教育厅参加全国边疆教育会议纪念刊. 四川省国民教育指导月刊印，1941：6.
④ 曹树勋. 边疆教育新论［M］. 南京：正中书局印行，1945：21.
⑤ 曹树勋. 边疆教育新论［M］. 南京：正中书局印行，1945：14-15.

第一，依遵中华民国教育宗旨及其实施方针，力谋蒙藏教育之普及与发展。第二，根据蒙古、西藏人民之特殊环境，以谋蒙藏人民知识之增高，生活之改善，并注意其民族意识之养成，自治能力之训练及生产技术之增进。第三，依遵中山先生民族平等之原则，由教育力量力图蒙藏人民语言意志之统一，以期五族共和的现代民族国家之完成。第一项规定边教之基本方策，第二项标明边教之主要性能，第三项确定边教之终极目的。

第二个为《推进边疆教育方案》，于 1939 年 4 月第三次全国教育会议第三次全国教育会议决议形成该法案。[①] 全案要旨包含三方面：第一，确定推进边教方针作为边疆教育的标准；第二，培养师资，编订教科用书，作为改进边疆教育的准备；第三，拟定各级教育的推进办法及要点，作为各地实施边教的依据。

从两个法案的名称也可以看出 1931 年至 1939 年边疆教育的发展，边疆教育的名称从"蒙藏教育"变成了更能反映实际情况的"边疆教育"。

第三个是《边地青年教育及人事行政实施纲领》，于 1941 年 11 月由"行政院"颁布[②]，是当时最重要的边教行政法规。其中对于边教方针如此规定：第一，遵照中华民国教育宗旨……切实推进边地教育。第二，培养国族意识，以求全国文化的统一。第三，根据边地人民各系别的特殊环境，切实谋其知识之增高，生产技能之增进，生活之改善，体育、卫生及国防教育之严格训练。

上述三种法案，虽侧重点不尽相同，但谋求边疆教育的推进与普及，强调对边疆特殊环境的适应，力求培养中华民族意识与民族文化的交融统一的基本方针却是一直贯彻到底的。

---

① 曹树勋. 边疆教育新论 [M]. 南京：正中书局印行，1945：15.
② 曹树勋. 边疆教育新论 [M]. 南京：正中书局印行，1945：16.

### (三) 边疆教育内容

1931年9月出台的《三民主义教育实施原则》第六章蒙藏教育的实施纲要把边疆教育内容分课程、训育及设备三类。[①] 课程方面以一般课程标准为依据，为适应边地情况，兼容特殊规定；因知识训练改变较易，所以课程以大同小异为主。训育方面以边民生活为根据，参照一般学校训育的标准；因生活习惯改变较难，故训育方面存其"异"，而逐渐求其"同"。设备方面以符合三民主义的精神及边地特殊环境为原则。

1939年4月颁布的《推进边疆教育方案》在边疆教育内容设置原则与上述法案大致相同，但在一些方面做了更加细致的规定[②]：第一，确定边疆初等教育、中等教育、高等教育及社会教育的中心目标；第二，拟定训练边疆师资应当增列的特殊课程；第三，由"教育部"编译边疆教科图书，拟定其内容及边疆语文适用的范围；第四，拟定学年伸缩，课程增减的范围；第五，由"教育部"设立边疆巡回教育工作团、边教试验区、边疆文化馆及寺庙附设民众学校等，推进社会教育。

而两年之后颁布的《边地青年教育及人事行政实施纲领》关于教育内容的规定与以前的法案大致相同，但在初等教育、中等教育、高等教育、社会教育这四级教育的基础上增加了补习教育和特种教育两种，并明确提出小学教科书由"教育部"编印，一律以国语为主，地方语文为辅。

也就是说，边疆教育内容与一般学校大同小异，为适应边地特殊环境，增加了一些特殊课程，尤其是对边地语文的重视；在实践中，教育侧重点与内地有些不一样。边地各级教育的中心目标也反映出教育内容：初等教育，公民训练与语文训练、职业训练并重；中等教

---

① 曹树勋. 边疆教育新论 [M]. 南京：正中书局印行，1945：15.
② 曹树勋. 边疆教育新论 [M]. 南京：正中书局印行，1945：15.

育，照修正中学师范学校、职业学校规程第二条之规定，但特别注重技能之训练，及国家民族意识与卫生习惯之养成；高等教育，以养成边疆各项建设之专门人才为目的；社会教育使人民了解国家民族意义、认识国际情况、学习近代科学常识，增进游牧知识，及养成优良之生活习惯。鉴于边地语文的重要性，对其教育做了如下特别规定：小学教科书，以国语为主，以当地语文为辅；接近蒙藏区域的中等学校尤其是职业学校，应各指定以蒙疆语文为必修科，每周教学时数，初中不得少于三小时，高中不得少于四小时；专科以上学校，得由教育部指定设立边疆文化讲座及蒙藏回文选修科目。①

### （四）边疆教育的发展

从 1930 年"教育部"正式设立边教行政机构"蒙藏教育司"开始，边疆教育进入国民政府的议程。但这时期的工作仅限于筹划准备，并未做什么实际事业。可称为边疆教育的始创时期。

从 1935 年到 1938 年，边疆教育进入草创时期。这时期的主要工作，在于补助各边省推进地方边教。这时期全国总计设立师范学校 10 所，师范班 9 个；3 所中学，2374 所小学，设立宁夏省立蒙旗教育巡回工作团一团等社教机关 5 处。其中西康省设有省立康定简易师范 1 所，小学 5 所②。

1938 年以后，随着抗日战争形势的加剧，边疆教育为适应抗战需要而加速成长，这段时期可称为边疆教育的发展时期。这时期边教行政机构、边教法规法令和各级学校制度、各级学校数量都得到很大的发展。

一是边教行政机构趋于完备。边教行政权到 1941 年统一归到"教育部"主管。"蒙藏教育司"1930 年设司之初仅有一科，抗战期

---

① 西尊. 边疆政治与教育问题——边疆开发与国防问题研究之一 [J]. 地方行政季刊，1941（2）.

② 曹树勋. 抗战十年来中国的边疆教育 [J]. 中华教育界，1947（1）.

间增设至两科,分别主管行政和编译研究,到 1947 年增设至三科。1947 年主管边疆教育的行政机构"蒙藏教育司"更名为"边疆教育司",改变了以前机构名称与实际管理不相符的尴尬,与实际情形吻合,更有利于推动边教工作。各省、各县分别设立相应机构。

二是边教法规法令和各级学校制度日趋成熟。1935 年中华民国政府五全大会作"重边政急教化"的宣言,制定边疆教育的大致轮廓;而 1941 年国民政府五届八中全会编定的《边疆施政纲要》中对边疆教育的重视远超过前述宣言;其中有四分之一是直接关于边疆教育的规定,其余三部分,都跟教育或教育工作相关。有专家甚至认为其重要性比之于戊戌的废科举、设学校,"尤有过之",是"中国教育史上划时代的一件大事"[①]。此时期关于行政机构之设立,边教经费之划拨,边疆学生之优待,边地设校之规划,边疆语文教育之推进,边疆研究机关之筹设,均有专案通过。另外从关于边疆教育三个最有代表性法案的内容详尽也可以看得出抗战时期对边疆教育重视程度的增加。《三民主义教育实施原则第六章蒙藏教育》,中华民国政府于 1931 年 9 月底十七次中央常务会议通过,为边教方针的开始,规定目标三项,实施纲要三类;《推进边疆教育方案》,是 1939 年 4 月第三次全国教育会议形成的决议,里面提出 39 条边疆教育方案,各项规定具体,既详细周密,又具有操作性,便于施行;1941 年 11 月由行政院颁布的《边地青年教育及人事行政实施纲领》为当时最重要的边教行政法规,其中关于边地青年教育部分规定二项目标、六项办法,并规定边教经费的筹措及补助办法,纲领中"确定以文化的边疆为边教之范围,以调查研究为推进边教之准备,扩充边教事业之种类并以师资训练为事业之主干"的办法为前两种法案所未有,是此项纲领的重要特点。[②] 此时期边疆的小学、师范、职业学校、中学和专科各级

---

① 张廷休. 国防建设中之边疆教育 [J]. 教育通讯周刊,1941 (4).
② 曹树勋. 边疆教育新论 [M]. 南京:正中书局印行,1945:17.

学校，都制定了适合边地特殊情况、较为成熟的制度。①

三是各级各类学校迅速增加。以国立学校为例，草创时期仅设绥远蒙旗师范学校1所，成立未及一年即因战事影响而关闭。进入发展期以后，国立各级边疆学校迅速增加：先后创立国立边疆专科学校2所，国立边疆中学3所，国立边疆职业学校9所，国立边疆师范12所，国立边疆小学24所，共设立学校56所。②此时期各边省、各地方也积极推进办学。到1943年止，西康省设省立、县立边地小学及短期小学共119所，学生7536人，设省立边疆师范2所③，边地职业学校2所。④较之草创时期的1所简易师范和5所小学，学校数量大大增加。由此也可以看出边疆教育在抗战时期的加速发展。

民国时期，四川省边地指第十六区的松潘、理番、茂县、懋功、靖化、汶川一带，各县番、羌、氐、戎、倮等杂居生活；第五区包括雷波、马边、屏山、峨边等10个县，各县苗、倮聚集大、小凉山一带，⑤本书所涉及的凉山，先后属于四川边地的第五区和成立于1939年的西康省的宁属，其教育在西南边地教育中占重要地位，可以说是全国边疆教育的一个缩影。凉山乡贤岭光电在其家乡越嶲县田坝斯补地方开展的教育，包括学校教育和社会教育，是抗战时期边疆教育中少见的成功案例，通过对凉山教育和岭光电创办教育的考察，可以大致窥见抗战时期全国边疆教育开展情况及得失。而地方教育与当地社会情况密切相关，在考察凉山教育之前，有必要先了解抗战时期凉山的社会状况。

---

① 曹树勋. 抗战十年来中国的边疆教育 [J]. 中华教育界，1947（1）.
② 曹树勋. 抗战十年来中国的边疆教育 [J]. 中华教育界，1947（1）.
③ 曹树勋. 抗战十年来中国的边疆教育 [J]. 中华教育界，1947（1）.
④ 曹树勋. 边疆教育新论 [M]. 南京：正中书局印行，1945年. 第51页.
⑤ 四川省边地教育实施 [C] //四川省教育厅参加全国边疆教育会议纪念刊. 四川省国民教育指导月刊印，1941：4.

## 第二节 凉山教育的社会背景

凉山是多民族杂居区，有彝、汉、藏、回、蒙古族等14个世居民族，其中彝族人口占大多数，分布在凉山大部分地方，其人文风土形成凉山社会的底色。凉山地处川滇交接处，位于四川省西南部，北起大渡河，南及金沙江，东与云南省昭通隔江相望，西至木里与稻城接壤的恰朗多吉峰，境域东西宽360公里，南北长约370公里。凉山自西汉元鼎六年（公元前111年）开始正式建立郡县，正式纳入中央统治；至清朝雍正时设宁远府；民国初年仍承袭清末旧制称宁远府，后设第十八行政督察区，归四川省管辖；1939年西康建省后划归西康省，称宁属；到1949年，境内设9县，3设治局。24个政治指导区，大体上包括今天彝族聚居的区域，是全国最大的彝族聚居区。[①] 抗战时期凉山彝族人口在60万左右[②]，社会内部等级森严，生产力发展缓慢，处于以黑彝奴隶主所有制为核心的奴隶社会阶段。

### 一、社会状况

在中华人民共和国成立前，凉山彝族社会内部分五个等级，兹莫（土司、土目、土舍）、诺伙（合）、曲诺、阿加、呷西。其中土司、土目、土舍为最高等级，彝称"兹莫"，意为掌权者，土司又为其中最尊贵的群体。从元代开始，中央政府在凉山设立土司统治彝民，颁

---

[①] 凉山彝族自治州地方志编纂委员会. 凉山彝族自治州志（上册）[M]. 北京：方志出版社，2002：80-82.

[②] 中华人民共和国成立前凉山彝族人口有多少，一直没有确切的说法，庄学本根据昭觉县政府调查资料统计，较为可信，据统计为626063人。见庄学本《西康夷组调查报告》，西康省政府印行，中华民国三十五年，第9页。胡庆钧根据各项史料估计，至中华人民共和国成立前，彝族人口当在60万左右。见胡庆钧. 凉山彝族奴隶制社会形态 [M]. 北京：社会科学出版社，1985：16.

发印信号纸承袭。如河东安氏、煖带密岭氏、煖带田坝岭氏、千万贯杨氏等。而个别土目只承领号纸，无印信，大部分土目既无印信，也无号纸，并且不承袭，只"给委牌一张"。① 土目、土舍均受土司管辖。兹莫阶层在辖区内拥有凌驾于一切人之上的权势和地位，对统治下的人民有生杀予夺征敛之权，集中了大量的社会财富，修建了类似内地官府的衙门，掌握着辖区的司法大权。到民国时期土司势力日渐削弱，这部分人约占彝族总人口的0.1%。②

诺伙（合），诺有黑色的意思，汉称黑彝，是贵族中低于兹莫阶层的等级，自称血统纯洁高贵，中华人民共和国成立前凉山地区形成大小近百个黑彝氏族，是凉山的主要统治者，约占彝族总人口的6.9%。③ 在其统治区内，黑彝高踞等级之顶，在政治上、经济上拥有特权，主宰一切。名义上黑彝隶属土司管辖，但实际上，土司政权无力辖制黑彝。从15世纪末黑彝家支阿陆、马家侵入利利土司统治下的美姑地区开始，黑彝逐步把土司从凉山腹心地区驱赶到边缘地区，控制着凉山绝大部分地区。除布拖县一带的腹心地区，土司势力仅限凉山边缘地带：布拖阿都副长官司安学成、越西邛部宣抚司岭邦正、金阳沙马土司宣抚司安登俊、米易普济州长官司吉绍虞、雷波千万贯正长官司杨代蒂、越西煖带田坝土千户岭光电等，辖区及户口已大为削减。④ 土司与黑彝不通婚的规矩也已打破，土司家族与黑彝家支互相开亲。土司政权的实质与职能已基本上与黑彝氏族机关融合起来。黑彝实质上成为与土司并列的世袭贵族集团。⑤

曲诺，意为"在诺之下的曲这种人"，曲有白色之义，意思是黑彝控制下的白彝，汉称白彝或百姓，占凉山彝族总人口的50%，⑥ 是

---

① 方国瑜. 彝族史稿 [M]. 成都：四川民族出版社，1984：559.
② 胡庆钧. 凉山彝族奴隶制社会形态 [M]. 北京：社会科学出版社，1985：94.
③ 胡庆钧. 凉山彝族奴隶制社会形态 [M]. 北京：社会科学出版社，1985：95.
④ 胡庆钧. 凉山彝族奴隶制社会形态 [M]. 北京：社会科学出版社，1985：276.
⑤ 胡庆钧. 凉山彝族奴隶制社会形态 [M]. 北京：社会科学出版社，1985：437.
⑥ 胡庆钧. 凉山彝族奴隶制社会形态 [M]. 北京：社会科学出版社，1985：95.

人数最多的一个等级。这个等级的身份是世袭的，近代也有少数是由阿加赎身上升的。曲诺已经形成家族世系，其范围还包括具有彝族血缘（俗称彝根）的阿加和呷西。一般的白彝人身世代属于土司、土目、土舍或黑彝，必须取得主子的保护，其人身权利、财产所有权受到一定的限制，并被限定居住在主子管辖范围内，要按习惯法给主子纳粮、服役送礼或尽其他义务。但与其他被统治等级相比，他们有较多的人身自由，主子不能任意买卖、虐杀；有相对独立的经济，一般有自己的土地和生产资料，遗产由儿子或家门继承，对自己的子女有亲权和婚权。① 中华人民共和国成立前甘洛、雷波等县在一定时期内曾有基本摆脱土司、黑彝控制的所谓独立白彝。②

阿加，全称为"阿图阿加"，也称为"安家"，意思是主子寨旁的奴、不能离开主子住的人，汉称分居奴，包括出身彝族血系的彝根阿加和出身其他民族的非彝根阿加，占凉山彝族总人口的33%。③

呷西，全称为"呷西呷洛"，意为"主子锅庄旁边的手脚"，汉称"锅庄娃子"，占凉山彝族总人口的10%。④

实际上，以上五个社会等级，也可以看作两个层次，即统治阶级和被统治阶级。兹莫和黑彝属于统治阶级，彝称"色颇"，即主子。他们有着共同的等级特权，是土地的主要占有者，也是阿加、呷西的主要占有者，曲诺等级的成员也都隶属于他们。⑤ 曲诺、阿加和呷西都属于被统治阶级，彝称"节伙"。统治阶级和被统治阶级之间界限森严，不可逾越。⑥ 彝谚"牛再有力气，也跳不上坎子；节伙再有钱，也爬不到诺合主子头上"，即是指此种情况。但被统治阶级内部，等

---

① 凉山彝族奴隶社会编写组. 凉山彝族奴隶社会 [M]. 北京：人民出版社，1982：70. 亲权指由父母支配自己子女的权利，婚权指父母为子女自行择配婚姻对象的权利. 参见胡庆钧. 凉山彝族奴隶制社会形态 [M]. 北京：社会科学出版社，1985：169.
② 胡庆钧. 凉山彝族奴隶制社会形态 [M]. 北京：社会科学出版社，1985：155.
③ 胡庆钧. 凉山彝族奴隶制社会形态 [M]. 北京：社会科学出版社，1985：95.
④ 胡庆钧. 凉山彝族奴隶制社会形态 [M]. 北京：社会科学出版社，1985：95.
⑤ 凉山彝族奴隶社会编写组. 凉山彝族奴隶社会 [M]. 北京：人民出版社，1982：69.
⑥ 凉山彝族奴隶社会编写组. 凉山彝族奴隶社会 [M]. 北京：人民出版社，1982：73.

级身份可以升降变化。曲诺可以下降为阿加或呷西，阿加和呷西往往沉浮于这两个等级之间；阿加也可以上升为曲诺，但此种上升实际上非常困难。值得指出来的是，曲诺和阿加还可以分别再占有阿加和呷西。使得凉山以黑彝奴隶主所有制为核心的奴隶社会既有等级界限森严的一面，又有等级之间重叠占有、错综复杂的一面。

## 二、社会组织

家支，彝语称为"此伟"，大体相当于宗法制社会中的"宗族"[①]是凉山彝族以父系血缘为纽带、以父子连名谱系为中心的家庭联合体，在社会中起着组织机构和政权的作用，是最重要的社会群体组织。[②] 彝谚说："蛤蟆生存靠水塘，猴子生存靠树林，人类生存靠亲友，彝族生存靠家支"，"想家支想得流泪，怕家支怕得发抖"，可见家支的重要作用。传说凉山的黑彝，都是由古侯、曲涅这两位祖先繁衍而来，到民国时期，已传至六七十代[③]，其中，分化出来的家支，已达到十几到二十几代。如凉山著名家支阿侯家，已有二十三代。[④] 白彝也形成了家支[⑤]，一般十至二十代人左右。

家支有维护黑彝统治、维护本家支利益、对外作战、对内相互援助与保护的职能，一般有较稳定的居住区域，家支间有比较明晰的边界。家支内部没有常设机构，内部成员一律平等，没有凌驾于内部成员地位之上的领袖，但每个家支都有数目不等的头人："德古"（善于说理和调解纠纷的人）和"苏易"（领头办事的人）。他们通过自己的能力和影响发挥作用，在本家支内很有号召力，是家支共同活动

---

① 易谋远在此文中提出"家支"就是"宗族"的概念，见易谋远．对凉山彝族"家支"概念的研究［J］．西南民族学院学报（社会科学版），1986（4）．
② 冯敏，伍精忠．凉山彝族传统家支功能的现代调适［C］//民族学研究第十二辑——中国民族学学会第六届学术讨论会论文集．1997．
③ 马长寿．凉山罗彝考察报告［M］．成都：巴蜀书社，2006：260-261．
④ 胡庆钧．凉山彝族奴隶制社会形态［M］．北京：社会科学出版社，1985：248-249．
⑤ 岭光电．倮情述论［M］．成都：成都开明书店，1943：6-7．

的实际领导者和组织者。

历史上凉山彝族没有形成统一政权,中央王朝政府从元代开始在该区设建昌(今西昌)路总管府,任命沙骂、阿都、邛部、河东四大土司,但实际上土司无力统率黑彝,凉山的基本社会结构仍以黑彝奴隶主所有制为核心。① 在中华人民共和国成立前,凉山境内林立着大小近百个黑彝氏族②和10多个土司统治区③,这些政权单位,互不统属,各有其管辖范围。因此,在凉山,作为被统治阶级的曲诺、阿加和呷西,非附属于主子不能生存。④ 黑彝以治人治事及指挥战斗为业,不事生产及耕种土地;白彝及其以下等级则主要从事农牧为业,以服从黑彝之命令为当然准则。

## 三、物质分配与社会矛盾

在凉山地区,虽然统治阶级与被统治阶级两者之间界限森严,绝不可逾越,统治阶级有残酷压榨、剥削被统治阶级的一面,但在物质生活上,也有朴素的、近乎原始的平均主义性质的一面。曾于1940年赴凉山考察的珠海大学江应樑教授说"凉山彝人物质生活""一律平等,不论黑夷白夷,主子奴隶,贫穷富有,物质上的享受都完全一律,其间不同与相差之度非常微小"⑤;西南联合大学的曾昭抡教授曾于1941年深入凉山调查,他观察到"然而经济上与享乐上,娃子取得待遇,远较其他民族社会中下层阶级所能得到者为平等。这种多少含有社会主义成分的办法,乃是维持凉山夷区不平等阶级制度的主干,娃子所以未曾发生革命之最重要的理由""黑夷虽自命高贵,其

---

① 方国瑜. 彝族史稿 [M]. 成都:四川民族出版社,1984:555-559.
② 胡庆钧. 凉山彝族奴隶制社会形态 [M]. 北京:社会科学出版社,1985:347,248.
③ 凉山彝族奴隶社会编写组. 凉山彝族奴隶社会 [M]. 北京:人民出版社,1982:261.
④ 马长寿. 凉山夷区的社会建设 [J]. 1947(8-9).
⑤ 江应樑. 凉山夷族的奴隶制度 [M]. 珠海:珠海大学编辑委员会,1948:60.

在生活的享乐，并不较娃子高出多少。"① 马长寿分别在 1937 年和 1939 年两次深入凉山考察，在其考察报告中分别从居住、饮食、服饰等方面描述了黑、白彝在物质生活方面的接近，并得出结论"羅彝社会中，黑彝白彝之生活程度，无百十万金银之富翁，但同时亦无乞食之丐""聪明之贵族常由语言态度之间表示其血胤之崇高，而不由华衣美食表示之""一黑彝家中之衣食分配，除有意虐待掳奴外，大致为相同"②。彝族土司岭光电在其自传中记录了幼年时的这样一件小事：岭家每年给每个奴娃发一件窄布作衣服。发布那天，恰好被客居岭家的大姨母看到，"她羡慕不已，选了三件抱在怀里"。③ 岭光电的大姨母是黑彝身份，居然羡慕并强占给奴娃的衣服布料，由此也可看出凉山娃子与主子在生活上的接近。

  凉山地区的百姓所承担赋税相对来说较轻。如越西田坝上土司的曲诺承担的隶属性负担有：四家曲诺每年每户给土司上一斗粮，另送一升给管家；两家曲诺每户有耕牛的人每年出牛工给土司耕作；另外两家每户每年给土司出五个工。④ 再如投奔黑彝的外地人，每年纳粗布一匹，逢节送麦酒一坛（约两市斤，即一公斤），再称臣拜谢而已。⑤ 以致邻近彝族地区的一些外地人甘愿投诚土司或黑彝以避免汉官统治下沉重的赋役和获得黑彝实在的保护。⑥

  凉山彝族社会另一个突出的现象便是冤家械斗频繁。几乎没有哪个黑彝家支没有冤家，没有哪一年不打冤家，而且，打冤家不仅限于各家支之间，同血族的家支之间也时有发生。马长寿说彝族地

---

① 曾昭抡. 大凉山夷区考察记 [M]. 北京：中国青年出版社，2012：108.
② 马长寿著，李绍明，周伟洲等整理. 凉山羅彝考察报告（上）[M]. 成都：巴蜀书社，2006：342.
③ 岭光电. 忆往昔 [M]. 昆明：云南人民出版社，1988：24.
④ 四川省编写组. 四川省凉山彝族社会调查资料选辑 [C]. 成都：四川社会科学院出版社，1987：359.
⑤ 马长寿. 凉山夷区的社会建设 [J]. 边疆通讯，1947（8-9）.
⑥ 王成圣. 西康宁属的保族 [J]. 边疆通讯，1947（7）.

区的冤家械斗"每区无不战,每日有战争"。① 如普雄地区的阿侯家、果基家、勿雷家的打冤家从六七代前就开始了,一直延续到中华人民共和国成立前;② 苏呷、井曲、阿侯、吴奇等几个家支之间的冤家械斗经历了 30 年,布兹与吴奇两个家支的械斗打了 13 年,达 100 多次。③

历史上无休止的冤家械斗严重破坏了社会生产、生活的各个方面,降低了人们的生活水平,极大地阻碍了凉山彝族社会的发展。马长寿曾痛心指出冤家械斗的弊端。"因此,一切文化皆为摧残殆尽,淹没无疑。"④

总体上来看,民国时期凉山彝族地区内部等级森严,以黑彝奴隶主所有制为统治核心,各个黑彝家支政权雄霸一方,冤家械斗频繁,生产力发展缓慢,文化教育的发展更是困难重重。

## 第三节　凉山的教育状况及特点

凉山的教育是从民族教育的广义上来说的:教育对象包括凉山的各个民族;教育内容既包括国家现代文化的教育,也包括地方传统文化的教育。前者多以学校教育的形式进行,后者多以非学校教育的方式呈现,即特定民族群体按照自身文化特点所进行的有意识的文化传承活动。⑤ 本书即从这两方面考察民国时期凉山的教育状况和特点。

---

① 马长寿. 凉山夷区的社会建设 [J]. 边疆通讯,1947（8-9）.
② 四川省编写组. 四川省凉山彝族社会调查资料选辑 [C]. 成都:四川社会科学院出版社,1987:140.
③ 凉山彝族奴隶社会编写组. 凉山彝族奴隶社会 [M]. 北京:人民出版社,1982:149.
④ 马长寿. 凉山夷区的社会建设 [J]. 边疆通讯,1947（8-9）.
⑤ 蒋立松,吴红荣. 试析西南民族教育意义阐释的路径 [J]. 民族教育研究,2010（1）.

## 一、传统文化教育

在凉山的世居民族中，彝族人口占大多数，分布在凉山大部分地方，因此凉山地方传统文化具有强烈的彝族色彩。彝族是个具有悠久历史文化的民族，很早就发明了彝族文字，有大量的传世典籍，但迟至清朝中叶，凉山彝族社会没有专门的教育机构，也没有专门的教育者和教育场地。教育往往采取口耳相传的方式，教育场域不固定，火塘边、院坝晒场、山间岩洞、田边地角，婚丧、节日庆典场所，家支集会地皆可，注重寓教于乐，寓教于日常生活。通常采取社会教育和家庭教育形式完成对下一代的培养和对当地传统文化的传承。

### （一）社会教育

在凉山大部分区域，社会教育的内容主要来源于两方面：一是由毕摩主持的各种宗教仪式及相关文化；二是来自当地成熟的家支文化。两者都通过公开的、具有强烈社会性的节日庆典、婚丧嫁娶和家支的集体活动进行，因而也可以看成是具有地方特色的社会教育形式。

毕摩在彝族社会中主要从事宗教活动，他们通晓彝文，熟知本民族的历史、神话、文学、艺术、哲学，甚至天文、地理、医药等，是集各类文化知识于一身的"百科全书"式的人物，是凉山彝族社会少有的知识分子，也是彝文经典的主要记录者和传承者，有较高的社会地位。古代彝族文字使用范围窄，一般只是毕摩用来记录和传抄经文、典籍等，所以毕摩又是彝族文化的主要施教者。对一般大众，毕摩通过主持宗教仪式传扬文化。彝族地区宗教仪式繁多，有"晓补""吉觉"等周期性季节仪式，也有婚嫁纳员、丧葬中的指路、归魂等仪式，还有因临时需要而举行的祛灾除祸等危机性仪式。人们经常有参加仪式的机会。在举行仪式的过程中，受众通过毕摩诵读、吟唱、讲述经文，了解本民族的历史、习俗、历法、神话、伦理道德等等。对学徒，毕摩通过严格的学徒教育教授文化。毕摩收徒，多数收家支内的子弟，也不排斥外家支的人；授徒时，先教识字、写字，再教读经文。学徒学抄经文时，必须经过庄重的仪式，墨汁需用鹰血调制而成；平时练习所学经文，毕摩做法事时，带学徒到现场观摩学习。像神话、算命、占卜等毕摩经文，只传后代毕摩，传之不易。著名人类学家林耀华认为彝文之所以能流传，"笔母（毕摩）之功为多"，并认为毕摩授徒是"夷家惟一的严格的教育"。①

家支文化在凉山的教育中也充当了重要角色。在长期的历史进程中，凉山形成了一套完备的家支文化：衣食住行等物质文化和赖以维持社会运行的不成文的典章、习惯法、道德伦理等制度文化以及文学艺术、音乐舞蹈、宗教信仰等精神文化。同样的，如此重要的家支文化也没有专门人员传授，人们更多的是通各种仪式活动观摩和学习必需的知识，其基本内容就是背诵家支祖先的谱系，熟记祖先的"光荣"业绩，以及了解社会上通行的习惯法与道德准则。

### （二）家庭教育

凉山彝族家庭对幼辈子女教育方式单纯，没有固定的形式，多采用言传身教的方式，对子女进行诱导和训诫，使其逐渐掌握社会所需的生产、生活技能。② 家中长辈往往通过讲述故事、神话、历史等引导儿童敬重老人、尊重父母、勤劳、勇敢、善良、诚实等。如讲述彝文典籍《勒俄特依》（关于创世纪的传说和英雄故事）、《玛木特依》中的传说和故事，《妈妈的女儿》（彝族民间叙事诗）、《尔比》（彝族格言、谚语）等等。父子连名的家支谍谱，也是通过家庭的父传子、子传孙的口耳相传方式，一代代传承下来。后辈就是这样在日常生活

---

① 林耀华. 凉山夷家[M]. 台北：南天书局有限公司，1978：94.
② 参见马学良等编著. 彝族文化史[M]. 上海：上海人民出版社，1989：372-373；参见四川省编写组. 四川省凉山彝族社会调查资料选辑[C]. 成都：四川省社会科学院出版社，1987：123.

的耳濡目染中，习得了祖传的文化知识。

《玛木特依》是彝族社会中传统的教育经典，记录了一个彝族贵族男子从出生到死亡的人生过程，以 12 年为一个时间年轮，共进行了 9 个年轮的论述，以比喻、格言、谚语等形式描述了人的不同年龄阶段生理、心理特征及相应的处事准则，是一部贯穿一个人整个生命历程的行为规范。其中蕴含了大量的生命哲理、家庭伦理、社会秩序观念等等，体现了彝族社会的行为准则和道德规范。①

以上两种方式是传统彝族文化教育的主要形式，当然，这两种方式并不是截然分开的，它们往往交织在一起。比如举行"尼木措毕"（送祖灵）的大型仪式时，毕摩文化和家支文化会得到强烈的体现，家庭教育也会渗透其间；"克智"②运用在宗教仪式上，家支亲友聚会上也经常出现；而利用《玛木特依》教育后人，传承民族传统文化，则可见于一切社会生活中。总之，彝族人通过传统的社会教育和家庭教育的方式，习得作为"社会人"所需要的文化知识，完成从"自然人"到"社会人"的转变，完成对地方传统文化的传承。

马长寿先生通过 1937 年 1—6 月与 1939 年 12 月至 1940 年 4 月两次在凉山的考察，认为在凉山原始文制中并无固定的教育场所，教育传习在家庭、宗族、社会之中进行，即寓于日常生活当中。且教育有鲜明的阶级性，贵族阶级的教育内容有尚武教育、田猎、辩才和交友等，以培养尊严、自信力、骄傲、勇敢的统治接班人为目的；而白彝和白彝以下的被统治阶级则以习得为农、为牧、为工、为毕（指毕摩）等生存技能为教育目的，较少文艺

---

① 凉山彝族自治州地方志编纂委员会. 凉山彝族自治州志 [Z]. 北京：方志出版社，2002：315.
② 克智，彝语意为"言语比赛"，即一种口头辩论的语言艺术，经常在婚丧仪式、逢节聚会之际进行，是彝族民间口头语言艺术中内容最丰富、形式最灵活，最具知识性、趣味性、娱乐性的文化形式。

方面的内容。①

至民国时期，凉山的传统文化教育方式并没有明显的变化，毕摩文化和家支文化渗透在生活的各个方面，人们仍采取社会教育和家庭教育的形式完成对个体的培养和对地方文化的传承。

## 二、现代文化教育

历史上凉山没有形成统一的政权，民国时期 100 多个黑彝家支和 10 多个土司政权各自为政，互不统属（前文已有详细论述）。从元朝到清末，尽管中央政府曾在凉山设立管理机构，但国家的影响力并未能深入凉山，国家共同文化的影响自然也微乎其微②，更遑论实施国家共同文化的教育。到民国时期，随着各路军阀在凉山势力的伸进、政府对边疆民族的重视和彝族内部有识之士的引进，国家现代文化逐渐在凉山发生影响，对此类文化的教育也逐渐引起人们的注意。这类教育多以学校教育和社会教育的方式进行。

### （一）学校教育

1. 小学教育

民国初期，凉山地区内部个别有识之士开始设馆延师教学。如煖带田坝土千户家、煖带密土千户家请先生在家办学教其子弟；1926年，彝族人李万钟在雷波乌角开私塾馆，后在靖远乡团防局设馆授徒，这些私塾均以教习汉文为主。1920 年，基督教会开办会理箐小山学校，几经周折后改为边民小学。从 1929 年至 1936 年，凉山开始出现官办学校和部分具有现代意义的私立学校。1929 年，二十四军西

---

① 马长寿. 凉山罗彝考察报告 [M]. 成都：巴蜀书社，2006：379-384.
② "有人把彝族比作'中华民族之铁豆'"，"谓其保守性强，散处汉族地域中间数千年，仍自保持其独特之文化与习为也"。见任乃强. 我所知道的夷族土司岭光电先生 [J]. 边疆通讯，1947（8-9）.

昌垦务局彝务整理委员会在西昌城内小校场关帝庙（今城厢粮站内）创设"化夷学校"1所，由陈正纲主办。县府令各支彝族头人遣送彝童入学，学生20余人。不久垦务局裁撤，学校停办。1931年，宁雷马屏屯殖军驻西昌，在宁属联立初级中学西院设立宁属化夷学校，简称"宁化学校"，由彝族青年曲木藏尧主办，周维汉协助。学生仍由县府令各支彝族头人派遣，约七八十人，课程设置与汉小相同。不久政局有变，主办无人，遂停办。此时期的私立学校有：1934年彝族人罗大英在家乡红毛乡尼足村红毛勒巫仿旧时私塾办学，招收其子侄和当地彝童20余人；后与屯垦委员会所办的红毛小学合并。因红毛小学时停时办，该校又改为"大英小学"，办学数年中辍。此时期共设立公办性质的学校3所，私立学校4所，共7所小学。

从1937年到中华人民共和国成立前夕，凉山学校教育较之以往有了快速的发展，官办学校和教会机构学校数量大幅度增加，此时期共设立公立性质学校44所，私立学校7所，共51所小学。1936年，宁属边民教育委员会筹办第一批省立小学，盐源、盐边、冕宁、雷波4所省立小学于1937年开学；宁南校于1938年开学。1937年，越巂田坝土司岭光电捐资倡办斯补边民小学校，直到中华人民共和国成立后由人民政府接管，共办学15年，卓有成效。[①] 1939年宁属屯垦委员会委任彝族人孙子汶为宁属边区教育主任，在当地选深孚众望且热心教育的吉尼底惹、曲木吉啤、罗正明、罗洪瓦铁、罗大英为边教委员。孙氏亲赴彝族地区各地创办学校，相继在铜厂沟、箐坝、德昌龙窝、大桥、麻陇、天台、冕宁泸宁、菩提、马房沟、园根村、荒田、小板厂、厥箕砰、宁南松兴、卧虎沟、巴溪、昭觉八且甲谷、西昌苗村、越巂普雄等指导区和彝族村镇开办27所边民小学。从1939年到1946年宁属边民（疆）教育委员会开办6所省立边民小学：1939年在昭觉办1所，在其他地方先后办立5所。从1940年开始，国民政

---

① 凉山彝族自治州地方志编纂委员会. 凉山彝族自治州志[Z]. 北京：方志出版社，2002：2499-2500.

府"教育部"为实验及辅导边地初等教育起见,在边疆择地酌设边疆实验小学,先后在凉山的雷波、越嶲创办2所国立小学。1946年后基督教与天主教会相继开办盐源县小高山边小、昭觉四开边小、宁东设治局红毛中心校,1947年接办原西昌"恩伯小学",更名为"三一新村小学"①。此时期的私立学校也有所发展:1940年彝族人瓦扎木基、米万福先后创办边民小学;1946至1948年,云南省主席龙云在金阳县的灯厂、派赖等处建4所蒙馆,但历时甚短,后停办②。

表1-1 民国时期凉山地区政府和社会团体主办的小学

| 创办时间（年） | 校名 | 办学机构及主办人 | 办学地点 | 备注 |
| --- | --- | --- | --- | --- |
| 1920 | 会理箐小山学校 | 基督教会 | 会理 | 后改为边小 |
| 1929 | 化夷学校 | 二十四军西昌垦务局彝务整理委员会 | 西昌城内小校场关帝庙 | 不久因垦务局裁撤,故停办 |
| 1931 | 宁化学校 | 宁雷马屏屯殖军,曲木藏尧（彝） | 西昌宁属联立初级中学西院 | 后停办 |
| 1937—1938 | 5所省立边民小学 | 宁属边民教育委员会 | 盐源、盐边、冕宁、雷波、宁南 | 1946年后陆续停办 |
| 1939 | 27所边民小学 | 宁属屯垦委员会,孙子汶（彝） | 德昌、冕宁、宁南、昭觉、西昌、越嶲、普雄等地 | 1946年后陆续停办 |
| 1939—1946 | 6所省立边民小学 | 宁属边民（疆）教育委员会 | 昭觉、越嶲、喜德等地 | 1946年后陆续停办 |
| 1940 | 2所国立小学 | 国民政府"教育部" | 雷波、越嶲 | |

---

① 凉山彝族自治州地方志编纂委员会. 凉山彝族自治州志 [Z]. 北京:方志出版社,2002:2500-2501.
② 凉山彝族自治州地方志编纂委员会. 凉山彝族自治州志 [Z]. 北京:方志出版社,2002:2501.

续表

| 创办时间（年） | 校名 | 办学机构及主办人 | 办学地点 | 备注 |
|---|---|---|---|---|
| 1946—1947 | 4所教会小学 | 基督教和天主教教会 | 盐源小高山、昭觉四开、宁东设治局红毛、西昌 | |
| 合计 | 47所小学 | | | |

表1-2　民国时期凉山地区私立小学

| 创办时间（年） | 校名 | 创办人 | 办学地点 | 备注 |
|---|---|---|---|---|
| 1918 | 私塾 | 煖带田坝土千户 | 越巂田坝 | 后停办 |
| 1918 | 私塾 | 煖带密土千户 | 宜地 | 后停办 |
| 1926 | 私塾 | 李万钟（彝） | 雷波乌角 | 办至1947年，改为国立小学 |
| 1934 | 初为私塾，后改为大英小学 | 罗大英（彝） | 喜德红毛勒乌 | 后中辍 |
| 1937 | 私立斯补边民小学校 | 岭光电（彝） | 越巂田坝斯补 | 至1952年 |
| 1940 | 边民小学 | 瓦扎木基（彝） | 不详 | 后停办 |
| 1946 | 边民小学 | 米万福（彝） | 盐源 | 后停办 |
| 1946—1948 | 4所蒙馆 | 龙云（彝） | 金阳灯厂、派赖 | 不久停办 |
| 合计 | 11所 | | | |

资料来源：以上两表主要参照2002年版的《凉山彝族自治州志》第三十五卷和1997年版的《凉山彝族自治州教育志》第二篇的相关内容编制而成。

从以上分析和表格可见，抗战前夕凉山彝族地区共有小学7所，其中公立性质的占3所，另外4所为私立学校。抗战时期办学数量迅速增加，新设立学校共有51所，大部分为公立小学，其中国立2所，省立11所，地方办学27所，教会小学4所，共44所；少量为私立小学，共7所。所有这些小学中，岭光电创办的私立斯补边民小学校办学时间最长。

2. 中学及中学以上教育

从民国初年到 1934 年，凉山境内仅有 4 所中学，且皆为初级中学，其中以宁远联合中学校、会理县立中学校较为有名。从 1939 年至 1946 年，中学增加到 15 所，其中，省立西昌中学、会理中学、西昌县中、西昌女中等 4 校先后办了高中。至 1950 年存有 14 所中学。[①]

职业技术学校共办有 9 所，先后设立在会理、越巂、西昌、冕宁等地，开设的专业有蚕桑、畜牧、农艺园艺、助产、农垦、会计、缝纫、家教刺绣等。到中华人民共和国成立时尚存 4 所。[②] 从 1912 年到 1949 年，境内共办有正规师范学校 6 所，分别设在会理、西昌、越巂、冕宁。其中设在西昌人水井景王宫的西康省立第二边疆师范学校，主要培养边民小学师资、技术及管理人才。彝族人伍精华、冯元蔚、罗开文曾就读于该校。此外，从 1922—1946 年，凉山各地还曾开设过 18 个短期师范班。[③]

国立西康技艺专科学校（简称康专）由国民政府教育部 1939 年创办于西昌泸山，是民国时期凉山境内唯一的一所高等学校，由原北洋工学院院长李书田博士担任校长，开设有农林、畜牧、采冶、蚕丝、医学等专业，先后招生 11 届。1950 年西康解放，康专改为西昌技艺专科学校[④]。

---

① 凉山彝族自治州地方志编纂委员会. 凉山彝族自治州志 [Z]. 北京：方志出版社，2002：2464.

② 凉山彝族自治州地方志编纂委员会. 凉山彝族自治州志 [Z]. 北京：方志出版社，2002：2475.

③ 凉山彝族自治州教育志编纂委员会. 凉山彝族自治州教育志 [Z]. 成都：四川民族出版社，1997：316-317.

④ 凉山彝族自治州地方志编纂委员会. 凉山彝族自治州志 [Z]. 北京：方志出版社，2002：2483.

表 1-3 民国时期凉山中高等教育学校

| 办学层次 | 学校类别 | 数量 | 办学地点 |
| --- | --- | --- | --- |
| 中等教育 | 中学 | 15 所 | 西昌、会理等地 |
| | 职业技术学校 | 9 所 | 会理、西昌、越巂、冕宁等地 |
| | 师范学校 | 6 所 | 凉山各地 |
| | 短期师范班 | 18 个 | 会理、越巂、西昌、冕宁等地 |
| 高等教育 | 高等专科学校 | 1 所 | 西昌 |

资料来源：主要参照 2002 年版的《凉山彝族自治州志》第三十五卷和 1997 年版的《凉山彝族自治州教育志》第二篇的相关内容编制而成。

综上，民国时期凉山共开设 15 所中学，其中 4 所办有高中，9 所职业技术学校，6 所师范学校，18 个短期师范班和 1 所高等专科学校，即中等教育学校 30 所和 18 个短期师范班，高等教育学校 1 所。办学地点以西昌为中心，大多分布在会理、越巂、冕宁等地。

### （二）社会教育

民国时期凉山地区的社会教育以民众教育和干部培训为主要方式。

1. 民众教育

民众教育形式有两种：或者在各县开设民众教育馆，或者由学校附设民众教育班进行，以失学的儿童和成年人为教育对象，以识字、学常识为主，也组织杂艺训练、康乐活动、党义宣传、教授卫生知识等。[1]

1939 年前后，四川省"教育厅"、西康省"教育厅"把电化教育作为社会教育手段之一，派员携留声机、收音机、幻灯机、电影机到

---

[1] 凉山彝族自治州地方志编纂委员会. 凉山彝族自治州志［Z］. 北京：方志出版社，2002：2489.

凉山各县巡回放映。①

2. 青年干部培训

从1936年起，政府逐渐重视对干部的培训。1936年国民政府陆军军官学校成都分校开设屯垦班，招收彝族学生，当年凉山送去10名；1938年送去7名，1940年到西昌招收92名彝族青年赴成都受训。1939年，西康省在汉源九襄举办"西康省保训合一干部训练班"两期，瓦扎拉子、果基依批等630人受训。同年西康省宁属屯委会设边民训练所，省主席刘文辉兼任所长，开办边民训练班。1941—1942年相继开办6期，训练学员651人。学员来自各支当地人头目及其子弟，现任联保主任及保甲长，前土司、土目及其亲属和懂得汉语的彝族青年。1942年，西昌行辕开办边民筑路队干部训练班，分学员队与学生队各一班，学员队43人，大部分是"中央军校"成都分校屯垦班毕业学生，学生队126人，其中有少数汉生。②

表1-4 青年干部培训简表

| 培训时间（年） | 培训项目 | 培训机构 | 培训人数 | 学员来源 |
| --- | --- | --- | --- | --- |
| 1936—1940 | 国民政府陆军军官学校成都分校屯垦班（共3期） | 国民政府 | 109名彝族青年 | 面向全省，包括109名彝族青年 |
| 1939—1942 | 西康省保训合一干部训练班（共2期） | 西康省政府 | 630人受训 | 各支彝族人头目及其子弟、现任联保主任及保甲长，前土司、土目及其亲属 |
| 1941—1942 | 边民训练班（共6期） | 西康省宁属屯委会 | 651人受训 | 同上 |

---

① 凉山彝族自治州教育志编纂委员会. 凉山彝族自治州教育志［Z］. 成都：四川民族出版社，1997：74.
② 凉山彝族自治州地方志编纂委员会. 凉山彝族自治州志［Z］. 北京：方志出版社，2002：2501.

续表

| 培训时间（年） | 培训项目 | 培训机构 | 培训人数 | 学员来源 |
|---|---|---|---|---|
| 1942 | 边民筑路训练班 | 西昌行辕主办 | 学员队43人 学生队126人 | 大部分为彝族人，少数汉族学生 |

资料来源：根据 2002 年版的《凉山彝族自治州志》第三十五卷编制而成。

## 三、教育特点

从地方传统文化和国家现代文化教育在凉山的实行情况来看，抗战时期凉山地区的教育具有如下特点。

### （一）传统教育占主导，学校教育始发端

民国时期凉山彝族人口在 60 万左右，但能进学校受教育的人员极少。据刘文辉在一个报告中总结：1942 年西康省所有边疆学校的学生人数共为 3600 余名[1]，包括全省所有彝、藏、苗的少数民族学生，还包括短期班的学生，彝族学生仅占其中一部分。西康越嶲实验中心小学可谓当时办得极为成功的国立边民小学，但从表 1-5 可以看出，就读的彝族学生数量很少，其中有 8 期的人数在 20 名（含 20 名）以下，20 名以上的有 6 期，最少的两个学期只有 6 名学生；表 1-6 表明，省立盐边小学、冕宁小学都是办得较好的边民学校，但学生总数也不过区区二三十名，岭光电创办的斯补小学在所有边民小学中最为成功，然即使其苦心经营，1938 年学校的总人数仅 106 名，其中包括少量藏、汉生。前文表 1-1、表 1-2 中所列大部分边民小学，办学情况远远不如上述几所学校，且很多停办（前文已有详细说明，此处不再赘述），招收的彝族学生更是屈指可数。

---

[1] 赵心愚，秦和平，王川. 建设新西康十讲 [C] //康区藏族社会珍稀资料辑要（下）. 成都：巴蜀书社，2006：729.

表1-5 西康越嶲实验中心学校1940—1946年学生人数

| 学年 | 1940 | | 1941 | | 1942 | | 1943 | | 1944 | | 1945 | | 1946 | |
|---|---|---|---|---|---|---|---|---|---|---|---|---|---|---|
| 学期 | 上 | 下 | 上 | 下 | 上 | 下 | 上 | 下 | 上 | 下 | 上 | 下 | 上 | 下 |
| 总人数 | 172 | 163 | 159 | 168 | 182 | 318 | 267 | 429 | 323 | 381 | 265 | 246 | 225 | 267 |
| 夷生 | 14 | 20 | 13 | 25 | 27 | 32 | 16 | 23 | 19 | 31 | 52 | 6 | 6 | 9 |

资料来源：参见林达珊：《六年来的西康越嶲小学》，载《边疆通讯》，1947年第6期。

表1-6 三所学校1938年学生人数

| 学校 | 省立盐边小学 | 省立冕宁小学 | 私立斯补边民小学 |
|---|---|---|---|
| 学生人数 | 35名夷苗摩索利苏族生 | 21名夷番生 | 106名夷番汉生 |

资料来源：参见岭光电：《改进西康宁属边教意见》，载《倮情述论》，成都：成都开明书店，1943年，第98-101页。

从学生数量可以看出，民国时期的凉山教育，学校教育处于萌发阶段，进入学校接受国家现代文化教育的学生极少，大部分人仍然通过世世代代流传下来的传统文化教育完成对下一代的培养。著名学者胡庆钧先生在中华人民共和国成立之初即赴凉山调查，后又七上凉山，他根据自己30余年的凉山调查见闻写道："他们（指20世纪50年代的彝族人）不仅自己不举办不提倡系统的学校教育，而且公然藐视受过学校教育的学生"。[1] 刘文辉在1946年尚称：宁属彝人，"数千年来，恃其强悍之性，深闭固据，竟能不为汉族所同化"[2]。岭光电也称"宁属夷族"，"思想愚顽，迄今尚滞于原始生活"，"政令不逮，俨然化外"[3]。

（二）学校教育与时局密切相关

凉山学校教育的发展得力于时局的推动。民国初期，军阀混战，

---

[1] 胡庆钧. 凉山彝族奴隶制社会形态[M]. 北京：社会科学出版社，1985：336.
[2] 庄学本. 西康夷族调查报告[M]. 西康省政府印行，1941：1.
[3] 岭光电. 倮情述论[M]. 成都：成都开明书店，1943：97.

政局动荡，政府无心也无力顾及凉山教育，宁属各县教育行政受制于各路驻军，听命于县公所，教育经费来自学校原有学田租息及庙会资助，新办学校的经费全赖个人筹募①，办学数量极少。有学者在谈到边疆政治与教育问题时，评论说："西康教育情况，在抗战以前，较其他边疆各省尤为落后。"②

从 1929—1938 年，四川政局初定，宁属各县教育隶属四川省教育厅管辖；1934 年，宁属划为四川省第十八行政督察区，专署附于西昌县府，教育行政统于专员；1935 年，专署始设置专门科室办理教育行政，③各县教育经费采取统筹统支的办法，学校数量增多，增加 7 所管办小学和 2 所私立小学（见表 1-1、表 1-2）。

1939 年西康建省，凉山归西康省管辖，称宁属，省府设宁属屯垦委员会管理凉山事务。省主席刘文辉根据历史和自己多年来的治边经验，提出在全省施行"德化、同化、进化"的治边方略，视"三化"政策为治理边区的长治久安之策④，而边疆教育是推行"三化"政策的前提，要使边民接受此善政，"却都有赖于教育之运用，所以教育实为三化政策之生力军"⑤。因而西康省非常重视边民教育：1939 年成立专门机构"边民教育委员会"（1942 年改为"边疆教育委员会"）管理边民教育，⑥宁属教育实际由宁属屯垦委员会的秘书处、

---

① 凉山彝族自治州地方志编纂委员会. 凉山彝族自治州志［Z］. 北京：方志出版社，2002：2439-2441.
② 西尊. 边疆政治与教育问题——边疆开发与国防问题研究之一［J］. 地方行政月刊，1941，2（2）.
③ 凉山彝族自治州地方志编纂委员会. 凉山彝族自治州志［Z］. 北京：方志出版社，2002：2437.
④ 赵心愚，秦和平，王川. 建设新西康十讲［C］//康区藏族社会珍稀资料辑要（下）. 成都：巴蜀书社，2006：610-612.
⑤ 赵心愚，秦和平，王川. 建设新西康十讲［C］//康区藏族社会珍稀资料辑要（下）. 成都：巴蜀书社，2006：730.
⑥ 赵心愚，秦和平，王川. 建设新西康十讲［C］//康区藏族社会珍稀资料辑要（下）. 成都：巴蜀书社，2006：728.

垦务处、边务处、总务处及会计室分别管理①；教育经费仍沿例统筹统支，曾增列专项经费，如边民教育补助费、义务教育补助费等；辅导省会的藏族、彝族学生生活；在各地兴办边民学校等。② 国民政府日渐重视边疆教育。设立专门机构"边疆教育司"和"边疆教育委员会"管理和引导边疆教育，制定相关重要法案《三民主义教育实施原则蒙藏教育章》《推进边疆教育方案》《边地青年教育及人事行政实施纲领》和一系列具体办法和措施，③拨出专项经费补助地方兴办边疆教育，并在边地建立示范性质的实验学校。国民政府对边疆教育的重视和西康省的成立推动了凉山彝族地区学校教育的加速发展，突出表现在学校数量的增加和彝族地区青年干部培训的开展：增加了2所国立小学，27所边民小学，6所省立小学，4所教会小学，6所私立学校（见表1-1、表1-2）；1936—1942年，中央政府机构培训彝族地区青年278人次，1939—1942年，西康省政府培训彝族地区青年1281人次（见表1-4）。

**（三）学校教育体系初步建成，办学过程困难重重**

民国时期，凉山彝族地区共办中高等教育学校58所，15所中学，其中4所办有高中，9所职业技术学校，6所师范学校，18个短期师范班，1所高等专科学校（见前文第二部分）；还有不定期的青年干部培训班以及一些临时建立的短期学校。基本上覆盖了从基础教育到高等教育的范围，形成了初具规模的现代学校教育体系。

抗战后期，凉山地区的学校教育获得加速成长，然限于凉山特殊环境，加之人力物力有限，至中华人民共和国成立前夕，前文所列的

---

① 凉山彝族自治州地方志编纂委员会. 凉山彝族自治州志［Z］. 北京：方志出版社，2002：2439.
② 赵心愚，秦和平，王川. 建设新西康十讲［C］//康区藏族社会珍稀资料辑要（下）. 成都：巴蜀书社，2006：728-729.
③ 教育部教育年鉴编纂委员会. 第二次中国教育年鉴：第十编［Z］. 上海：商务印书馆，1948.

58所边民小学有51所已经停办,只有2所国立小学、4所教会办的小学和岭光电办的私立斯补边民小学校仍勉力维持(见表1-1、表1-2),可见凉山地区办学之艰难。究其原因,主要存在以下四种困难。

1. 招生特别困难

招生困难,可以说是令所有从事边疆教育者头疼的大难题,边地老百姓普遍不愿送儿童读书。一是一般老百姓家把儿童当作家庭劳力,送去上学则不免缺失了现成劳力,耽误家庭生计。二是大多数家庭经济困难,无力供学。维持生计尚需艰难支撑,而送子弟上学不仅要交学费,还需自带食粮,更降低了家庭的送学意愿。"儿童亦因急须生产,鲜令入学"[1];家庭把儿童当作"生产助手,竟以背书枯坐剥夺其生产机会,且有远道就学,尚须自带食粮,徒然增加家庭消费,以致边民有视读书为贱役,以学生为职业之怪现象"[2]。三是有的地方把读书视为"坐质当差"的苦事。边地人民视"入校读书为当差,甚至出资产雇人读书"[3]。四是受旧观念、旧习惯影响,认为读书是土司、盟长、旗长等权势者享有的权利,普通老百姓没有读书的资格;而一些地方的土司乡绅出于狭隘的一己之私,故意阻碍办学。

凉山地区与其他边地一样,认为读书无用,是个苦差事,视读书为"坐质当差";对一般家庭来说,多一个人读书,就少了一个劳动力,影响家庭经济,更不愿送子弟上学。据中山大学梁瓯第教授1942年记载:"夷生征调受教,被迫入学,来而复去,视入学为听差、坐质,敷衍塞责。"[4] 岭光电节衣缩食办学,然而入学彝生"爱他敬他也怕他恨他,恨他为什么一定要强迫我们读书,不是为了你土司,我

---

[1] 西尊. 边疆政治与教育问题——边疆开发与国防问题研究之一 [J]. 地方行政月刊, 1941, 2 (2).
[2] 黄熙庚. 边疆教育的特性及其应有之设施 [J], 贵州教育, 1942 (7-9).
[3] 西尊. 边疆政治与教育问题——边疆开发与国防问题研究之一 [J]. 地方行政月刊, 1941, 2 (2).
[4] 凉山彝族自治州地方志编纂委员会. 凉山彝族自治州志 [M]. 北京:方志出版社, 2002:2504.

们何苦去读这个书！"①岭光电 1944—1947 年在腴田当区长时，拟办边民小学，教师、校舍、桌凳等都已准备就绪，最后因招不到学生而停办。②国立越嶲小学校长林达珊感慨"夷生不难教而难管，不难管而难招"。③

2. 经费筹措困难

民国时期，教育经费来自地方筹措，其次是中央、省拨补助费和收取学杂费。国立学校由中央直接拨付经费，条件优于其他学校，"但物价飞涨，仍形拮据""（民国）三十六年度已过三月，而经费尚未核发，其困难可见"④。1946 年以后，大多数省立、县立和公私立边民小学，因当时内战不断升级，物价暴涨，教育经费难以筹措，学生大量流失，学校和在校学生数量大大下降，早已名存实亡⑤。

因物价上涨、工资拖欠等原因，民国时期凉山教师生活困窘。以 1943 年为例，当时小学校长月薪 70 元，教导主任 60 元，一般教师平均 45 元，按照大米折算，不足购买 1 旧斗大米，仅相当于 1937 年的四到五分之一；而到是年末，最高月薪只能买到 3 升米（年初米价为 1 旧斗 75 至 80 元，年末则涨至每斗 200 元）。有些县改发薪水为大米，但经常拖欠。冕宁县冕山乡绅民 25 人联名呈文县参议会："教师仰食鼻息教米，受尽拖啃折磨，典当春衣，每食不饱，对客支帐（账），家催户讨，不啻傍门乞丐，好收富户，胥被（乡长）吞食。"1941 年西昌各中小学教职员罢教，1946 年会理县教师号召各县教师罢教争取改善待遇。西康省临时参议会参议员夏仲远 1940 年在《请省府依照部颁规程

---

① 阿札木呷. 岭光电兴办教育和强征我读书的情况 [J], 凉山民族研究, 1994.
② 温春来, 尔布什哈. 岭光电文集（下册）[M]. 香港：香港科技大学华南研究中心, 2010: 301.
③ 林达珊. 凉山边民的教育现况及其改进意见 [J]. 边疆通讯, 1948, 5 (8-9).
④ 林达珊. 六年来的西康越嶲小学 [J], 边疆通讯, 1947, 4 (6).
⑤ 凉山彝族自治州教育志编纂委员会. 凉山彝族自治州教育志 [Z]. 成都：四川民族出版社, 1997: 159.

提高小学教员待遇案》中指出:"以生活动摇之教员,乌能谋小学教育之发展,瞻念前途危机殊甚。"①

3. 教材与边疆生活相脱离

教材内容与边疆生活脱离,不适合边疆环境,加剧了学生的学习难度。这也是当时边疆教育存在的突出问题。学者们如方东澄、瓯元怀、余书麟、曹树勋等人纷纷撰文指出这一现象②:边地学校所用的教材,大多数是教育部统一规定的教材,内容与学生实际生活不能联系,而且内容中很多是他们以往生活经验中所没有的材料,以致学生学起来时感乏味;还有的内容与他们原有的信仰、习俗发生冲突。

当时凉山彝族地区学校采用的都是教育部审定的教材,商务印书馆复兴教本或开明课本,这些教材内容与内地生活一致,但与边疆生活隔离,边地学生很难理解。加之大多数学校照搬内地课程,初小即有7科,高小有10科,内地学生尚感繁重,对于不懂汉语的彝生来说,更是不堪重负。③ 致使很多学生失去上学兴趣,视读书为畏途。

4. 师资力量匮乏

边地生活贫苦,语言隔阂,交通阻滞,气候水土等殊易于内地,待遇菲薄,物质享用匮乏,导致很难吸引愿意到边区服务的教师;又因为边地语言环境的特殊,特别要求边地教师同时通晓"汉语"和边地语文,但是能达到这一要求的教师少之又少。因此导致适用教师严重不足,尤其缺少同时掌握"汉语"和边地语文的教师。

当时凉山地区小学的教师大多从外地聘请而来,多数不懂彝语,上课多用汉语进行,彝族学生如听天书,更无学习兴趣。由曲木藏尧

---

① 凉山彝族自治州教育志编纂委员会. 凉山彝族自治州教育志 [Z]. 成都:四川民族出版社,1997:395-405.

② 参见方东澄. 边疆教育问题概论. 边疆半月刊,1937,2 (2);瓯元怀. 边疆教育之今后. 边政公论,1941,1 (5-6);余书麟. 战后我国边疆教育建设之途径. 教育杂志,1947,32 (2);曹树勋. 抗战十年来中国的边疆教育. 中华教育界复刊,1947,1 (1).

③ 参见凉山彝族自治州教育志:第五篇 [Z]. 成都:四川民族出版社,1997:193;林达珊. 凉山边民的教育现况及其改进意见 [J]. 边疆通讯,1948,5 (8-9).

主办的宁化学校"教学纯用汉语，彝童茫然无措，终日如坐针毡。虽管理严厉，但逃亡者众"①。此外一些边地教师缺乏服务边疆的刻苦精神。边疆生活清苦，语言隔膜，与内地环境比起来，多有不便。如无坚定的服务边疆志向，教师很难安心在边地教学，导致边民学校教师变动频繁，不利于教学。因此刘文辉提出边疆教育的特种师资应符合两个条件：具有开创和牺牲的精神，懂得边地语文风习。②李安宅提出边疆教育应任用"优于内地一般水准的师资"。③

### （四）社会教育收效甚少

民众教育因经费、师资、场地、学员来源等问题困难重重，难以开展，经常流于形式，真正办出成效者很少。省教育厅派遣的放映队颇受地方欢迎，但真正到各地巡回放映的次数极少，平时各学校极少有机会运用到留声机、收音机、幻灯、电影等电教设备。④彝族地区青年干部教育因政府重视，有专门场地、专门教师、专项经费保证，比之民众教育，稍有成绩。一部分受训青年完成培训后或回地方工作，或进政府部门工作，或自由经商，学有所用。尤其在1939—1942年的乐西公路的修建中，一批受训青年在其中起了带头和组织作用，受到社会好评。另外，一些青年受训后思想观念有了变化，对国家、中华民族有了初步认识，对当地社会风气转变也有一定作用。但大部分青年仍然返籍赋闲，学无所用。教师不懂彝语、不谙彝区风习、教材不适、选拔与管理不严、培训时间过短、无适当出路都是培训中存在的问题。⑤

---

① 凉山彝族自治州地方志编纂委员会. 凉山彝族自治州志［Z］. 北京：方志出版社，2002：第2500页.
② 赵心愚，秦和平，王川. 建设新西康十讲［C］//康区藏族社会珍稀资料辑要（下）. 成都：巴蜀书社，2006：738.
③ 李安宅. 谈边疆教育［J］. 边疆通讯，1947（2）.
④ 凉山彝族自治州教育志编纂委员会. 凉山彝族自治州教育志［Z］. 成都：四川民族出版社，1997：74.
⑤ 岭光电. 倮情述论［M］. 成都：成都开明书店，1943：23-44.

在民国时期的凉山地区，不管是占主导地位的地方传统文化教育，还是逐步发展的国家现代文化教育，两者的共存共生已是不可抗拒的历史潮流。如何通过教育使地方传统文化和中华民族文化融合发展，促进中华民族大团结，丰富中华民族文化，提高当地个体成员适应现代社会的能力，不仅是国民政府发展边疆教育的要义①，也是凉山地区内部精英人士孜孜以求的目标，越嶲田坝乡贤岭光电就是这样一位致力于凉山地区教育的先驱。

---

① 教育部教育年鉴编纂委员会. 第二次中国教育年鉴：第十编 [Z]. 上海：商务印书馆，1948：1211.

# 第二章 岭光电的成长环境与早期经历

从学成归来返回凉山意气风发的青年时代（1937年），到壮心不已的晚年时期（1989年），在长达52年的时段中，岭光电都开展了不同程度的多种形式的教育实践活动。从大力创办学校教育到辛勤耕耘留下丰富教育文化遗产，可以说，教育活动成为贯穿岭光电人生的主线，这些教育活动与其童年、青少年时期的成长环境和成长经历密切相关，其成长经历成为其后来办学的主要动因。

## 第一节 田坝地方与斯补土司

### 一、田坝基本情况与特点

#### （一）田坝基本情况

1913年农历二月廿四日，岭光电出生于四川凉山越西县田坝区斯补村的土司家庭。该区后划归于1956年建立的甘洛县。甘洛县位于四川省凉山彝族自治州北部，地跨东经102°28′~103°01′，北纬28°

38′～29°18′之间，面积达 2150.79 平方公里。其境域从元朝开始属邛部县管辖，明初改设越西卫，清改为越西厅，下设宁越营，管辖今甘洛各地，并在彝族区域设煖带密土千户和煖带田坝土千户，[1] 民国时改越西厅为越西县，甘洛大部分汉族居住地方由越西县管理，土司统辖区域内除极少数事务与县政府有关联外，总体上由土司管辖和调度，各黑彝家支统辖区域则各自为政。越西县的土司区和黑彝地方主要分布在田坝一带。

田坝地处今甘洛县境中部，地势险峻，山峦环抱，位于康滇古驿道（又称宁雅大道）20余公里处，由此去康定、雅安、乐山等地均十分方便，北隔大渡河与雅属富林镇相距60余公里，距尼日河东南的黑彝地区仅10余公里，是黑彝地区和汉族地区进行物资交换的唯一通道。[2] 田坝原是彝族住地，彝名毛日阿嘎，意思是毛日姓住的地方，清嘉庆年间（1796—1820）逐渐迁入汉族，成为一个彝汉杂居的地方。田坝地方在明朝时属越西卫下的宁越营管辖；清朝时由越西厅下设的宁越营管辖[3]；民国初年属越西县的第五区团管辖；1936年越西县划为3个区，田坝归第2区管辖；1942年实行新县制，田坝区划为启明乡范围；1944年设西康省腴田特别政治指导区，其中启明乡的彝族居住地属该区管辖[4]。现在的田坝区包括胜利乡、田坝镇、前进乡、新茶乡和两河乡。

田坝区彝汉杂居，汉族人大多住在以田坝街为中心的区域，自清代以来，田坝区的汉族人归越巂汉官管辖，彝族分别为上、下土司管辖。[5] 两家土司的驻牧地均在田坝街附近，上土司的驻地斯补乡位于田坝街西北方向，田坝河上游，习惯上称上土司；下土司的驻地宜地

---

[1] 四川省甘洛县地方志编纂委员会. 甘洛县志 [Z]. 成都：四川人民出版社，1996：33.
[2] 中国人民政治协商会议甘洛县委员会文史资料编辑委员会编. 甘洛县文史资料选辑：第一辑 [C]. 1989：23-24.
[3] 四川省甘洛县地方志编纂委员会. 甘洛县志 [Z]. 成都：四川人民出版社，1996：31.
[4] 四川省甘洛县地方志编纂委员会. 甘洛县志 [Z]. 成都：四川人民出版社，1996：32.
[5] 四川省甘洛县地方志编纂委员会. 甘洛县志 [Z]. 成都：四川人民出版社，1996：367.

乡在田坝街东部方向，田坝河下游，习惯上称下土司。田坝区东南以尼日河为界，河东南的普昌区、斯觉区、吉米区等地则为诸多黑彝家支统治。①

### （二）田坝特点

**1. 地理环境优良，经济较为富庶**

由于田坝独特的气候、地理位置造就了田坝地方较为富庶的特点。田坝区气候温和、湿润，水源丰富，有利农桑，主产玉米，次为水稻、洋芋等，适宜种植经济林木，盛产梨、苹果、柑桔、核桃、板栗等果类；花椒、蚕桑生产具有较长的历史，具有农作物生产的良好条件。②加上田坝地处凉山边缘，彝汉杂居，在地理上具有连接彝汉的优势，一方面有利于汉族先进生产技术的引进。原来彝族不会种水田，后来不仅学会了内地的水田种植技术，而且学会了精耕细作，开垦出很多美丽的梯田。生产水平的提高和生产面积的扩大，自然带动了生产产量的提高。另一方面有利于商品交换。外面的汉商和国民党军阀，将汉源、富林等地的布匹、盐巴等日用必需品和枪支弹药，大量运进田坝售卖。田坝区主食品与副食品的需要也随外地商人的进入而增加。彝族人把自己家的猪、鸡、鸭、蛋和柴等拿到田坝去卖，增加了收入。田坝街的汉族染制擀制彝人用披毡，编织"察尔瓦"③，形成闻名全凉山的羊毛街。据四川民族调查组 1957 年在田坝的调查，上、下土司区的富裕户占到总人数的 50% 左右④，田坝一带的富庶情况由此可见一斑。

**2. 连通彝汉，融合共存**

田坝从清朝起就有外地人迁入，长期的彝汉杂居对双方都有影

---

① 四川省甘洛县地方志编纂委员会. 甘洛县志 [Z]. 成都：四川人民出版社，1996：32.
② 四川省甘洛县地方志编纂委员会. 甘洛县志 [Z]. 成都：四川人民出版社，1996：39.
③ 察尔瓦：一种彝族披风，用羊毛编织而成，有黑白两种款式，长至膝盖之下，白天披在身上可挡风御寒，夜晚可当被子盖。
④ 四川省编写组. 甘洛县斯补、宜地两乡社会调查 [C] //四川省编写组. 四川省凉山彝族社会调查资料选辑. 成都：四川社会科学院出版社，1987：367.

响。彝汉间的商品交换、汉族先进耕种技术的传播上文已有交代，在其他方面，双方也互有交集。如彝族过彝族年，也过汉族年；有些彝族人和汉族人，分别学会对方的语言；彝汉之间互相拜寄干亲，如上土司家的小土司岭光电拜寄给田坝士绅王学渊，另一汉族士绅卢联魁之女拜寄给岭光电母亲，并取有彝名①；少数彝族人受汉族人影响，办私塾或上私塾，学习儒家知识等。大体上，田坝的彝汉互相之间能够和平共处。

3. 地方矛盾时有发生

田坝的富庶和连通彝汉的特点也给田坝带来灾难。首先田坝区和与尼日河相邻黑彝地方有时会产生纠纷；其次因黑彝和田坝彝族之间千丝万缕的关系，这些纠纷又容易引发田坝彝汉之间的矛盾。黑彝地区当时补充劳动力的方式一方面靠买进奴隶，一方面靠从外面劫掠人口，因此田坝成了凉山奴隶买卖的主要集散地之一②，每年的三、四月间是娃子买卖最频繁的时期。田坝以及周边地区出现了专门贩卖人口的人，黑彝也经常偷袭土司地区及汉族人聚居区，打家劫舍，掳掠男女作娃子。在田坝地区，以1911—1936年被抢去的人最多③，岭光电1937年拜望黑彝舅家时曾取回被掳的4个汉族人④，也证明了黑彝掳掠田坝区的事实。贩卖奴隶和劫掠人口无疑加剧了田坝区和黑彝地区的矛盾。

4. 引人觊觎，受军阀盘剥

另外，田坝连接彝汉的特点也使国民党军阀容易进驻田坝，其富庶又使田坝成为外来军阀与当地恶势力争相抢夺压榨的肥肉。1926年，四川边防军副司令兼宁属清乡司令羊仁安派刘济南（团长）率所属魏德明营及张勉教导大队先后驻今玉田和田坝，对煖带田坝土千户

---

① 岭光电. 忆往昔 [M]. 昆明：云南人民出版社，1988：29-31.
② 胡庆钧. 凉山彝族奴隶制社会形态 [M]. 北京：社会科学出版社，1985：118.
③ 四川省编写组. 甘洛县斯补、宜地两乡社会调查 [C] //四川省编写组. 四川省凉山彝族社会调查资料选辑. 成都：四川社会科学院出版社，1987：232.
④ 岭光电. 忆往昔 [M]. 昆明：云南人民出版社，1988：180.

实行"改土归流"。1928年，羊仁安部编入国民军第24军，军长刘文辉委任羊仁安为11混成旅旅长，24军接防宁属，羊部石俊乡营、杨呈模营先后驻田坝。1938年，24军重戍宁属，田坝驻有一个连。尔后，24军张匪仕营曾驻田坝。① 这些军阀以保护地方、禁烟、禁止奴隶买卖之名驻守田坝，但实际上却干着戕害地方、利用鸦片、买卖奴隶大发横财的勾当。如上土司家族在刘济南部发动的"改土归流"中遭受严重残害，辖区百姓也遭受严酷盘剥，受尽欺凌。

## 二、斯补村与斯补土司

上土司驻牧于斯补村，斯补村位于现在的甘洛县田坝镇田坝河边的半坡台地上，西南边隔河与田坝街相望，东边紧邻下土司区域；一面依山，三面临河，树木环绕着全村住房，景色十分秀丽。村子里的房屋很自然被水田隔成四处：村中央一处，土司衙门即设在此处，有岭光电家的一座天井，堂伯岭维翰家的两处天井、二伯岭维纲家的两座天井、堂兄岭仁民家的三座天井、堂兄岭光第家的一座天井；村东有堂叔岭酿民家的一座天井；村南有堂兄岭光宗、岭光明、岭光大三兄弟的一座大房子；村北有岭光电家从其叔祖岭廷禄继承下来的一座天井。

岭土司家先祖系"古侯"部落，原为云南昭通乌蒙土司，在明代因避难来到凉山，住在甘洛县田坝、海棠一带的高山上，清嘉庆十九年获颁"煖带田坝土千户印"②，统治今两河乡及坪坝乡一带。大约在到凉山后的几代前又迁到斯补村居住，因此常常称其为"斯补土司"；又因上土司的驻牧地斯补村位于田坝河上游，习惯上也称"上土司"，与位于田坝河下游的"下土司"即"煖带密土千户"相对

---

① 四川省甘洛县地方志编纂委员会. 甘洛县志 [Z]. 成都：四川人民出版社，1996：399.

② 岭光电. 忆往昔——改土归流及我再任土司期间的若干改革 [J]. 彝族文化，1985（增刊）：1.

应。下土司是凉山最大的土司，一度曾掌握着"五印三司"，[①] 驻牧于田坝河下游的宜地乡（今前进乡）。本书中的"上土司""斯补土司""岭土司"均指"煖带田坝土千户"，即岭光电土司家。岭土司家分两房人，长房属于纽以机的后代，二房属于纽涅涅的后代。岭光电家属于二房。到岭光电出生时，长房共有三家：岭光电的堂伯岭维翰家，堂兄岭仁民家和堂兄岭光宗、岭光明、岭光大三兄弟家；二房有四家人：岭光电二伯岭维纲家，堂叔岭酿民家，堂兄岭光弟家，岭光电家。岭光电父亲岭维城，与岭维纲和已绝户的木假大伯是亲兄弟，在兄弟中排行第三，三兄弟的父亲是为家族挣得清廷军功、得到"煖带田坝土千户所总理"封号的岭廷福。七家人除岭光宗三兄弟住在毗邻斯补村的甲兹村外，其余六家都住在斯补村。

土司区内的彝族人分成四个等级：土司、曲诺、阿加和呷西。到民主改革时，上土司直接统治着595户曲诺，54户阿加和12个呷西。[②] 人口最多的是曲诺，即通常说的白彝，百姓。上土司共统治七支百姓，分别是：甲兹家（取汉姓蒋，后面的不一一说明，只列出汉姓），阿扎家（张、刘），阿才家（李），勒布家（罗），马家（马），啰家（骆）和鲁哦家（骆）。除了这七支百姓外，还有小户，如之举家、尼克家、卡拉家等。[③] 54户阿加均住在土司家附近。呷西则住在土司家里。

七支百姓刚好分布在从岭土司刚来凉山驻牧的高山到后来迁移的斯补村一带区域，以土司驻牧地斯补村为核心，形成拱卫之势，便于

---

① 五印为：元朝册封的邛部安抚招讨使司印信，康熙43年册封的邛部宣抚司印信，康熙49年册封的煖带密土千户印信，同治二年册封岭承恩为土游击世职印信，光绪25年加赏岭镇荣为总兵衔的印信。三司为：元末册封的邛部按抚招讨使司，明永乐元年册封的邛部长官司，清康熙43年册封的邛部宣抚司。参见中国人民政治协商会议甘洛县委员会文史资料委员会编，甘洛县文史资料选辑：第五辑［C］．2006：342。

② 四川省编写组．甘洛县斯补、宜地两乡社会调查［C］//四川省编写组．四川省凉山彝族社会调查资料选辑．成都：四川社会科学院出版社，1987：358。

③ 主要根据蒋正才、马之一两位老人的谈话并参考岭光电的自传《忆往昔》的有关章节和《四川省凉山彝族社会调查资料选辑》中的《甘洛县斯补、宜地两乡社会调查》的资料整理而成．

百姓、土司间守望相助。幼年岭光电能在家支对头彭巫加的偷袭中保全性命，就得益于这种布局安排。① 从地理上看，以斯补村为驻牧地，也有利于岭土司家的管辖和发展：斯补一带气候温和湿润，水源丰富，土质优于高山，适合农作物生长；与田坝接壤，有利于学习汉族的先进生产技术；因此斯补地方的农作物产量高于高山地方，加强了斯补土司区的经济力量。斯补村紧挨下土司区、与田坝隔河相望，三方距离都很近，有利于三方的交流沟通，斯补区能及时获知各方面的消息和新事物，优于以往驻牧高山的闭塞，既有利于管辖百姓，也有利于与外界沟通。

上土司区的统治既有宽松的一面，也有严苛的一面。

1. 物质生活方面宽松对待

（1）纳粮、服役、送礼

以曲诺为例，按照规矩，曲诺要给土司纳粮或服役、送礼。② 上土司统治的七姓曲诺中，马家、啰家、鲁哦家每户每年给土司上一斗粮；甲兹家和阿才家每户每年给土司出五个工，即犁田、栽秧、薅草、割谷和背谷草；阿扎家和勒布家既不上粮，也不出人工，只是每户有耕牛的人每年出牛工给土司耕作。过彝族年时，甲兹家、勒布家和阿才家每户要送半边猪头、一坛酒（1—3斤，1斤=0.5千克），后改为送甜酒，规定没酿酒就不送酒，杀不起猪的不送猪头。过汉族年时，送半个猪头、两斤酒，没有就不送。过火把节时，只"百户"要送一只鸡腿、一坛甜酒。土司家有婚丧事时，百姓也要送礼和服役，但都较轻。当土司修建房子和出远门时，要抽百姓服役或当随从。

---

① 2016年1月9日根据李敢口述记录：彭巫加偷袭岭宅，杀害岭母等人，岭光电在危急关头将身子探出屋顶朝外放了一枪，周围百姓听见赶来支援，赶跑贼人，保护了岭光电和剩下的人的生命安全。

② 四川省编写组. 甘洛县斯补、宜地两乡社会调查［C］//四川省编写组. 四川省凉山彝族社会调查资料选辑. 成都：四川社会科学院出版社，1987：359-362；岭光电. 忆往昔［M］. 昆明：云南人民出版社，1988：11.

实际上，送礼的负担较轻，除了过年过节以外，一般不是年年都有，并且大多是按家支为单位出的。按家支送礼时，只有酒是平均出，其余的则贫困户少出。而且，依照规矩，凡是成家不到三年的曲诺，都不给土司送礼、服役。

（2）财产、人身自由方面

曲诺有钱可以买地和娃子，而且数目不受限制，上土司区有17家曲诺拥有娃子。① 由于田坝区接近内地省份，买来娃子容易逃跑，所以上土司区的百姓更愿意买田地用来出租。曲诺对自己的田地具有所有权，可以自由出卖、典当，不必经过土司允许；遗产都由儿子继承，没有儿子时，由亲侄或家门继承，土司不吃绝业；有支配自己子女的亲权和为子女择配婚姻对象的婚权，土司不能干涉，但须给土司送礼。

曲诺平时可以到土司势力范围之外的地区赶集、经商，土司并不干涉；在土司辖区内可以自由迁移，上、下土司间也可以迁居，但搬走时要悄悄地，过后再给原来的土司打酒赔礼。居住在高山村的曲诺，耕种的土地都是土司的，由于土质不好土司任由他们耕种，并且没什么苛索；收成好时，就多住几年，收成不好，第二年就搬走了，土司也不干涉。②

阿加娃子一般都领有土司赐给的耕食地，大多数能依靠地里的出产养家糊口。少数不够吃的，可以到土司家干活，依赖土司接济度过饥荒。

（3）发财的阿加娃子和贫穷的土司子孙

上土司区曲诺、阿加娃子（奴隶）中，有发财的富户；土司家族中，有贫穷落魄的子孙。如土司的看房（管家）曲火格，是阿加娃子，自己没有土地，只是耕种土司给的耕食地，每年能收10石（1

---

① 四川省编写组. 甘洛县斯补、宜地两乡社会调查 [C] //四川省编写组. 四川省凉山彝族社会调查资料选辑. 成都：四川社会科学院出版社，1987：369.

② 四川省编写组. 甘洛县斯补、宜地两乡社会调查 [C] //四川省编写组. 四川省凉山彝族社会调查资料选辑. 成都：四川社会科学院出版社，1987：359-362.

石＝100 升）粮食；每年帮土司收粮时，每户要送他一升粮食；大家还要合送他一对阉鸡，合杀一头猪招待他。平时给曲诺、阿加"说事"时得的"过话钱"，他家都穿不完（意思是用这些钱置办衣服还有剩余）；家里 3 口人，都在土司家吃饭，每年土司还给他 17—20 方布（每件布为 24 方，1 方＝1 平方米）。另一个安家娃子骆阿衣一家 4 口，每年收入 1600 斤粮食，够全家吃，又喂鸡、猪出卖来买其他用品。① 岭光电的堂兄岭光明在遭遇国民党军阀刘济南变相的"改土归流"迫害后，家中无呷西、佣人役使，做不来饭吃，身上披着用麻线串起来的破毡片，穷得衣不蔽体。②

岭光电在自传中提到他家"每年给每个奴娃发一件窄布作衣服，用一罐酒到高山养羊人家要羊毛来给每人擀一件披毡"③。过彝族年时，上土司家的"佣人阿加吃饭是：饭装在簸箕里，四钵肉和汤，大小八个人一席，可以尽量吃"。到汉族年初二时，到土司家吃榨榨面的有一百多人，"但以吃饱为准，饿了再吃也可，不限制。端正的就限于一钵"。④

李敢，胜利乡人，1940 年出生，1948 年就读于斯补小学，其祖父阿才木基、父亲曲和格都是土司家的看房（管家），即人们通常称的"卡法阿基"，与土司家关系密切。他说："小时候我们那里生活水平算高的，普遍的比他们黑彝地方好，小时候我家里吃得也比较好，经常有面吃。""土司管理有土司的规矩，上土司对待百姓还是按规矩来的，没有乱来。我曾听到我爷爷对曲哈莫（岭光电夫人）说：'土司不能买卖人，土司有土司的规矩，该拿给土司的东西，人家再穷，也会拿给你；不该拿给土司吃

---

① 四川省编写组. 甘洛县斯补、宜地两乡社会调查［C］//四川省编写组. 四川省凉山彝族社会调查资料选辑. 成都：四川社会科学院出版社，1987：362.
② 岭光电. 忆往昔［M］. 昆明：云南人民出版社，1988：10.
③ 岭光电. 忆往昔［M］. 昆明：云南人民出版社，1988：24.
④ 岭光电. 凉山彝族习俗点滴［M］//温春来，尔布什哈. 岭光电文集（中册）. 香港：香港科技大学华南研究中心，2010：8，20.

(指得到）的东西，你就不能要。百姓这些有自己家支，太狠了，他们跨过沟沟就是另外一个天地了（指脱离原管辖区，跑到其他地方）'。""有大事情都要通过头人商量来解决。"①

总体上看，上土司区在物质生活方面，实行的是比较宽松的管理方式。百姓和娃子在土司的保护和管理下，过着较为安定的生活，土司在辖区内有着较高的威望。

2. 法令方面严苛治下

虽然彝族地区一般都没有成文的法律条文，大多是不成文的习惯法，但在维护不成文的习惯法方面，尤其在维护统治者的统治方面，兹莫阶层不遗余力，非常严格。上土司区也不例外。

（1）等级森严，不可逾越

土司是辖区内的最高统治者，对其治下的百姓、阿加、呷西有生杀予夺征敛之权，但一般都按传统规定行事；因其是最高统治者，土司的命令必须服从，"蛋以鸿雁蛋为贵，话以土司话为准"，土司也可以更改传统规矩。如岭光电堂兄岭仁民掌印主事时，曾将一个所谓有罪的人斩首。这是不符合彝族人以上吊、跳石、投水、服毒处死刑的规矩的，但因是土司的命令，也只有执行。岭光电后来在斯补区之所以能进行一系列改革，土司的身份起了重要作用。上文中提到的岭光明，虽然一度穷得衣不蔽体，但仍然是尊贵的主子身份。百姓、娃子再富裕，也不可能成为主子。上土司区的曲诺阶层很稳定，到民主改革前的三四十年间，下降者仅三人。②阿加不能与曲诺通婚，民国时期上土司区没有通过赎身成为曲诺的阿加。

（2）百姓和奴隶的生命财产没有保障

岭光电的自传中记载过百姓、娃子被杀的事情：岭光电祖父手下一个叫纳沙子的头目，聪明能干，买田置地成了富户。岭光电的堂伯

---

① 2016年1月9日在甘洛与李敢先生访谈。
② 四川省编写组. 甘洛县斯补、宜地两乡社会调查 [C]//四川省编写组. 四川省凉山彝族社会调查资料选辑. 成都：四川社会科学院出版社，1987：368.

岭维翰不知什么原因要杀他。岭光电的祖母起初并不同意，当岭维翰答应把纳沙子的子孙降为阿加娃子归她时，她就同意了。后来岭维翰果然杀了纳沙子并把他的两个儿子降为了阿加娃子。著名学者马长寿1939年3月在田坝考察，其考察报告中记录了上土司家两名奴隶因犯错而被迫自缢的事情。①

虽然对外，土司有保护百姓、娃子的生命和财产的义务，但在内部，百姓、娃子的生命和财产都操纵在土司手上，实际上是没有保障的。

岭光电就出生在这样一个既宽松又严苛的世代土司家庭。

## 第二节　少年土司岭光电

### 一、平静的童年

土司家对待岭光电的出生非常慎重。岭光电的父亲三兄弟，只有岭光电这棵独苗苗，因而对他特别看重。出生之前请毕摩慎重选择出生地点，在甲兹村另立新竹笆房供其母亲生产居住。因为按彝族人的观念，老房子里死过人，会妨碍小孩的出生及生长，所以要找其他地方分娩。岭光电家在斯补村的房子当时已有六七十年的历史，所以必须在人丁兴旺的百姓家附近新建竹笆房，建房前后还要举行许多择吉的仪式。1913年农历二月廿四日，岭光电在新立的竹笆房出生，取乳名叫阿木使博；出生后母亲带着他在新竹笆房一直住到三岁多，才回到老房子里去，取名斯补慕理。

　　蒋家（甲兹家）所在的甲兹村（现在的雄普村）距离土司

---

① 马长寿著，李绍明，周伟洲等整理. 凉山罗彝考察报告（上）[M]. 成都：巴蜀书社，2006：91.

衙门大约一里路，位于斯补村的东南下方。"我们蒋家像茄子一样，什么时候都是丰满的，是兴旺人家。所以岭光电母亲才会选在我们村生娃娃，在我们村子里养。"①

岭光电的二伯父岭维纲，为人正直，聪明能干，对内解决纠纷公平，"不吃人"；对外与越西统领、知事都处得很好，善于处理各种关系，在彝族人当中名声很大，20多岁就在斯补衙所掌权主事，有过一儿一女，均夭亡，其本人也于1915年就去世了，时年仅36岁。②许多百姓对岭维纲印象深刻，希望岭光电长大后像他那样。岭光电的父亲岭维城，在兄弟中排行老三，较有才干，然因吸食鸦片，无心也无力管事，家中一应大小事务都由妻子管理。岭光电的母亲出身于尼日河东南岸的黑彝家支，要强能干，是个典型的黑彝主子。管理家里和家外的一切事情，很有决断，随时随地教给岭光电一切做主子应有的准则："对奴娃要凶狠"；到百姓家受招待"菜板必须沾血"；虽然与岭光电二伯娘有嫌隙，但带儿子到她家拜年时，严格按长幼尊卑礼节行礼；等等。③像一般土司的后代一样，岭光电从小接受了做主子应有的行为礼仪规范教育：爱护百姓、主持事务、狩猎、如何与百姓和奴隶相处、与本家亲戚应遵循何种礼仪等等。在其自传《忆往昔》中，记录了岭光电少时去百姓家主持分鸦片和打猎的事情④，汉军刘济南团1926年进驻田坝大搞"改土归流"时，岭光电家对外的事务均由只有十二三岁的岭光电对外接洽。

岭家对岭光电的看重还表现在让其学习汉人文化知识，这在彝族人当中是不常见的。岭光电五六岁时，先跟着堂叔酿民请的汉族陈先生在家里的私塾学习了一段时间，但没学到什么。后又跟着陈先生学了两年左右，效果不大；十岁时，家里又送他到田坝街上的士绅工学

---

① 2013年11月7日笔者在西昌与蒋正才先生访谈。
② 岭光电. 忆往昔 [M]. 昆明：云南人民出版社，1988：5、18.
③ 岭光电. 忆往昔 [M]. 昆明：云南人民出版社，1988：6-17.
④ 岭光电. 忆往昔 [M]. 昆明：云南人民出版社，1988：17-18.

渊处学习，并派一名叫阿及的青年专门照顾他，同时叫蒋大成、罗成章、蒋汉儒伴读。其中蒋大成与岭光电同龄，是岭光电奶妈的儿子，蒋大成后来成为岭光电事业上的得力助手。① 到田坝王家私塾学习时，先生王学渊依照土司家岭光电这一代的字辈排行，给他取名叫岭光电。② 岭光电在田坝学了三年左右，学习稍有起色。王学渊在当地教书的社会评价一向很好，对学生要求非常严格，一般情况下在他门下受教的学生都能有较大的进步。而且岭光电家对先生执礼甚恭，王先生对这个来自土司家的学生也很关照，但为什么进步不大呢？岭光电后来总结个中原因有：①岭母过于疼爱儿子，时时想见到儿子，加上十分迷信，经常叫岭光电回家听毕摩念经，求神护佑儿子，耽误许多时间。每年冬季生疥疮，夏季常得痢疾、疟疾，念经祈禳无效就东躲西藏以求避鬼，不再入学。如此三天打鱼，两天晒网，影响了学习。②私塾后来请的李先生管理懒散，要求不严。③照顾岭光电的一个青年，给他灌输了一些消极思想，如说土司只消能看信看契约记账就够了，其他不必多学，使岭光电自己放低了读书的要求。④后来住的一户人家，往来人多，主人之子又喜欢约岭光电去耍，难以静下心来学习。③

## 二、转折中的少年

岭光电六岁时，父亲去世，家中事务由母亲一手打理，尚能维持。到 1926 年，也就是岭光电十三岁时，汉军刘济南部在田坝进行的"改土归流"给斯补土司和田坝区带来了巨大的动荡，也是岭光电人生的转折点。

土司制度是中央王朝在边疆、少数民族地区授予少数民族首领世

---

① 2016 年 1 月 10 日与蒋杰在甘洛的访谈。
② 2016 年 1 月 10 日与尔布什哈在西昌的访谈。
③ 岭光电. 忆往昔 [M]. 昆明：云南人民出版社，1988：33—34.

袭官职、管理当地土民的制度，世袭其官、世长其民、世领其地是其核心基础，[①] 具有土地所有的经济属性和职位承袭的政治属性。元明时期实行的土司制度，曾在一定程度上缓和了中央政权与地方土酋之间的矛盾，起到了一定的避免战争冲突的作用。土司在政治上、军事上、司法上受制于中央王朝，但在土司的领地之内，仍保持着较大的独立性，不利于多民族国家政权的统一和巩固。为革除土司制度的弊端，明王朝进行过较大规模的改土归流，不断扩大流官统治区域，清康熙、雍正时期又一次大规模推行改土归流。改土归流的政策从明朝至民国时期，一直持续推进。

随着辛亥革命后中国近代政治体制的转型，民国政府为维护国家统一，继续推行改土归流政策。这时期的政策以渐进为特点，主张威德并施，开发建设、移民实边、整顿吏治等措施来应对。通过开发边疆土司区域来推进改土归流，一是增加移民，开发交通，加强各民族交往交流；二是开化民智，教化风俗；三是促进民族融合，增强民族凝聚力，增强国家认同。在有条件的地方直接把土司区域改成县治，其地不足以划县的区域则设立"设治局"作为过渡。[②] 改土归流政策在实际执行过程中，推行难度较大，一方面因土司在辖区内仍有很大的权威和实际权力，受到很多土司的反对和阻碍；另一方面一些执行政策的官吏曲解政策，借改土归流之名，行搜刮盘剥地方之实，加剧地方与政府之间的矛盾。总体上来说，因土司制度得以存在的土地经济基础到民国时期逐渐奔溃，因此改土归流也颇见成效，但土司制度并未能完全废除。

正是在此种形势下，1926年，受四川边防军副司令兼宁属清乡司令羊仁安派遣，团长刘济南率所属魏德明营及张勉教导大队先后进驻今玉田和田坝，期间对爩带田坝土千户实行"改土归流"。

在这次"改土归流"过程中，刘济南部追缴上土司的土司印绶，

---

① 龚荫. 中国土司制度（上编）[M]. 成都：四川人民出版社，2012：1.
② 龚荫. 中国土司制度（上编）[M]. 成都：四川人民出版社，2012：191.

迫害土司族人，不择手段搜刮钱财，制造、挑拨矛盾，恶化彝族人内部与外部民族的关系，强迫进行各种不得人心的移风易俗活动。① 整个上土司家在刘济南实行的"改土归流"中几乎崩溃：大部分家产被霸占；岭光电的母亲和堂兄岭光宗被害，二伯娘被岭光电的舅舅为岭光电母亲报仇杀死，原来热闹的七房人只剩下逃脱在外的堂兄岭光大、另两个勉强躲过杀身之祸的堂兄岭光弟和岭光明以及只有13岁的岭光电。

父母双亡、族人凋落、百姓四散，家支对头彭巫加、汉族军阀刘济南、田坝街上的土霸豪绅，环伺狼窥，岭光电家可谓覆巢之卵，岌岌可危。但他当时犹能保全其身，其中有两个重要原因。首先，岭光电有个大名鼎鼎的黑彝舅舅阿助木卡。阿助木卡富有能干，在尼日河东南岸的黑彝地区声望很高，田坝势力和军阀势力对黑彝地区都无能为力。如对岭光电下手，势必引来黑彝的惨烈报复，祸及田坝的士绅豪强、军阀，这是他们所不愿见到的结果。阿助木卡提出要把岭光电带到他身边去抚养。刘济南等人为保自身计，既不敢让阿助木卡带走岭光电，又不得不保证岭光电的安全。"魏（德明）等怕舅舅一旦把我带走，便会无所顾虑地同光宗的兄弟光大来对付军队，故找借口不同意我走。舅舅提出我的安全问题，魏、甘、王等说由他们负责。同时舅舅也保证他的娃子和家族不同别的彝族人对付汉族人。双方打鸡盟誓而去。"② 其次，岭光电曾于1924年冬正式拜寄给四川边防军副司令羊仁安为干儿子，当时羊仁安势弱，曾得岭家相助，岭光电于此时拜寄羊仁安门下，自然博得对方好感；后来羊仁安升为川边各军总司令，颇为重视岭光电这个干儿子。③ 因而一般的人并不愿因得罪岭光电而冒犯羊仁安，可能的话还愿做点顺水人情帮助他。在此种情形

---

① 参见岭光电. 忆往昔 [M]. 昆明：云南人民出版社，1988：136-162；岭光电. 倮情述论 [M]. 成都：成都开明书店，1943：47-60.
② 岭光电. 忆往昔 [M]. 昆明：云南人民出版社，1988：163.
③ 岭光电. 我所知道的羊仁安 [M] //温春来，尔布什哈. 岭光电文集（下）. 香港：香港科技大学华南研究中心，2010：281.

下，1927年夏，岭光电投奔到汉源富林羊仁安处以求保护，并在其扶养之下走上求学之路。

岭光电的舅舅阿助木卡为姐报仇杀死彭巫加的姐姐之后，彭巫加虽痛姐之死，然对阿助木卡无可奈何，转而回头欲加害岭光电。岭于1927年夏天到富林找羊仁安寻求保护，未遇；等到阴历七月羊仁安才回来，着手安排岭光电一事。

遭遇家族、家庭剧变，岭光电结束了在斯补村无忧无虑的成长时光，踏上了去往外地的求学之路。

## 第三节 外出求学与学成归来

### 一、辗转多地求学

1927年6月岭光电在富林小学读初小第七册，因为经历了家中大变故的原因，一改以往在田坝读书时的无所谓态度，努力学习，礼拜天也找老师补习功课，不久就克服了入学之初的困难，赶上了其他同学。由此博得羊家人的好感，成为羊仁安扶持岭光电读书的重要原因。

#### （一）求学西昌

1927年秋天，羊仁安带岭光电到西昌，入读鸡心石小学高小一年级下期，1928年冬以优秀成绩毕业；1929年3月以第一名的成绩考入西昌县立中学读初中，1931年冬以优秀成绩毕业。在西昌读书期间，岭光电各方面都有长足的进步。

1. 开阔眼界学新知

岭光电爱学习，上进认真，喜欢运动，颇受同学欢迎。小学同学李棣华、马启畅、舒金镛、杨嘉明、姚思成等，中学同学谌鸿经、毛祥瑞、陈志和、唐尊余、赵济民、辛世灿等，都是岭光电的好朋友。岭光电与这些好朋友互相帮助、互相鼓励，受益不少。如谌鸿经的语文、数学、理化比岭光电强，岭光电则在体育、绘画、音乐胜过谌鸿经。各科老师的认真教学让岭光电见识到了很多书本以外的知识。岭光电看的大量课外书也开阔了他的眼界：如《三国志》《史记》《明史记事本末》《第一次世界大战史》《华盛顿传》《三民主义》《孙文学说》和鲁迅、郁达夫等人的小说、一些新潮的刊物如《创造》《生活周刊》等。数学、英文、地理、历史、常识、音乐、绘画、体育，岭光电以巨大的兴趣和热情投入到这些原来在田坝没有学过的科目，加以教书的大部分老师都有真才实学，且认真负责，岭光电学到了大量新知识。

2. 初识读书目的始立志

岭光电以前在田坝读书有时为了好玩，有时为了有好吃的，有时图个热闹，没有明确的目的。经历了家中的变故和来西昌后的所见所闻，他初步认识到掌握文化知识的重要性。羊仁安激励他说："当个土司对一个连长来也要让步，为啥？就是没有知识本领的关系。你若想当好土司，还得有知识本领，有了知识本领，不说一个连长，就是像我一样的司令官也不敢随便打整你！"①岭光电在鸡心石小学上自习时，工友给其他人添灯油，没给他添，经他要求后才添上，但是大声说："蛮子也变了，来读书了，不抢我，要我给他添灯油，世道变了！"②校长刘芷汀是西昌有名的文化人，很受学生尊敬，但说到彝族人时，爱用"蛮子"二字。虽然岭光电非常反感"蛮子"这个字眼，但这就是当时社会上一般人对彝族人的看法。这些社会现实激起了岭光电学习知识本领的决心。另外，在大量的阅读中，岭光电知道了不少名人故事，对孙中山、鲁迅、郭沫若最为崇拜，认为他们三人的成就都是由于青少年时代学医的关系，医学是科学的结晶，学医后从文

---

① 岭光电. 忆往昔 [M]. 昆明：云南人民出版社，1988：34.
② 岭光电. 忆往昔 [M]. 昆明：云南人民出版社，1988：35.

从武都行,所以他立志从医,高中毕业后就考医科大学。①

在西昌的扎实学习经历,为岭光电以后的升学打下了良好的基础。

### (二) 升学成都

1932年3月岭光电轻松考入成都有名的联合中学(石室中学,简称联中),受到联中优秀老师的教育和良好学风的熏陶,学习各方面更大有长进,对以后的前途充满了信心。然而仅过一年,岭光电心爱的联中生活即告结束。

1928年至1933年,羊仁安在与刘文辉的争权斗争中,势力大为削弱,大权旁落,被调往成都基本处于赋闲状态,加上羊仁安母亲去世,花费颇大,无力再扶持岭光电上学。岭光电不得不中断高中学业,另"考个有饭吃的学校"。②

### (三) 投考南京

1933年5月,岭光电以优异成绩考进南京的中央陆军军官学校第十期,即1924年成立的黄埔陆军军官学校,1936年6月毕业。军校先对入伍生补习高中课程,再集中教授军事知识技能,如投弹、射击、工事修筑、地图测绘、战术、军事指挥等。三年学习期间,岭光电分别于1934年、1935年暑假两次到北平实习和游历,1936年到江苏常熟演习一个月。经过紧张的军校学习和到各地的游历见闻,岭光电对国家形势、民族命运和凉山外的风土人情,都有了一定的认识。

当时正值日本入侵中国,对抗击日本岭光电表现出天下兴亡、匹夫有责的担当:"想到若真有日本海军陆战队在此登陆,我所在部队即可能来此参战,到时还得与当地人联络。学好几句当地方言,也许将来还有用处。于是在例假或演习后休息时,一见到老乡就进行攀

---

① 本节内容参照岭光电. 忆往昔 [M]. 昆明:云南人民出版社,1988:34-49.
② 本节内容参照岭光电. 忆往昔 [M]. 昆明:云南人民出版社,1988:52, 58.

谈，学他们的话"。①

在南京期间，岭光电与来自四川、云南、贵州的彝族交往颇多，对整个彝族的命运、彝族与国家的关系有了更高的认识。他认识到国家是一个整体，彝汉是一家，彝族的命运与整个国家的富强息息相关，于是为扩大彝族影响、争取彝族利益积极奔走筹划。1934年与曲木藏尧、王奋飞、安腾飞等一起，在南京成立"西南夷族文化促进会"，并担任执行委员；1936年创办《新夷族》刊物，撰写有关彝族的文章；②1936年6月，与云南彝族高玉柱等第一次向内政部请愿，提交请愿文《西南沿边土司夷苗民众代表请愿意见书》；③ 在1936年发表的《西南夷族史》中，他论述了彝汉同源、分裂、融合的史实，特别指出彝族的优点。④

游历南京、北平、天津、上海等地的见闻，让岭光电看到了不同于凉山的外部世界，对外部世界的人与物留下了深刻印象，"使我未入内地求学，未获知世界之大，人物之多，道义之严。"⑤ 1936年8月，岭光电被分配到军事委员会委员长重庆行营办公厅第三课工作，10月，回到四川开始参加社会活动。

## 二、学成归来服务凉山

岭光电学成后回到凉山的工作大致可分为三个部分。一是在政府方面的工作；二是扩大彝族影响，争取彝族利益的活动；三是在其家乡创办的边地教育事业。

---

① 岭光电. 忆往昔［M］. 昆明：云南人民出版社，1988：76.
② 岭光电. 西南夷族史［J］. 新夷族，1936（1）.
③ 岭光电. 忆往昔［M］. 昆明：云南人民出版社，1988：77.
④ 岭光电. 西南夷族史［J］. 新夷族，1936（1）.
⑤ 任乃强. 我所知道的夷族土司岭光电先生［J］. 边疆通讯，1947（8-9）.

## （一）在政府方面的工作

从 1936 年到 1950 年，岭光电在政府、军队中先后担任的职务达 20 多种，主要的有：1936 年 11 月任重庆行营组织的"边民调查团"少尉翻译；1937 年 1 月任宁属汉彝民团彝务大队长；1937 年 11 月任四川省边民教育委员会委员；1939 年任西康省政府主席行辕彝文秘书，9 月任保甲军训合一训练所教官；1940 年 1 月任"乐西公路"边民筑路队北段支队支队长；1941 年 12 月任委员长西昌行辕彝文秘书；1942 年 9 月任西康省干部培训团上校教官；1944 年 2 月任腴田特别政治指导区区长；1945 年 6 月任西康省政府宁属屯垦委员会委员；1947 年任国民党西康省党部执行委员；1948 年 3 月当选为国民政府"立法院"第一届立法委员，见表 2-1。[①]

表 2-1　1936—1948 年岭光电主要任职经历

| 时间 | 职务 |
| --- | --- |
| 1936 年 11 月 | 重庆行营"边民调查团"少尉翻译 |
| 1937 年 1 月 | 宁属汉彝民团彝务大队长 |
| 1937 年 11 月 | 四川省边民教育委员会委员 |
| 1939 年 | 西康省政府主席行辕彝文秘书 |
| 1939 年 9 月 | 保甲军训合一训练所教官 |
| 1940 年 1 月 | "乐西公路"边民筑路队北段支队支队长 |
| 1941 年 12 月 | 委员长西昌行辕彝文秘书 |
| 1942 年 9 月 | 西康省干部培训团上校教官 |
| 1944 年 2 月 | 腴田特别政治指导区区长 |
| 1945 年 6 月 | 西康省政府宁属屯垦委员会委员 |
| 1947 年 | 国民党西康省党部执行委员 |
| 1948 年 3 月 | 国民政府"立法院"第一届立法委员 |

---

① 尔布什哈. 岭光电简明年谱 [A]. 见温春来，尔布什哈. 岭光电文集（上）[M]. 香港：香港科技大学华南研究中心，2010：1-3.

从岭光电任职的情况来看，他既得到重庆中央政府派驻在凉山的机构"委员长西昌行辕"的信任，也获得以刘文辉为首的西康省政府设置在西昌的"宁属屯垦委员会"的吸纳。双边任职，有利于岭光电沟通双边关系，借助两方的势力，减少实际工作中的障碍和矛盾，也有利于他为彝族工作。岭光电担任的职务以秘书、翻译、教官类为主，都与其倾心创办的边地教育事业紧密相关。能在短短十余年的时间里，从一名普通的黄埔军校毕业生一步步当上国民政府的第一届立法委员，说明其工作卓有成效。

在政府工作期间，除了日常工作，岭光电主要还做了这些工作：调解民族之间、彝族内部之间的矛盾，安定地方；指挥督促修路；倡办教育。①

1937年7月岭光电随边区调查团到盐源、盐边时，以其本身既是彝族人，又是土司的身份影响，成功调解了当地彝族人与土司之间的矛盾，使当地安定了十多年。② 1946年，原来被邓秀廷驱逐的惹尼、罗洪两支彝族人趁邓死后往东越过安宁河，想要打回老家，邓部与中央军292团把这两支彝族人打回安宁河，准备进一步开战。因当时解放战争开始，政府希望后方稳定，两度派员调解均未成功，后令岭光电调解此事。岭光电以减少当地人损失、维护后方稳定为出发点，分别做通两支彝族人、邓家人和292团长的工作，使三方顺利达成和解，避免了血腥战斗。岭光电在调解此类纠纷时，很注意从促进彝族团结、爱护彝族、维护地方安定的角度着眼。③"我团结和信任他们，有事时也多与他们协商，认为帮助他们，就可减少许多纠纷或冤家械斗，实现当地人内部的团结进步。"④

---

① 参照温春来，尔布什哈. 岭光电文集（上）[M]. 香港：香港科技大学华南研究中心，2010：1-3.
② 岭光电. 忆往昔 [M]. 昆明：云南人民出版社，1988：88-89.
③ 岭光电. 忆往昔 [M]. 昆明：云南人民出版社，1988：96-99.
④ 岭光电. 忆往昔 [M]. 昆明：云南人民出版社，1988：113.

抗日战争中期，国民党中央政府为了军事上的需要，修筑连接滇缅国际公路的乐西公路（从乐山至西昌），全长513公里①，西康境内分作三段，岭光电任北段的"边民筑路队北段支队"支队长。动工之前行辕开办"边民筑路队干部训练班"，共招收169名学员。②多数学员由岭光电招收而来并由他担任该班教官。培训后的学员在筑路队担任中队长或其他相当职务的工作，筑路时发挥了干部带头示范作用。1940年1月1日公路正式开工，岭光电带领1130名边民投入到浩大的、繁重的工程建设当中，其中150名来自他的上土司区。③期间经过农忙换工、气候炎热、冰雪天劳动、物价飞涨等种种困难，历经一年多时间完成任务。岭光电因工作出色受到表彰和好评。1947年《边疆通讯》上的一篇文章称赞："康滇公路之建筑，非大部得力于西昌附近之夷人耶？非创导自越嶲田坝小学之生徒耶？非得自田坝土司岭光电先生鼓励之力耶？"④

岭光电从自身的遭遇和在外的求学经历中，深刻认识到教育的作用，"苟一民族不努力其文化之进步，其覆亡可立而待"，⑤而宁属边境"夷人"，"尤为智识低落，思想愚顽，迄今尚滞于原始生活"，故应"积极倡导边民教育，以启豁其智识，培养其能力。"⑥所以岭光电特别重视教育，积极倡办教育；鼓励彝生向学，赠送衣物给他们，对西昌实验小学送座钟、运动服、赠银；所到之处，"均宣传教育的重要性，鼓励彝族上层人士办学，送子弟入学"；"我见彝人就吹教

---

① 中国人民政治协商会议四川省越西县委员会编. 越西文史资料选辑：第一辑—第十一辑合订本（上册）[C]. 2011：253.
② 凉山彝族自治州地方志编纂委员会. 凉山彝族自治州志（上册）[Z]. 北京：方志出版社，2002：2501.
③ 温春来，尔布什哈. 岭光电文集（下）[M]. 香港：香港科技大学华南研究中心，2010：95.
④ 徐益棠. 川康夷区建设计划[J]. 边疆通讯，1947，4（8-9）：4.
⑤ 西南夷族文化促进会宣言[J]. 新夷族，西南夷族文化促进会发行，1936（1）：52.
⑥ 岭光电. 改进西康宁属边教意见[M]//岭光电. 倮情述论. 成都：成都开明书店，1943：97.

育，也写些稿在报上发表。"① 民国时期写了9篇有关教育的文章（系笔者统计）；分别在西康省保甲军训合一训练所、宁属边民训练所、乐西公路边民筑路队干部培训班、西康省干部训练团四次担任教官；担任两个教育类的职务，1937年11月任四川省边民教育委员会委员，1942年任宁属边民训练所教育长；还曾于1942年担任国立西康技艺专科学校彝文讲师，西昌县立中学地理教师。②

### （二）扩大彝族影响、争取民族平等的活动

岭光电是有着强烈民族意识的人，尤其致力于提高彝族地位，追求民族平等。1947年4月，针对彝族人口在西康省占半数，却无参政、议政之代表的情状，岭光电联系彝族人罗大英、吉绍虞、付正达、罗正洪、自琨良、骆元璋等组成西康省彝族参政请愿团并在大家推举下任团长。③ 他6月到达成都，召开记者招待会，提出三项请愿事项："①西康省参议会及有彝族居住之县参议会，应有彝族参议员；②增加立法委员（原规定1名）及国大代表（原规定4名）；③设监察委员名额。"④ 7月赴南京请愿，见内政部部长及一干参政员面陈请愿事项；举行记者招待会，到南京一些大学或社会团体演讲，争取舆论支持；8月底岭光电单独觐见蒋介石陈述彝族人参政要求并上呈请愿书。岭光电分别于同年4月和8月在《边声报》发表《夷人要求参政的呼吁》和《西康省参会应成一个全省人民的议会》，提出在凉山地区怎样实行平等参政以及彝族参加省参会的理由和益处。对岭光电请愿团的请愿事项，国民政府批示"以行政方式支持当选"，内政部回复"建议川、康、滇、黔的妇女名额让与彝族"，⑤ 实际上相当于

---

① 岭光电. 忆往昔 [M]. 昆明：云南人民出版社，1988：84.
② 根据温春来，尔布什哈. 岭光电文集（上册）[M]. 香港：香港科技大学华南研究中心，2010：2.
③ 2013年8月吉克曲日采访的刘世昌记录。
④ 岭光电. 忆往昔 [M]. 昆明：云南人民出版社，1988：103.
⑤ 岭光电. 忆往昔 [M]. 昆明：云南人民出版社，1988：104.

一纸空文，远未达到请愿预期目标。当然，也并非毫无结果，此次请愿定下吉绍虞、付正达、王济民、孙子文为国大代表候选人，岭光电为立法委员候选人。尽管收获不大，但请愿团的活动得到了舆论的关注与支持，当时学界名人卫惠林、任乃强、马学良、庄学本、马长寿、丁珍亭纷纷撰文相助。甚至"闻已有某党派人士，为同情岭君故，愿尽力援助，谓必要时，亦可让出取得之席位。"① 任乃强认为岭光电提出的不仅应该平等对待彝族人参政要求，对其他异俗异宜的弱小民族也应如此的观点"至为宏伟正大，故所至得人同情。谅当轴诸贤，必不能忽视之。"② 而丁珍亭则提醒岭光电请愿团不要满足于"恩惠式的名额增加与减少"，要争取借此达成在"整个国内民族问题获得合理解决的条件下"解决彝族参政问题。③

1948年3月，岭光电当选为国民政府立法院第一届立法委员，4月初到南京开立法会议，在草拟省县自治法会议上据理力争，终于使"凡有土著民族居住的省县参议会，应订出土著民族之参议员名额"成为自治法之成文条例。④

为扩大彝族影响，从各方面提高民族地位，争取外人对彝族的了解，岭光电常于公事冗务之余，著述撰写，发表了多篇有关彝俗、彝务的文章。1943年9月出版《倮情述论》介绍了彝族人的分布、特点、风土人情及岭光电关于彝族地区建设、教育的一些看法和建议，10月发行《边政关键》一书，对于时人了解彝族起了很大作用。发表在各种报纸、刊物上的大量文章如《如何推进边务》（1942年）、《我在彝区实施建设的经验》（1943年）、《建设川康彝区计划书》（1943年）、《对于边教的一点意见》（1943年）、《如何接近夷人》（1943年）、《教育与三化政策》（1944年）、《边区需要的干部》（1945年）、《边教难》（1945年）、《论边民教育》（1946年）、《夷

---

① 任乃强. 我所知道的夷族土司岭光电先生 [J]. 边疆通讯, 1947, 4 (8-9): 18.
② 任乃强. 我所知道的夷族土司岭光电先生 [J]. 边疆通讯, 1947, 4 (8-9): 19.
③ 丁珍亭. 西康夷族参政感言 [J]. 边疆通讯, 1947, 4 (8-9): 17.
④ 岭光电. 忆往昔 [M]. 昆明：云南人民出版社, 1988: 106.

人急需生计教育》（1946年）、《彝人要求参政的呼吁》（1947年）、《越嶲田坝之饥荒》（1948年）充分表现了岭光电对于彝族地区建设的热忱与实干。

军校毕业回到凉山后，岭光电除在政府任职外，还在家乡田坝创办私立斯补边民小学校，建立医院；开展社会教育，进行一系列的农耕、经济、卫生、文化方面的建设与改革，成效显著，接下来第三章将重点论述这部分内容。

# 第三章　创办私立斯朴边民小学校

抗战时期国民政府和社会各界都很重视边疆教育，边疆教育理论发展较快，如前述吴文藻、李安宅、朱家骅、凌纯声、曹树勋、张廷休、梁瓯第等人对边疆教育的阐述；但因为战时经费紧张、条件窘迫，实际办学数量远未达到预期，并时有发生一些学校办学中途关闭的情形。如前文分析凉山的教育特点制作的小学数量表格所示，从1920年到1948年，国民政府和社会团体共办小学47所，但仅有7所持续办学，其他40所因各种原因陆续停办；共开设私立小学11所，最后只有岭光电所办小学一直坚持办学，雷波县的那所私塾性质的学校后来因改成国立小学才得以持续下去，其他9所中途停办。由此可见办学之艰难。而岭光电在时局艰难情况下，筚路蓝缕，历尽艰辛，克服种种困难，从1937年创办小学持续到1952年，培养出300多名学生，尤其难能可贵。

## 第一节 荣耀还乡

### 一、岭光电回田坝

田坝区在1926年刘济南部实行"改土归流"以前,上、下土司区、田坝街上的汉绅势力区和比邻而居的尼日河东南岸的黑彝区各据一方,有时虽然有些小纠纷,但基本上能维持平衡,地方上较安定;其后,地方矛盾激化,尤其上土司势力在"改土"中近乎崩溃,小土司岭光电又流落在外,各方把上土司区视为无主的肥肉,纷纷趁火打劫。老百姓在刘济南的盘剥下食不果腹,衣不蔽体。以前碍于与岭光电家的亲戚关系,不会在田坝区任意妄为的尼日河黑彝势力也过河来任意烧杀劫掠,连上土司区也不放过,侵占百姓土地,拉抢人口。①原来对岭光电有过相助之谊的汉绅甘锡五②,干脆住进了斯补土司的房屋,占了他们的田地,驱使老百姓供他使唤,俨然掌印土司。

1937年元月,离开田坝十年之久的岭光电荣耀归来。他从南京的陆军军官学校毕业,当了百姓们认为的"大官"——在重庆行营办公厅工作,任宁属汉彝民团"夷务大队长",加上羊仁安送的二十支步枪,十支手枪,返家队伍气势雄壮。到汉源来迎接他的彝民达四五百人,③从汉源到田坝沿途一百多里,人们自发组织起来欢迎,在田坝街备下丰盛的酒席为岭光电接风洗尘。

---

① 阿扎木呷. 回忆开明土司岭光电 [J]. 凉山民族研究, 1997年刊.
② 帮助岭光电母子收二伯娘的债,与两位士绅一起护送岭光电到富林拜寄羊仁安。选自岭光电. 我所知道的羊仁安 [M] //温春来,尔布什哈. 岭光电文集(中册). 香港:香港科技大学华南研究中心, 2010: 456-457.
③ 岭光电. 当土司的时候 [M] //温春来,尔布什哈. 岭光电文集(下). 香港:香港科技大学华南研究中心, 2010: 285.

## 二、初掌土司事务

岭光电荣归故里，震撼田坝、甘洛两地，但岭光电的甘洛黑彝舅家，对归来者是否是岭光电本人心存疑虑。回田坝不久，岭光电决定以拜见舅舅为名访问甘洛各黑彝家支，搞好亲戚关系，以沟通甘洛、田坝关系，使其互相往来，相互通商，缓解两地矛盾。岭光电将要访问甘洛的消息像长了脚一样传遍两地，大家都积极参与此事：岭光电属下的各个白彝家支头人、百姓，凡是家里有枪支的青壮年，理所当然地当起了岭光电的随从；还有一些百姓娃子和汉族商人，乘机跟随岭光电到甘洛做买卖；岭光电的私塾先生，田坝街上的士绅王学渊特别叮嘱他做好互相通商、取回被抢汉族人两件事情。到出行时，跟随岭光电的队伍达到了五六百人。

到了甘洛，岭光电及随行队伍受到了亲戚们的热情欢迎和慷慨招待，岭光电拜访了舅舅阿助木卡、体和、叔舅果各、罕则，老表洒么、必尔子，岳父（曲哈莫之父）直普哈，堂姐傈么、克妮么和其他亲戚，使亲戚感情更融洽，沟通了亲戚关系，获得了舅舅家等大多数黑彝的支持和帮助。此次甘洛之行，可以说取得了巨大成功：沟通了田坝、甘洛两地的关系，促成正常通商，缓和了地方矛盾和彝族内部矛盾；从岭光电个人来说，无论是在斯补区还是整个田坝区，都大大提高了威望；得到黑彝舅家的有力支持。这些无疑对他后来在田坝开展的一系列工作和活动打下坚实的基础。

岭光电回田坝后，得羊仁安相助，岭家"改土归流"时被没收的田产获得返还，被废除的土司职务得以恢复。[①] 1937 年 2 月，越西县政府下令恢复岭光电的土司职务，归还印信；1937 年 3 月，在田坝举行岭光电的土司就职典礼，当时正在田坝工作的重庆行营边区调查团

---

① 岭光电. 难忘羊仁安对我的培养［M］//温春来，尔布什哈. 岭光电文集（下册）. 香港：香港科技大学华南研究中心，2010：283.

也参加了典礼。① 同年，岭光电与被舅舅帮助追回的"布布勒托吉惹伟几"家女子盖取么结婚，婚后夫妻感情甚好，平时家中日常事务主要由盖取么管理，对岭光电的事业助益不少。1939年盖取么夫人因得霍乱病逝，后来岭光电又娶舅家那边的黑彝女子曲哈莫为妻，家事仍主要由妻子打理。② 外事、家事初步安定下来后，岭光电决定办一所小学，此事引起巨大争议。

## 三、力排办学争议

第一是来自老百姓的反对。首先他们认为祖祖辈辈都没读书，读书没什么用。其次从前文，即本书第一章的表1-1、表1-2可以知道，到1937年以前，凉山境内只有会理、喜德和西昌有四所民族小学，远离田坝区域，因此田坝当地人对学校教育没有什么正面的认识；尤其二十四军西昌垦务局办的化夷学校，有时强制彝族人土司、黑彝、头人送人来读书，更增添了他们对学校教育的反感。如果百姓们执意反对，那么办学就失去了根本基础。

第二，岭光电的妻子和亲戚们也反对，认为叫头人百姓的子女读书还可以，不同意让锅庄娃子的子女读书；甚至说让娃子也读书，以后当官了反倒会管起他们这些主子来。田坝街上的汉绅有的抱着看热闹的态度，认为彝族人办不成学校，彝族娃娃读不来书。③

但岭光电决心坚定，自身的遭遇及多年在外的见闻游历使他格外看重教育。

1. 自身遭遇及所见彝人受欺之事

少年时即遭受汉族军阀的"改土归流"之祸：母亲被害；家产、

---

① 岭光电. 当土司的时候 [M]//温春来，尔布什哈. 岭光电文集（下册）. 香港：香港科技大学华南研究中心，2010：286.
② 岭光电. 忆往昔 [M]. 昆明：云南人民出版社，1988：170-177.
③ 以上根据阿札木呷. 岭光电兴办教育和强征我读书的情况 [J]. 凉山民族研究，1994年刊.

土地、娃子被侵占；辖地百姓深受其害，财产、人身安全皆无保障；从小耳闻目睹彝族人受欺之事。岭光电认为这些都是因为文化落后造成的。

2. 彝族文化受轻视

岭光电在外求学时，他不时听到的是人们称彝族文化为"蛮文化"，称彝族人为"蛮子"。西康省主席刘文辉认为"宁属倮倮，在吾国各民族中，其文化不惟远逊汉族，即蒙藏各族亦所弗及"①。民国政府教育部向全国"各省市教育厅、局公私立专科以上学校"发的一个通令公开称："查夷苗各族，同为边疆民族，散布区域至为广泛，其文化程度，较之蒙藏各族，尤为低落。"② 可见彝族文化知识落后在当时社会是种普遍的认识。岭光电决心用教育改变这种状况。

3. 冤家械斗导致彝族落后

旧时凉山黑夷之间冤家械斗频繁，人力、物力都遭受严重灾难：造成人口大量伤亡；给生产带来严重破坏；交通被切断，造成各个地区人为阻隔，增加商旅保护费，从而增加商品价格，严重降低了人民的物质生活水平③。到甘洛访问时岳父直普哈也说："但是我们内部却不互相关心，强欺弱、众暴寡，甚至互相残杀。其中有些是被迫的，有些是狂妄行动。总之对自己没好处，这样一来对外不能御侮，使坏人趁机挑拨。"④ 岭光电从小经历了多起家门亲戚间的打冤家，对冤家械斗的危害有切身的体会，他认为彝族内部之间激烈倾轧，互相残杀，一切力量都耗费于械斗，既不能用于民族自身发展，也没能用在国家生存上，实在令人痛心。⑤

岭光电认为以上三方面都是因为彝族人缺少文化而造成的，要提高文化必须从办教育开始。如此"才能抵制军阀的残暴，避免再受残

---

① 庄学本. 西康夷族调查报告 [M]. 西康省政府印行，1941：1.
② 新夷族 [J]. 西南夷族文化促进会发行，1937（2）.
③ 胡庆钧. 凉山彝族奴隶制社会形态 [M]. 北京：社会科学出版社，1985：309.
④ 岭光电. 忆往昔——回忆舅舅 [J]. 彝族文化，1986 年年刊.
⑤ 岭光电. 倮情述论 [M]. 成都：成都开明书店，1943：70.

害";通过办学,培养一批人才,"将他们(培养的人才)介绍到政府里或土司黑彝处工作。通过这条途径,促成凉山彝族人民的团结和进步";"也促成彝族文化知识的提高,达到彝族与其他民族并驾齐驱,受到重视,求得政治上的平等地位"①。加上他在外求学时,"教育救国"之说盛行,并有人付诸实践,如梁漱溟、晏阳初、陶行知等人的办学实践和理论,使他对教育的作用印象深刻。②

虽然大部分人反对办学,但因为是岭光电的主意,大家只好接受。因为按照传统规矩,"兹敏(土司)管辖处,人们循其礼","在家听父母的话,出门听'兹莫'(土司)的话"。再者,岭光电一回来就大大改变了原来上土司区的混乱局面,大大改善了老百姓的生存处境,使得他们很信赖这位年轻的土司,相信岭光电办学是为了他们着想。

岭光电的头人中也有支持他办学的,如头人马焕章、罗清华、蒋大成、刘玉成等,认为岭光电回来后,能够恢复土司职务、收回田地财产、让百姓们可以过上安定的生活,就是因为岭光电受了教育,有文化知识的缘故;以后百姓有了文化,至少可以免除地方土豪劣绅的欺压,甚至可能到外面升官发财。于是这些头人们积极从管理、教学、劝学各方面支持岭光电。

## 第二节 坚定办学

1937年春,岭光电召集头人开会商议办学事宜,会后即着手进行。于3月1日在土司衙门驻地斯补勒托(今胜利乡乃托村)成立"私立斯补边民小学校"③,岭光电自任校长。

---

① 岭光电. 忆往昔 [M]. 昆明:云南人民出版社,1988:119.
② 温春来,尔布什哈. 岭光电文集(下册)[M]. 香港:香港科技大学华南研究中心,2010:343.
③ 温春来,尔布什哈. 岭光电文集(下册)[M]. 香港:香港科技大学华南研究中心,2010:344.

## 一、办学条件

### (一) 校舍、基础设施、仪器设备

因岭光电此时刚返回凉山不久，没什么积蓄；百姓遭受十多年的动荡苦难，生活困苦，无力支持学校，所以办学之初条件极为艰苦。第一年先利用两间屋子作教室；没有课桌，先搜集私人桌凳代用；没有黑板，把老牌匾刨光上漆来代替；招收附近30多名彝生上课。

记得开办时，为添置许多用品，手中一些钱已经用光，黑板便无力制造了。最后只有想废物利用的办法。有一天我领着两个头目，到处看悬挂的木匾，准备取三四道来应用，我一面看一面把这种意思告诉两个头目，他俩听了，立刻竖起眉毛说："哼，很怪，老祖先挂的东西，你可取吗？不知道你学了些什么回来？"我看情势不好，大有遭反对的模样，立刻改口说："我的意思也是这样，不过如果不是老土司挂的，就可以取下来用了。"他俩才说对的，各人分手而去。我认定不在匾上想办法，实无别法可想。过了几天，我约集五六个老头目，一同到处去查看，乘时问他们："你们看得出那匾的意思吗？"都说："我们懂得那就对了。"我说："老祖宗字墨不深，真是吃亏，有几道匾的字，含意有点讥讽！"于是他们当中有的说："许多老土司就同我们一样是瞎子。"有的说："真好，你不到南京、北京，也就不会懂得啊！"一致称赞我比老土司好。我立刻要他们去把匾取下三四道不用的，他们一个个都很踊跃而笨拙地抬梯子去把匾取下。我说："不藏在背静处，使人见到，就笑我们呢！"他们照办了。过几天请个木工来刨光，涂上漆，就成顶好的黑板，抬来应用也没有人过问是否是老土司挂的

匾了。①

  我（马之一）家里离学校远，就只有住校。那时住校的有二十多个人，伙食学校包了。吃饭的时候，五个人一盆饭，一个马勺子（用来舀饭、舀菜吃的木餐勺），轮流转。有些大的前面用手捧起吃，就吃完了，后面的人就少。我就立了规矩：轮流用马勺子吃，一人一口地吃，哪个用手捧、抢，另一个就可以用马勺子打他。有一次出现这个情况，我用马勺子打他，他哭起来，岭先生过来看，听说以后啥也没说就走了，觉得没有搞好，太苦。后来每人发了一个马勺子。②

尽管条件极其艰苦，岭光电仍然独力承担，不忍心加重老百姓的负担。有人劝他既然办学是为了老百姓，不如把办学经费摊派到他们身上。岭光电说："我的百姓都已经很穷了，我还怎么去摊派他们呢？"在后来的办学过程中，岭光电想尽办法，多方筹措，克勤克俭，逐渐改善办学条件，使斯补校成为凉山地区一所"规模俨然"、远近闻名的的现代小学。

  我（岭光电）吸会了香烟，而且每日吸一两包，月耗十多元钱，相当于一个教师的工资（1941年前）。1940年我用费遇到困窘，便立誓没有实现办学目的以前，放弃此项享受，从此不再吸烟。到解放后才好似松了局，又吸起香烟和草烟来。③

第二年岭光电把堂叔原来的一座宅院（堂叔已绝嗣，由岭光电继承）加以整修改造。改造后的校舍为古建筑木质结构的两进门四合大院，面积约1000平方米，天井中有甘洛地区独一无二的芭蕉树一棵。正堂屋是礼堂兼作一个教学班教室，设有4间教室，办公室图书室各一

---

① 岭光电. 我在夷区实施建设的经验［J］. 边疆通讯，1947（8-9）.
② 2013年11月5日于西昌，采访马之一的记录。
③ 2013年3月19日于甘洛县档案馆查阅《岭光电手稿》的记录。

间，寝室三间，建有厨房。此时学校初具规模。后来在岭光电的不断努力下，学生宿舍增加到7间；添置了很多教学仪器、图片、课外书，把图书室、阅览室、仪器室三间合为一间；学校大门外有从法国教堂引进的两棵桉树。医务室和厕所设于院外，体育场由岭光电家族的旧屋基改造而成，面积大约3000平方米，位于学校的右下方。开办初期岭光电亲自带领学生平整操场，自制各种简易体育设施，如沙坑、爬杆、篮球场、单双杠等。招工制造新的双人桌凳，共造60多套，可供120余名学生学习，办公桌2张，方桌4张；陆续置办教学仪器4套，200余件，留声机、油印机各1台，法国高档风琴1架，四号测像仪1套，图表1000多张，书1500余册。①

岭光电的女儿岭琼芳出生于1944年，1954年就读于斯补小学。这时学校的名称虽然改为"斯补民族小学"，但学校设置仍然保持原来的样式。岭琼芳仍然清楚地记得当年上学时的情形。"我

图3-1　私立斯补小学校外观（尔布什哈提供图片）

---

① 根据岭光电《悃情述论》及原私立斯补边民小学校全体校友.《庆祝私立斯补边民小学校建校六十周年》和现在斯补校陈列室的"私立斯补边民小学回顾"的有关内容综合而成。

们那时都是读住校，教室在下边，寝室就在教室上面，用木板铺的通铺，以前都是这么做的。中间是个大天井，天井里头正对着大门，紧挨到最里面那排房子的地方，有个像个小舞台样的台子，台子下面有三层阶梯，要开会呀、表彰呀或者有其他啥子事情时，我们学生就排队站在台子底下，老师就在台上讲话。我记得学校门口的那两窝桉树，好安逸哟。"①

李敢是岭光电家管家的儿子，就住在学校附近，对学校的印象深刻。

我记得资料室里有很多书，很多图片，还有字典，大家都可以去看。那时我还小，翻字典，看不懂，就放在一边不看了。仪器也多，印象最深刻的是一个太阳、月亮、地球的仪器，啥子月亮转到中间了，太阳又在哪个位置、地球又在哪个位置，等下太阳又咋个咋个转，地球、月亮的位置又跟着变，好耍得很，我经常去摆弄。

后来有些课桌是从汉源驼运过来的，用马驼。我们用的笔、墨、纸这些都是从汉源运过来的。岭校长在汉源联系好，马帮就运过来了。到1949年、1950年的时候，局势有点混乱，外地的老师就走了，本地的老师还是在教。汉源的东西也运不进来了，没有上课的书了。咋个办呢？抄写。那个时候纸和笔还是有，只要有一套书，我们就把纸裁开，订成书本样子，然后照到（那套书）抄。老师就用手抄本教我们。②

## （二）师资、教材、招生、经费

教师方面第一年聘请本地人龚守先，越西人王义琼教汉文课，头人马焕章、刘玉成教彝文。办学稳定后，学校常年有教师五人，一般从外地聘请三名，在本地聘请彝、汉教师各一人；先后聘请过邓永清、相淦

---

① 笔者与岭琼芳女士2016年1月12日在西昌的访谈。
② 笔者与李敢先生2016年1月9日在甘洛的访谈。

昌、李验明、裴家聪、姜尔昌、澜萍、蒋琨、刘明德、叶伟才、陈华禄、龚世镇（国立西康技艺专科学校毕业生）等；办学至后期，除仍聘请具有教学经验的外地教师一至二人外，多数由原来斯补校毕业到内地学成归来的学生担任教学工作，如刘世才、蒋汉安等。

汉文教材开始用的是"开明书店"本，后来用"商务印书馆"本；彝文课开始采用手抄本的《史传》，1940年由岭光电选编部分彝文典籍并印成教材。

斯补校的招生对象主要面向本区所有适龄儿童，不管出身阶层，百姓、阿加、锅庄娃子的子女均可，对斯补区以外的彝、汉、番（藏）生都欢迎；本来原计划中有招女生这一项，办学之初因阻力太大作罢，后来有几个女生入学。由于大多数当地人不愿送子女上学，岭光电在其辖区规定：有二子者必送一个，四子者送两个入学，强制老百姓送子女来读书。开始招到附近30多名彝生，后逐渐增多，到1942年时达100余名，常年稳定在七八十名左右①，斯补校主要办初小，初小毕业者选送越嶲国立实验小学，未送者仍设高小班开课。一般依成绩分为四个班及一个预备班。斯补校实行免费教育，免费提供课本和书籍，学生一律免交学杂费，对清贫生供应伙食，有的还供文具衣服，在学校吃伙食的学生仅每月缴一背柴作食堂燃料。

学校经费最初由岭光电和各校董筹集，主要来自岭光电家收的租粮、岭光电在外任职的个人收入、少量其他收入和额外补助。仅以1937年度及1938年度为例，学校经费共耗去3000多元。② 从1942年开始，由百姓每户按照上、中、下三等，每年出粮以作教师工资；教师伙食、清贫生伙食、升学学生补助、培修设备费用仍由岭光电负担。有时岭光电出巡所辖区域，免去百姓和头人的款待，将要宰杀的猪、羊出售用作学校经费（见阿扎、木吉慕日《私立斯补边民小学校简史》）。办

---

① 尔布什哈. 岭光电教育文选［Z］. 西昌市民兴印刷厂，2013：86.
② 岭光电. 改进西康宁属边教意见［M］//岭光电. 倮情述论. 成都：成都开明书店，1943：101.

学期间斯补校曾获得省教育厅补助1千元,国民政府奖励法币30万元,西康省主席刘文辉捐助1万元①。

岭光电从各方面节省自己的开支,节约下来的钱通通用于办学。

> 岭光电的"小气"在田坝出了名。土司到百姓家吃饭,照规矩"菜板必须沾血",杀牛、羊、猪等。当百姓坚持要杀牲招待岭时,岭就说:"你们一定要杀羊给我吃,情我领了,但这只羊不要杀,就送给我吧,我拿回去给我的孩子们(指他的学生)做学费算了。"有一次岭到下土司家拜年,下土司夫人拿二两金子给他当"压岁钱",照规矩岭光电从辈分上作为长辈,不应该接受。可他居然大方接受,说给他学生作学费,感谢对方的资助。②

> 岭光电家的房子,是从前留下的房子,房子从来不修;穿衣服夏天一个白衬衣,一个短裤,吃的也很普通。他说:"我当官不是为当官而当官,只要有钱,就干。拿这个钱来办学。"③

> 阿扎木呷回忆他们四个同学从成都逃学途中,在汉源碰到岭光电,岭光电气得骂他们:"我舍不得吃,舍不得穿,送你们读书,人家送我一件绸衣,我卖掉作你们的路费;送我一只怀表,我卖掉作你们的路费。你们不求上进。好吧,你们现在人大心大,不服我的管教,由你们去好了,看你们会成一些什么人!"④ 由此也可见岭光电对自己吃穿用度上的节俭。

综合来看,斯补校的办学条件要优于一般小学,堪与国立西康越嶲小学比肩。

> 据《凉山彝族自治州教育志》记载:民国三十年(1941)以前,西康省仅省立西昌师范学校有物理、化学仪器,能做一般的演

---

① 凉山彝族自治州教育志编纂委员会. 凉山彝族自治州教育志[M]. 成都:四川民族出版社,1997:95.
② 阿扎木呷. 回忆开明土司岭光电[J]. 凉山民族研究,1997年刊.
③ 2013年11月6日笔者在西昌与蒋正才先生的访谈。
④ 阿札木呷. 岭光电兴办教育和强征我读书的情况[J]. 凉山民族研究,1994年刊.

示实验和部分分组实验。其余联立或县立中学只有零星仪器作直观教具，省立西昌师范学校附小有脚踏风琴和自然教具数件，其余县立、区立小学则一无所有。是年西康省教育厅经费概算说明称："西昌县立中学全年经费共为9260元，……至于图书仪器及体育设备，又皆限于财力，极其简陋。越嶲初中全年经费5000元，按之部定设立中学条件相差甚远，师资既感困难，设备尤其简陋。""本省各级小学，颇多设备未充，县小设备尤其简陋，其于教育效率影响甚巨。"另据《西康省通志教育志》稿载："各小学设备极不完善，乡村小学乃至乡镇小学多有课桌凳亦由学生自备者，钟铃无论矣……"①

民国三十年（1941），西康省府规定"省立小学予以增加设备费，列入预算，并订立补助各县小学设备费补助标准，完小三班以上补助300元，一班以上200元，短期小学50元，令饬各县府遵照具领转发购买"。三十四年（1945），西康省府曾在雅安机械厂订制小学自然教具，后因故未予制造，故各小学仍未配置教学仪器。②

表3-1 斯补校与越嶲小学的办学条件对比表

| 学校 | 图书 | 图表 | 仪器 |
| --- | --- | --- | --- |
| 国立西康越嶲小学 | 1169册 | 256张 | 193件 |
| 私立斯补边民小学校 | 1500余册 | 1000多张 | 200余件 |

数据来源：越嶲小学的数据来自林达珊校长，斯补小学的数据来自岭光电校长。③

其中，斯补校还有一般学校没有的高档风琴和留声机。当然，越嶲

---

① 凉山彝族自治州教育志编纂委员会. 凉山彝族自治州教育志[Z]. 成都：四川民族出版社，1997：72.

② 凉山彝族自治州教育志编纂委员会. 凉山彝族自治州教育志[Z]. 成都：四川民族出版社，1997：72.

③ 林达珊. 六年来的西康越嶲小学[J]. 边疆通讯，1947（6）. 岭光电. 倮情述论[M]. 成都：成都开明书店，1943：102.

小学是完全六年制小学，经费直接由中央财政拨付，在校舍规模上要大于斯补校。①

## 二、办学情况

私立斯补边民小学校从1937年创办到1952年由人民政府接收为止，共办了15年，成效卓著。1939年西康省教育厅厅长韩孟钧签署省教字〇四〇二号文："补助斯补边民小学大洋四百元，以资鼓励"，1944年国民政府给岭光电颁发"嘉惠青年"匾额一块。②

> "国府命令褒奖岭光电 国民政府八月廿三日令：行政院呈，据教育部蒙藏委员会会呈，以西康省越嶲县岭光电捐助斯补边民小学，经费计国币三十四万余元，核与捐资兴学褒奖条例相符，除由部授与一等奖状外，转请鉴核明令嘉奖，并颁给匾额等情。查岭光电慨捐巨资，热心边区教育，洵堪嘉尚，应予明令褒奖，并题颁嘉惠青年匾额一方，以昭激劝，此令。"③

斯补校的办学具有如下特点。

### （一）严格的管理制度

岭光电因为出身军校的原因，把严明的军事作风带到了斯补校，对学生的学习态度、学习纪律、学习检查都有严格的要求。

> 课堂上不能交头接耳，坐直、眼睛盯着黑板，违反了纪律打手板心，蹲马步。要求站有站相、坐有坐相，雷厉风行，闻风而动。上课纪律很好，没有讲小话的，大家都聚精会神地听。每天早上升

---

① 以上内容除特别注明的外，其他来自《庆祝私立斯补边民小学校建校六十周年》《忆往昔》第三章、《岭光电文集》下册第五部分的相关内容。

② 政协凉山州委员会文史资料委员会编. 凉山文史资料选辑 [C]. 第十三辑教科文卫专辑. 1995：137.

③ 边务消息 [J]. 边疆通讯，1944（10）.

国旗，八点半必须赶到。如果有逃学的，就派人去喊，逃学者家里必须给草鞋钱。这样大家开始学的时候虽然恼火，因为用汉语教课，难懂，也不敢逃学。学完了检查也很严格，老师动不动就打手板心，打屁股。马之一记得莫牙虎老师最为严格，有一次他抄写掉了两个字，就挨了四个屁股板；岭校长回来时也给学生上课，强调纪律、卫生，要求学生一个月理一次发，一个星期换一次衣服，教他们要洗脸、漱口、洗澡，"你们没得水哇，水又不要钱，用冷水洗完更热乎。"漱口没有牙刷，用手刷，说大家要干净卫生，代表我们斯补校的精神。考试考得好的有奖品，发榜，榜上有名的人很高兴。

岭校长一般都不在学校，他当官嘛，要干公事嘛，在西昌、汉源的日子多。以前交通也没有现在方便，一个月或二十多天才回来一次。一回来就到教室、阅览室去看、去检查，检查我们学生的听写、背诵。要是到了哪个家里头，碰到有读书的娃儿，就要娃娃写名字、背书这些。所以虽然他不在学校，但学校的老师、管学校的头人都管得很严格。曲哈莫管大方向，还是管得可以。①

虽然挨手板心、打屁股让学生苦恼不已，但"我们斯补校要求严格，所以教学质量远高于其他校"②。

### （二）全面发展的育人原则

斯补校除了对学生的学习要求严格，对学生德育、体育、音乐方面也很重视。斯补校校歌的歌词是："开化我边民，努力在斯补。明德育，尽智育，重教育，崇敬育，开化要积极。德育智育体育全面要发展。"表明了其办学宗旨，实际上斯补校也是这么做的。

岭光电亲自带领大家出操，打拳，开展各种文娱体育活动。每天的

---

① 以上内容综合蒋正才、马之一、姜碧纶三人的访谈内容。
② 以上内容综合蒋正才、马之一、姜碧纶三人的访谈内容。

课外活动时间，由教师组织学生打篮球、爬杆、摔跤、跳远、射箭、学唱歌、学演话剧，岭光电曾用彝语编话剧《彝人始祖》《无穷无尽的故事》。① 尤其斯补校有架甘洛地区唯一的高档风琴，更增加了学生上学的兴趣，激发了他们对音乐的热爱，唱歌成了斯补校学生普遍的爱好。一个令人惊讶的现象是：笔者采访过的斯补校的老人，几乎个个都能清楚地唱出他们小时候在学校学的那些歌，他们唱歌时的神态，让人感觉音乐就是他们当时生活的一部分。"其中风琴和留声机提高了娃娃们不少的读书兴趣。"斯补校毕业的学生骆元璋回忆学校办学时的情形时说。

在斯补校看到风琴就很感兴趣，觉得是世界上最美妙的声音。我刚开始弹的时候，把一根弦都踩断了。因为前面有个学生用力过猛。刘世才老师逗我："你要拿一斗粮食来赔。"岭校长自己会弹风琴，会作词作曲，我们唱的很多歌就是他编的，他还会吹口琴，吹得很好。学校里教了很多歌，像《大刀向鬼子头上砍去》《义勇军进行曲》《黄河谣》《大路歌》《长城谣》《松花江上》，还有岭校长自己编的彝族歌曲，像《斯补边民校歌》《改革歌》《田坝是个好地方》《朋友们来跳舞》等等。蓝平贝老师风琴弹得好，唱歌也唱得很好，调子唱得准。教唱一般在课外活动时教，课堂上不教，我想是因为教室是木板房，不隔音，会互相影响。同学们都很喜欢唱歌，唱的时候感觉很愉快。有几个因为斯补校的音乐教育喜欢上了音乐，发展成自己的爱好。孙自强在喜德县当团委书记时，早上一起来就拉手风琴，周围的人听到都感到高兴；马之诚，后来在上海音乐学院学习；罗浮山，在部队上弹脚踏风琴。我离开斯补后自学学会了手风琴，当过音乐老师，到宣传部也干过。②

---

① 岭光电. 忆往昔［M］. 昆明：云南人民出版社，1988：22.
② 2013 年 11 月 5 日在西昌与马之清的访谈。

### (三) 优秀负责的师资队伍

斯补校的教师常年稳定在 5 名左右，岭光电总是尽量从外地请来有教学经验、教学正规的好老师，再从本地请一至两个老师。斯补校先后延聘教师 38 人，分别来源于上海、武汉、重庆、成都、雅安、乐山、荥经、汉源、西昌和甘洛等地，其中汉族教师 26 人，彝族教师 12 人，其中女教师 4 人。斯补校教师总体水平较高，其文化结构为：大学生 8 人，专科生 5 人，中专和高中生 20 人，初中生 3 人，彝文专家 2 人。彝文教师开始多为岭光电家的头人，如马焕章、刘玉成、蒋大成，后来也由从斯补校毕业的学生来教，如老头人连都的独生儿子蒋汉英。① 学生们对老师的多才多艺、热心负责印象深刻。如田坝街的张国光老师，国语、书法都很好；来自汉口的马文斌老师是个多面手，音乐、数学、其他科目都会教；海棠的蒋昆老师既当教导主任，又教常识、音乐；叶伟才老师是汉族人，上课尽心尽责，课余时间积极向学生学习彝语，与学生打成一片，很有服务边远地区的精神；从汉源聘请的两位基督徒女老师，教学很有耐心，对学生很好，课后也向学生们学点彝语。岭光电在家时经常督促监管教学情况。

骆元璋是斯补校的第一批学生之一，曾在《边声》刊物上发表《回忆斯补边民学校》一文，上面记载了斯补校刚刚建校时老师们的一些情况："五位教师是岭先生在内地聘来的，每位教师都很吃苦耐劳，师生打成一片。记得当初开学时，学校四周光秃秃的，少有树木，所以每天除上课外，教师们领着我们修平操场，栽植树木。不到两年时光，就形成了新绿可爱的林园。除了柳柏两种树木之外，各种果树均有，而且还种菜。蔬菜的种子是老师们自发从内地带去的，因此田坝的汉夷老百姓都得了不少利益。"②

---

① "私立斯补边民小学回顾"刊于现斯补校陈列室。
② 岭光电. 我在夷区实施建设的经验 [J]. 边疆通讯, 1947, 4 (8-9): 11-12.

可以说，斯补校的成功，与跟岭光电同样具有筚路蓝缕的开创精神的教师们是分不开的。

### （四）灵活实用的教学方法与语言教学

斯补校采用的是国民政府通用小学教材，教材上的内容多选择内地的生活，学生对这些内容感到陌生，学起来很难理解。斯补校除了运用传统的语言讲授外，经常使用直观教学法。大量使用挂图、利用实物都是老师们常用的方法。

> 学校里挂图很多，有动物、植物挂图，大部分是动物，老虎、狮子、牛、羊等等。上课老师挂起来给我们看时，大家都很感兴趣。每个教室挂两三张，很气派。我们有大的地图，岭校长给我们上过地理课，记得他讲新疆出葡萄，伊犁有骏马，阿克苏产小麦，是照着地图讲的，很感兴趣，但不太敢相信，因为只是地图上，似信非信的。①

引进电影队放电影也是斯补校教学方式的一种补充。通过电影，他们对书上讲的一些内容有了更为感性的认识，看到了凉山外面广阔的世界。

> 1939年在斯补校第一次看电影时，银幕上所有的东西都引起了大家的惊奇和兴趣。有的问："外面地方有那么好的东西哟！这个是真的还是假的？"有的问："外面有没有这些东西？"甚至有的人放完电影后在地上去摸："咦，那些子弹壳壳呢？怎么找不到了呢？刚刚明明打了那么多枪？"②

当时边民教育存在的一个很大的问题就是语言障碍：教师不懂当地语言，不容易传达所教内容的意义；学生不懂汉语，很难理解所教

---

① 2013年11月6日在西昌与姜碧纶先生的访谈。
② 2013年11月5日在西昌与马之一的访谈。

内容。① 一些教育主管官员及学者呼吁设置语文编译机关、编订边疆特种教材②，然因民国时期边疆教育兴办时间不长，加之时局动荡，国力艰难，呼吁仅止于口头和计划上，并没有符合边疆实际情形的教材问世，也没有有效的方法解决。而斯补校在此方面采取了灵活有效的语言教学：坚持以汉语、汉文化教学为主，采取多种方式提高学生学习汉语的兴趣；鼓励学习彝语，自编教材，选择头人、毕摩担任彝语教师，千方百计创造条件开展彝语、彝文化的教学。因后文第六章有专门论述斯补校语言教育的内容，此处从简。

岭光电创作的彝语歌曲内容有关于他当时正在辖区推行的种种改革措施，有号召民族团结的，有歌颂家乡、憧憬未来美好前景的。语言清新质朴，充满欢快、积极向上的精神。既反映了斯补校教学形式的多样性，也反映了他们语言教学的灵活性与趣味性。

### 田坝好地方（觉木撒涅地木）

第一段：幸福，涅地木；幸福，涅地木；好，涅地木好；福，涅地木福。夜不闭户涅地木；午间没有罪恶涅地木。幸福涅地木。

第二段：幸福，涅地木；幸福，涅地木；好，涅地木好；福，涅地木福。美女出在涅地木，勇士出在涅地木。幸福，涅地木，涅地木。

（歌词中"涅地木"指的就是田坝。这支歌舞后来经过专家修改，由蒋正才他们1950年带去怀仁堂、工人体育场表演，还去了天津、南京、重庆等地。）

---

① 赵心愚，秦和平，王川. 建设新西康十讲 [C] //赵心愚，秦和平，王川. 康区藏族社会珍稀资料辑要（下）. 成都：巴蜀书社，2006：736.
② 西尊. 边疆政治与教育问题 [J]. 地方行政季刊，1941，2（2）；欧元怀. 边疆教育之今后 [J]. 边政公论，1941，1（5-6）.

### 立春三月播种忙（捏普所嘞扎渣社者）

第一段：立春三月播种忙，劳动生产忙又忙。一天不劳动，十天没粮谷，勤劳生产，人人都夸奖。能者一人劳动众人吃，不能者一人劳动一家吃。哦，众人都要听我的这句话，扛起犁头，肚子要饱，扛起犁头，肚子要饱。

第二段：布谷鸟在山林中歌唱，耙田插秧出力的时候，唱起山歌驾起犁头，挥鞭一次犁它一圈，能者一天能耕一片，不能者一天能耕一块。哦，耕完地啰，插完秧啰，扛起犁头，牵起牛儿，劳动完了，心里高兴啰。

### （五）积极向上的校园文化

斯补校的校园文化丰富、积极向上。校训"礼义廉耻"，要求学生会背，并能通过老师的讲解理解意思；有紫色的校旗，上写"私立斯补边民小学校"，开大会或外出时才拿出来；《斯补边民校歌》充满了昂扬向上的精神："开化我边民，努力在斯补。明德育，尽智育，重教育，崇敬育，开化要积极。德育、智育、体育全面要发展；德育、智育、体育全面要发展。"每天八点三十分升国旗，全体师生参加，开始时有个号兵吹号，后来改为唱《三民主义歌》，背《总理遗嘱》，唱校歌。每天出操，上课之余，学生们可以到图书仪器室看图书、挂图；或者弹风琴、唱歌；到操场打篮球，玩单杠、双杠等。周六开展文体活动，活动内容为：背诵孙中山《总理遗嘱》，唱斯补学校校歌和总理纪念歌；有时打篮球；有时排练舞蹈、戏剧。舞蹈主要为师生们自编自演的《赶场舞》《插秧舞》《颂扬田坝彝族舞》《示范区青年深情舞》等。开展文体活动时，田坝街上的地方士绅也常来参加。学校组织的"倮峰球队"，时常外出参赛。[①] 1938年9月，省主席刘文辉在离田坝120里外的汉源县检查工作，斯补校组织学生队伍

---

① 除特别标注外，来自与马之一的访谈和"私立斯补边民小学回顾"的有关内容综合而成。

到汉源接受检阅，步伐整齐、情绪高昂、精神抖擞，歌声整齐雄壮，受到刘文辉、羊仁安、邓秀廷等头面人物的称赞和表彰，同时引起外界的关注和重视。[1]

### （六）稳定的经费保障

民国时期因物价上涨、工资拖欠等原因，凉山多地学校难以维持正常运转，教师生活困窘，西昌、会理曾发生数起教师罢教事件（见第一章第二节论述）。而斯补校在校长岭光电的多方筹措下，经费稳定，教师安心。从1937年创办到中华人民共和国成立初期的1952年由人民政府接收为止，一直保持正常的教学秩序。物价稳定时斯补校教师的工资像其他学校一样，直接给付钱币。如1938年，斯补校教师月薪20元，表面上比省立盐源小学、省立冕宁小学和省立盐边小学的教师月薪少15元，但斯补校教师的伙食由学校负担，实际上相当。到物价飞涨，外地学校仍用贬值纸币支付教师工资，又常拖欠，教师以罢课来争取实物支付而多不得时，斯补校改用实物支付。如1942年该校教师工资每月五斗玉米、伙食每月二斗米。[2] 学者西尊1941年曾撰文披露："八年来虽有学校设立，每年每学生收学费二元，小学教师月薪仅五元至十元，教育局长月薪十余元，其收入不能维持生计，如何能罗致教育人才，发展教育事业也。"[3]

实际上，作为一个曾遭受大难、家底空虚的小土司，岭光电的财产并不丰厚，为保障学校经费的稳定，保证教师待遇，岭光电可谓费尽九牛二虎之力。无论是碰到办学之初的困窘还是办学当中的经费难关，岭光电都想方设法筹措办学经费，放弃个人享受，克己奉俭，没

---

[1] 阿札木呷. 岭光电兴办教育和强征我读书的情况 [J]. 凉山民族研究，1994年刊.
[2] 综合《改进西康宁属边教意见》、《傈情述论》第99—102页和《私立斯补边民小学校》改编而成. 参见温春来，尔布什哈. 岭光电文集（下）[M]. 香港：香港科技大学华南研究中心，2010：346.
[3] 西尊. 边疆政治与教育问题——边疆开发与国防问题研究之一. 地方行政季刊，1941（2）.

有动摇办学的决心。

1942年,下土司岭邦正的妻子安氏,为了上土司的一个百姓拐走了他家一个丫头的事情,兴师动众劫掠阿扎家,两边发生械斗,械斗中消耗了财物,影响到学校办学行课。这时有人趁机提出"土司花钱办小学作好事,还是不受人理解,莫如不办,把办学的钱用来买枪弹自卫,向官员行贿,得到帮助",得到一些人的赞同。岭光电立刻用人少力弱、事事不如人,只有通过读书获得知识能力来求生存说服众人继续办学。至于现在学校经费遇到困难,岭光电提出原"改土归流"时,百姓被迫每年缴给田坝小学48石玉米,他回来后在其交涉下,停止此项缴付,由岭一次性花1000元赎回,原约定由百姓归还此款与岭,岭当时没有收;依照旧规每户百姓应按年出三升玉米给土司的师爷(秘书),岭没用师爷,豁免此负担。因此岭光电提出将此前两项钱粮合并,百姓依上、中、下三等,每年分别出四、五、六升粮给学校,充实学校经费。①

　　教师伙食好得很,专门请了张开窗当炊事员。老师工资岭光电一手包了。岭光电自己家并不富裕,一年收租谷大概300多担,1950年记了数的,收了100多担,不超过120担。他家头人蒋大成说:"岭土司家不多嘛,我家都有七八十担。"底子很空。②

维持学校基本经费已经不易,岭光电还要负担清寒生的伙食衣服,外出求学学生的路费及部分费用,有时还要负担学生文具、书籍制服。毕业于斯补学校后又回该校当老师的蒋汉安亲眼见到岭光电负担太重,各处学生时时向其索取补助的窘迫情形,"他手中有时,立刻付给,没有时,他也节衣缩食的来付给。"③ "1948年我去汉源读

---

① 见《岭光电手稿·蒋大成为人》,1988年.第四页作附录。
② 2013年11月6日在西昌与姜碧纶的访谈。
③ 蒋汉安. 岭光电热心教育[N]. 新康报,1946-11-13.

书,我家困难,他把我喊到他家三楼,给了我一千块钱,大概可以买到 10 斤粮食。"姜碧纶如是回忆他去汉源上学的情形。

(七) 有效的招生办法

历史上彝族人视读书为畏途,不愿送子女上学,在凉山地区是普遍的现象。如前文第一章分析抗战时期凉山地区教育的特点所说:招生困难是当时边远地区教育所遇到的最大难题,人们极不愿意送子弟入学,斯补区也不例外。"至于苗夷诸族人民,生计更形困苦,终日碌碌,尚不能充腹,故一般人民渴求解决生活问题,置身牛马奴隶亦所不顾,其对于子弟教育更无余力兼顾。"[①] 对于彝族人不愿读书的原因,岭光电有着深刻的认识:"夷人子弟读书,家长多半是不愿意的,因为他们家里多贫,子弟在家里有很多地方可以帮助,如看家、看小孩、放牛羊和猪、拾柴、拾粪、送饭、烧火、割草,实在是一个生产份子。进学校便只吃饭不做事,家中直接受到损失,所以不愿子弟入学。同时他们认为祖先没有读过书,仍然可以生存,而且如果读书读不好,也没有什么用。"[②] 如有的人甚至为了不去上学,宁愿出钱代替。原斯补校学生马之一曾对笔者说起这样一件事:本来不愿上学,家里离学校远,家里两次出银子,要求不要去读书,第一次出 9 个,第二次出 14 个,岭光电都不答应,最后只有坚持来上学。

当时凉山多数边民小学因为学生难招而门庭冷落(参见第一章表 1-4、表 1-5),而斯补校的学生常年稳定在七八十名左右,第一学期就有 60 名学生。[③] 1938 年招到学生 108 名[④],到 1950 年前后局势不稳、外地老师离开斯补校前后,学校学生仍未受影响,照常行课。其招生工作在彝族地区的边民学校中可谓最为成功。对于招生,岭光电

---

① 西尊. 边疆政治与教育问题——边疆开发与国防问题研究之一. 地方行政季刊,1941(2).
② 岭光电. 我在夷区实施建设的经验 [J]. 边疆通讯,1947 (8-9).
③ 岭光电. 我在夷区实施建设的经验 [J]. 边疆通讯,1947 (8-9).
④ 岭光电. 改进西康宁属边教意见 [M] //倮情述论. 成都:成都开明书店,1943:101.

采取了以下措施。

1. 取得头人的支持

在斯补区，虽然土司总理地方事务大权，但每逢大事，都由七支百姓的头人共同商议办理。对于创办学校这样的新奇大事，更需要有人带头支持才行。办学之前，岭光电先召集头人开会，阐明办学的好处和决心。而头人们亲眼看见斯补区经历了十来年的混乱状态，岭光电一来就使地方得到了安定，认为跟岭光电读书有很大的关系，再加上岭光电的现身说法，都很支持岭光电办学。"所以立即召集各头目，商议如何筹设一所小学，他们都非常赞同，表示愿意出人力。"① 头人们带头送自己小孩来校读书，动员亲戚娃娃来读书；有的兼彝语老师，有的管理学校，从各方面支持岭光电办学。在百姓中起了很好的带头示范作用。

> 我（李敢）那时喜欢到外头耍，并不愿读书，但没有办法，我父亲在后头追着督促，不去就要挨打。我父亲是管家（卡法木基），是要带头执行土司命令的嘛，土司那么用心费力地办学，当然要支持土司，送我去上学了。②

1942年上土司与下土司两边发生械斗后，因耗费大量财力，上土司区办学受到影响，岭光电提出原来免去老百姓的两项缴费，仍由老百姓分摊以充实学校经费。"（我，此指岭光电）要求百姓依贫富分别出四、五、六升粮补助学校，其他教师、清贫生伙食、升学补助等，由我负担。他（头人蒋大成）带头承认，说出一斗也值得"③。由此也可见头人们带头支持所起的作用。

2. 给便利与强制相结合的招生办法

首先，采取鼓励措施。给予上学学生家庭一定优惠：学生书杂费

---

① 岭光电. 我在夷区实施建设的经验 [J]. 边疆通讯，1947，4 (8-9)：11.
② 笔者与李敢先生2016年1月9日在甘洛的访谈。
③ 《岭光电手稿·蒋大成为人》，1988年5月。

全免，对清寒生供给伙食，有时也提供文具、衣服；有上学子女的家庭，土司田地优先分与其耕种，对学生家长酌免劳役等优待。[①] 其次，采取强制的办法。召集百姓开会并规定：有二子者必须送一个，四子者送两个。头人们也动员亲友送子弟入学。因为岭光电是土司，按照规矩，土司的话必须照办。所以在岭光电的辖区，这个强制的办法能够得到执行，使斯补校常年维持稳定生源。

> 那时我才是一个十一岁的幼小儿童，从我的家到学校是十五里路，每天去来必走三十多里路，这样算是近的了。另外尚有许多同学离学校两三天路，或一天路，所以一共约二十多个同学都住堂，伙食全由学校供给，学生文具亦均由岭先生供给。[②]

岭光电不仅想方设法稳定斯补校的生源，对毕业后升入上一级学校的斯补学生，他同样严格要求，密切关注，要求他们按计划完成学业，不准中途辍学。岭光电为学生升学、谋前程煞费苦心，出钱出力，积极为他们联系"有饭吃"的学校，他的学生却并不完全体会他的苦心，也不珍惜来之不易的升学机会。有的不愿升学，有的中途逃回，如1939年到1941年，30多个升学的学生，都逃回来了。针对此种现象，通过土司夫人曲哈莫的提议和与头人们的商量，岭光电又用"贷粮生利作基本补助"来约束学生。具体办法为：升学学生的家庭以私产找亲戚作抵押和担保，从土司家贷二至三石粮用来生利作补助；完成学业者仅还本，或以后再转与其他学生；未完成者没收抵押品，惩办家长及保人。另一种方法是按年或期，发粮补助。清寒生家庭，享有优先耕种岭家田地的权利。采取以上措施后，学生不敢再中途辍学。总计从斯补校毕业后升学的学生，到初中、高中、专科学校

---

① 岭光电. 私立斯补边民小学 [M] //温春来，尔布什哈. 岭光电文集（下）. 香港：香港科技大学华南研究中心，2010：347.
② 骆元璋记述，见岭光电. 我在夷区实施建设的经验 [J]. 边疆通讯，1947，4（8-9）：11.

的约70名，初高小的100多名①。

但送去升学的学生，中途逃学者仍多，岭光电对他们采取体罚、罚劳役，甚至拘押家长，都没什么效用，令他伤透脑筋、万念俱灰。"（岭光电）想得着急时，拿起一支步枪，想打几发泄愤。最后我内人走上楼来跌了一跤，使心情稍微缓和下来。……她最后说：'你年年花在他们身上的钱很多，也不胜其麻烦，莫如一次性借给学生，生利补助，不读时再没收。'我说：'很对。'立刻下楼，带上一支手枪到十里外去和蒋大成商量，他完全赞同。决定开会时就以这件事作为主题，……开会的时候个个都赞成我的办法，认为借粮食最好。"②

3. 宣传读书的好处

尽管读书在当时的凉山地区没什么看得见的好处，但从岭光电身上，人们仍感受到一种渺茫的前景：读了书才能当官，当官就不会受欺负，"读书才能当官。那个时候宣传得很厉害。"马之清认为后来大家读书的积极性提高跟这种宣传很有关系。像甲兹村的蒋正才，就怀揣着这种梦想。"那时候我在外面读了几个学校，一心想着：我要读书，读书当了官才回去（田坝），不当官不回去。"读书认字后带来的一些小便利也转变了一些人对读书的看法：能看书信、契约，有的还能写，不再受别人的蒙骗。如马之一有一次模仿着帮村里人写了张当约纸，家里人都很高兴，认为有汉人师爷的能力了。

### （八）注重教育过程的连续性

如前文所述，民国时期凉山学校教育系统初步建成，学校数量不多，尤其是中等或中等以上的学校，更为欠缺。到1946年，有15所

---

① 岭光电. 当土司的时候 [M]//温春来，尔布什哈. 岭光电文集（下）. 香港：香港科技大学华南研究中心，2010：288.

② 岭光电. 我在夷区实施建设的经验 [J]. 边疆通讯，1947（8-9）.

中学，4 所高中；先后办过 9 所职业技术学校，6 所师范学校其中包括西康省立第二边疆师范学校和一所专科学校（见第一章第二节）。且多分布在较为繁华的县城。斯补校性质主要为初小，而岭光电的目标是穷尽一生精力，培养出十名大学生，一二百名高中生再设法介绍到国民政府、机构或黑彝土司处工作。初小毕业后如何让学生继续升学对岭光电是个巨大的考验：其他学校非他所管，他既不能像在斯补校一样从经济上负担学生，也不能以行政命令要求这些学校无条件地接收他们，还不能像在斯补区那样强制学生上学。然而，岭光电仍以他勇往直前的态度一一面对这些难题。

岭光电运用个人能力和声望，积极为学生联系上一级"有饭吃"的学校，以减轻学生经济负担，他再设法补助路费及其他用费。与国立越嶲实验中心学校和国立西康初级实用职业学校（以下简称国职校）建立长期联系，约定斯补校学生初小毕业后到该校读高小，书杂费全免；高小毕业后可免费就读于国职校。前后在国职校读过书的斯补校学生有近 40 人。① 岭光电也多方拓展渠道，积极送学生到其他地方升学。1939 年送 4 名学生入成都实验小学；曾送 4 名学生入西昌小学；1941 年送 10 名学生进荥经国立职业学校；1942 年送 9 名学生去重庆国立边疆学校；1946 年送几名学生到会理金江职业学校；1945 年后送个别学生到南京或福州读高中或专科学校，曾送学生到西昌边疆师范或雅安高中。②

> 国职校的目的就是为民族地区培养技术人才，校歌中有段歌词可以佐证："遵守校训，求真务实，手脑并用，建设边疆需努力。"斯补校与国职校的关系很稳定。我们可以在越嶲实小读高小的时候，毕业后就直接读国职校，这样就形成了初小、高小、

---

① 姜碧纶、蒋汉永、马之一 2013 年 11 月在"岭光电先生民族教育思想学术研讨会"的发言。

② 岭光电. 当土司的时候［M］//温春来，尔布什哈. 岭光电文集（下）. 香港：香港科技大学华南研究中心，2010：288.

中学一条龙。后来越嶲实小改成省立小学，与国职校脱离关系，不再为国职校提供生源，国职校就将斯补小学的初小毕业生收来办预备班，经过预备班的高小课程教育后再进入学校的四年制农牧班，对学生的服装、伙食、杂费是全包了的。国职校为了让学生毕业后能找到职业，除了上普通中学的初、高中课程外，还加了师范学校的教材与教法等课程，还有农业方面的作物育种学，农产制造学，畜牧方面的家畜饲养学、家畜鉴别学、畜牧兽医学，外加两门必修课，彝语文和边地知识，每学期都有二十一门课程之多。岭光电先生很重视这个学校，常去学校看望学生，给学习好的尖子生发奖品，学校中的彝语文老师是他派他的头人罗清华去担任的。①

姜碧纶，生于1933年，1939年入读斯补小学，1948年2月到富林国职校读书，中华人民共和国成立后成长为党的干部，曾任凉山州委纪委副书记。

他回忆到国职校读书的情形时说："斯补校毕业后，全由岭光电保送、介绍，到外地读书。我们那一批去汉源的有十七八个人，有骆正清、骆元清、骆元林、骆元富、马之一、马学忠、马努金、马勇、骆德友、骆汉文、蒋汉忠、张玉树、蒋道全、李明闲、我，是张玉树的爸爸送我们去的。学校发衣服，发了两套衣服，供吃、住、穿，煤油灯也学校出。路费自己掏。我家困难，岭光电把我喊到他家三楼，给了我一千块钱，大概可买十来斤粮食。那时一兜粮食二十多斤，值三千多块钱。要我好好读书。"②

羊德帮，羊仁安的侄孙，1941年出生，因其父羊儒楠为羊仁安的左右臂膀，经常随侍羊仁安左右，所以羊德帮幼时经常在羊公馆玩耍，与羊仁安、岭光电关系密切。中华人民共和国成立后

---

① 姜碧纶、蒋汉永、马之一2013年11月在"岭光电先生民族教育思想学术研讨会"上的发言。
② 2013年11月6日笔者在西昌与姜碧纶先生的访谈。

与岭光电失去联系,"文化大革命"结束后岭光电的妻子曲哈莫几经辗转才找到他,两家恢复联系,经常走动。羊德帮在汉源汽车运输站副站长一职上退休,现居住在汉源县城。2016年1月11日笔者与羊老先生在他住所进行了访谈。

"羊仁安在富林(今汉源)办了个国立职业学校,当时简称'国职校',岭光电任名誉校长,开学典礼时他要讲话。我那时六七岁的样子,喊岭光电'三爸'。因为我大伯(羊仁安)有两个儿子,加上岭光电,是第三个。记得很多斯补校的学生到富林来读书,他们周末来羊家的新公馆吃饭。新公馆是接三太太王俊英时才修的。吃了饭后给他们几个铜板当零花钱。有时他们还带其他地方的同学来吃。"

曾就读于斯补小学的孙自强对在国立西康农业职业学校的学习经历仍然印象深刻:因为岭光电先生与羊仁安的关系,斯补校的学生才能到国职校读书。星期天还发2元钱给我们当零花钱,这样出去玩还可以买点东西。[①]

国立西康初级实用职业学校前身为"国立战区学生营",从武汉迁入西康,更名为国立西康学生营,1940年从雅安金凤寺迁至荥经双江镇,开始在雅属各县招生。1946年改为国立西康初级实用职业学校,1947年迁至富林(今汉源县)子答地。由富林镇公所将该处三圣祠(又名川主庙)全部庙宇及庙地六亩二分划归学校,另有羊仁安捐赠七亩二分地。1948年有农牧科三个班和一个预备班,学生115名。多来自宁、雅两属,其中公费待遇85名,包吃住、衣服和书籍,自费生30名,彝族学生24名。学校为四年制,专业课程有农业概论、植物概论、教育概论、农产品制造、园艺学、作物学、土壤学、畜牧学、家禽饲养和医学。该

---

① 贾银忠. 他从族群中走来[M]. 北京:中国文史出版社,2015:33.

校在富林办学期间，曾从英、日、印度、爪哇、台湾等地引进番茄、甘蔗、花芽菜等良种以及荷兰牛、长毛兔等畜种，对当地农、牧业的改良与发展起到一定影响。另外，除这些普通课程外，学校还加授边地语文（彝语）和边地知识。①

在笔者访谈过的对象中，岳既英、蒋正才、马之一也提到了这所学校，其中蒋正才老先生对该校校名的更改都记得非常清楚："开始叫'国立西康学生营'，后来改成'国立西康初级实用职业学校'，我是在农物三班。我记得我们的校训是'求真务实'。"80多岁的岳既英老先生清楚地记得他学的是"畜牧兽医"专业，"小学毕业后岭光电把我们保送到外头有吃有穿的学校，我就去了荥经国职校"。

因为1997年出版的凉山彝族自治州《教育志》和2002年出版的《凉山彝族自治州志》在介绍民国时期凉山的职业技术学校时，都没有提到该校，笔者一度以为老先生们的记忆有偏差；后来从1994年出版的《汉源县志》中查到对该校的详细介绍（见上文），发现老先生们对该校的回忆非常准确，他们的讲述可以互相印证而不矛盾。姜碧纶口中的"富林国职校"、羊德帮所说的"羊仁安在富林办的国职校"、孙自强就读的"国立西康农业职业学校"、岳既英讲的"荥经国职校"，和蒋正才的清晰记忆，指的都是后来迁到富林的国立西康初级实用职业学校，且当他们各自那样表述时都有他们的事实依据。与他们访谈时都是各人独立进行的，访谈的时间完全不同，但他们不约而同陈述的事实是：上土司区的学生从斯补校毕业后，岭光电竭尽全力运用他个人的关系和资金，不遗余力扶持这些学生再向上一级学校深造。

---

① 汉源县志编纂委员会. 汉源县志 [Z]. 成都：四川科学技术出版社，1994：671.

## 第三节 岭光电的学生们

### 一、新社会的人才

到中华人民共和国成立时,斯补校培养的学生恰好遇上得以发挥作用的历史际遇,他们在新社会的解放、民主改革和建设中都发挥了重要作用。

首先,斯补校的学生在凉山的解放过程中发挥了积极作用。1. 部分学生在凉山解放前或者是直接加入解放军、或者是参加一些进步活动,为解放凉山发挥了积极作用。如刘世昌、蒋正才、罗富三、罗德华等人。2. 大部分学生在宣传党的政策、征粮税收、做群众工作方面发挥了重要作用。凉山因为其特殊地理人文环境,历史上长期处于化外之地,没有一个政权能在凉山站住脚,包括国民党时期的刘文辉、贺国光、龙云等人[1],与外界隔膜很深。广大劳动人民特别是奴隶群众虽然过着缺衣少食、受苦受难、没有人身自由的悲惨生活,但因长期受黑彝奴隶主的欺骗蒙蔽;加之与外界隔绝,对摆脱奴隶主的统治、翻身解放的道理几乎没什么认识,更不了解共产党解放奴隶、为民做主的政策作风,反而在奴隶主的煽动下,联合起来与解放军为敌,给解放凉山带来很大困难。在这种情况下,解放军非常需要既懂汉语、又懂彝语的本地人宣传党的方针政策,沟通双边关系。1950 年 4 月 21 日,西昌地委要求各地坚决贯彻执行区党委的 7 条指示,其中提出要"广泛宣传政策,揭露谣言等","要抓紧征粮、税收工作,要派得力干部专门负责""彝

---

[1] 鲁瑞林. 解放凉山纪略[J]. 贵州文史天地,1996(3).

民工作是宁属地区长期的艰苦的重大任务,需有专人负责进行"[1],这些迫切的工作都需要既具备一定文化知识,又熟悉本地情况的人来做。当时能胜任这种工作的人少之又少,而岭光电培养的一百多名学生恰好具备这些条件。他的学生或是当干部、或是当翻译、或是当老师,跟随工作队深入凉山地区,宣传党的方针政策,耐心解释解放军的三大纪律、八项注意纪律,积极开展工作。由于他们是本地人,广大群众天然地对他们有好感,也容易取得信任,所以他们的宣传和工作对增进双方了解、消除疑虑隔阂、争取革命力量起到了很好的效果,在凉山的解放过程中发挥了非常积极的作用。

此外,斯补校的学生在凉山的民主改革和建设事业中更是发挥了重要作用。1950年3月,解放军虽然顺利解放西昌,但凉山广大基层地区仍处于黑彝管辖之下,人民政府的权力指臂无法延伸到基层。如何解决凉山民族矛盾,开展民族工作,成了人民解放军和工作团的首要工作。在此过程中,斯补校毕业的学生广泛地参与了各项工作。他们在与凉山地区国民党反动派残余匪徒的斗争中、在开辟新区工作、宣传中国共产党的政策和各项方针政策、争取团结上层开明人士、发动基层劳苦大众、建立各级人民政权的艰苦斗争中、在进行史无前例的民主改革运动的斗争中,表现出积极、热情、勇敢、顽强的斗争精神和实干能力。这批人经过培养和锻炼,其中大多数成了凉山彝族自治州社会主义革命和建设各条战线上的骨干力量。

> 1950年我(马之一)从国职校(国立西康初级实用职业学校)回家后,西昌军管会了解哪些人读过书,有文化,开起名单,就派了两个人到甘洛,一个是蒋道伦(斯补校的),一个是罗木子(喜德的)。找到曲哈莫,要她必须把这些人派到西昌去,并提供路费。曲哈莫说没有钱,一个人发了五升米,一升米大概三斤,各

---

[1] 中共凉山州委党史研究室编印. 西昌地区大事记(1950.3.27—1978.12),凉山州党史资料(第3期),1989:6.

人背起走。我背到家里头就倒在家里,背了家里的铜板走,到泸沽时又换成9个钢洋,一路上没花啥子钱,裹起走。在路上说我们是到西昌去,人家一般都会接待。1950年4月27号到西昌,28号休息,29号就报到,到民族干部训练班培训,训了一个多月。讲民族政策、三大纪律、八项注意等。当时一起来的斯补毕业生有十八九个:马之一、马友德、马金辉、罗国全、罗汉文、骆元清、骆元林、骆正清、骆兴汉、蒋汉忠、蒋曾、蒋汉昌、蒋汉英、蒋汉章、李明闲、姜忠书、陈万全。后来斯补校毕业生差不多都招去培训了。我是1950年6月30日以前参加工作的。①

我(李文明)是斯补校第三批入学的,小学临近毕业时,碰上解放。开始的时候,给工作队当翻译,也做其他事情,比如给镇长当翻译、写文书,镇长只认识几个彝文字,不认识汉文。后来我又到会理读书,在玉田胜利小学教书。②

蒋正才,1927年9月16日出生于四川省越嶲县田坝区斯补所甲兹村(今甘洛县胜利乡雄普村),1937年就读于斯补边民小学校,1948年从西昌卫生院毕业后被安排在宁南县工作,1950年3月参加中国人民解放军,1955年担任四川省西昌专区民族干部学校(今凉山州彝族自治州民族干部学校)班主任,1991年退休。蒋正才参军后,因为既懂彝语,又通汉话,文化水平较高,工作成绩突出。1950年第一个国庆节,蒋正才很幸运地被选为观礼团的代表,同时参加有演出任务的文工团;特别是在10月3日,代表彝族人民将黑色披毡披在了毛主席身上。1956年和1957年,他先后进京分别为第一届全国人民代表大会第四次和第五次会议担任彝语翻译。下面两张图片是2013年11月7日在西昌蒋老先生家中访谈时拍摄。③

---

① 材料来自2013年11月7日在西昌与第一期"民族干部训练班"学员、岭光电的学生马之一的访谈。
② 2013年3月8日在甘洛田坝新华村与李文明的访谈。
③ 资料来源于2013年11月7日与蒋正才先生在其西昌家中的访谈。

图 3-2　蒋正才在部队里的胸章　　图 3-3　蒋正才参加北京国庆演出的代表证

## 二、人才的摇篮

入读斯补校的学生先后达 300 余名，造就出具有一定文化知识水平者约 200 余名①，其中包括省级干部 1 人，地专干部 7 人，专家教授 6 人，县级干部 21 人和其他专业技术人才。② 他们在凉山的解放、民主改革和建设中做出了重要贡献，私立斯补边民小学校可谓是人才的摇篮。

斯补校毕业的学生大部分到西昌民干班来培训，一些到雅安，一些到越西学习卫生护理、财贸。我们斯补区百姓原来读了书的基本上都参加了工作，像我家里，我在民干校工作，蒋正华在四川省水利厅工作，妹妹蒋正全原来在区上当乡村医生，后到西昌市计生委；张家张伟才在昭觉当副县长，张世才在西昌市教育局工作，张文英在喜德县工作；骆家骆元礼在昭觉县卫生科当科长，骆实利在普雄区医院，骆马友在甘洛做一般行政工作；马家马金辉在西昌专区，马金丰在甘洛当医生。还有像骆元礼家里三个人参加工作，罗汉文家里三个人参加了工作，好多。所以岭光电（培养的）各方面的人才都有，其他地方没有像斯补地出这么多人才，下土司地方就没有出什么人才。你说影响好大嘛，岭

---

① 原私立斯补边民小学校全体校友. 选自《庆祝私立斯补边民小学校建校六十周年》，2001 年印，第 14 页。

② 来源于 2013 年 11 月 1 日在西昌与马之清、马之一、蒋正才的访谈。

光电在凉山的名气一下子就大起来了,各个地方都有他的学生。①

2013年11月3日在"岭光电民族教育思想研讨会"上,一位来自喜德的发言人说:"我是在喜德县长大的,但从小就听爷爷奶奶说'兹莫慕理'的事情,甚至有些类似神话的传说。他们听到某个有名的人,就会问:'是不是兹莫慕理那个斯补学校里的人?'可见岭光电先生在民间的影响,可见斯补学校的名气之大。"

担任领导岗位的部分斯补学生有:孙自强,四川省人大常委会副主任;罗德华,四川省司法厅装备处处长;马金辉,四川省民委会办公室主任;刘世昌,西昌农业专科学校副校长;蒋汉忠,凉山州委党校副校长;罗富山,布拖县县委党校副校长;张世才,凉山州教委教研室主任;骆元勋,州委党校教育长;骆元章,《凉山文学》副总编;张伟才,凉山州畜牧局副局长;张玉树,凉山州二医院院长;骆元林,凉山州二医院外科副主任;蒋汉永,凉山州卫生局副局长;骆正清,美姑县县长;骆元守,越西县县委书记;刘世荣,西德县人大主任;刘世才,米易县人民法院院长;罗国全,凉山州中级人民法院副院长;马之一,凉山州飞播局副局长;蒋汉章,甘洛县文教局局长;罗汉文,凉山州文联主席;蒋道伦,凉山州文化局副局长;陈万全,凉山州博物馆副教授馆员。②

阿扎木呷经历了被岭光电强征读书、逃学、再读书然后参加革命的过程,他说岭光电的学生大多有类似的经历,他在感谢党的培养教育的同时,"也感谢我的老师岭光电"。他认为如果没有岭光电"强迫"他们读书,他们就不可能有参加革命的机会,不

---

① 来源于2013年11月7日在西昌与蒋正才的访谈。
② 政协凉山州委员会文史资料委员会编. 凉山文史资料选辑(第十三辑)教科文卫专辑[C]. 1995:136-137.

可能有后来这么好的前途。①

"岭光电简直就是专门为共产党培养人才的。"2013年笔者到原来斯补校所在地、今胜利乡乃托村调查时有村民这样说。解放凉山的解放军184师师长林英说:"岭光电最大的功劳是给我们培养了100多个翻译。我们今天派一个工作队出去,没得翻译有啥子用呢。岭光电培养的斯补小学学生,都能够做翻译。"② 中共地下党员,岭光电的学生刘世昌说:"岭光电先生这样做使凉山的顺利解放减轻了很大的工作量。"③ 一个地方、一个学校集中走出这么多人才,这在当时是独一无二的现象。这些从斯补校走出去的学生,他们都有一个共同的称谓:岭光电的学生。

---

① 阿扎木呷. 岭光电兴办教育和强征我读书的情况 [J]. 凉山民族研究,1994年年刊.
② 李仕安口述,宾军整理. 李仕安先生采访录 [J]. 凉山文博,2012年年刊.
③ 2013年8月吉克曲日采访刘世昌先生的记录。

# 第四章 开展社会教育

## 第一节 社会教育与乡村建设

### 一、乡村建设中的教育

20世纪20年代前后,在科学和民主的旗帜下,救国图强、改造和建设社会成为知识分子的时代使命,随着一大批到国外求学的知识分子的归来,国外先进的教育思想、人类学和社会学的理论、研究方法被引入国内。在实业救国和教育救国观念的影响下,全国掀起了一场轰轰烈烈的乡村调查研究与建设运动,社区教育研究和乡村教育实践是其中的两项重要内容。以梁漱溟、晏阳初、陶行知、雷沛鸿等为代表的一批教育思想家,纷纷投身于教育救国的实践活动中。

中华平民教育促进会的总干事晏阳初于1929年开始,带领该组织一些成员,在河北定县开展了长达数十年的"平民教育"实验。根据其实践经验和对社会现实的观察,晏阳初发现中国民众的"四大病症":"愚、穷、弱、私",而且愈愚愈穷,愈弱愈私。[①] 针对中国社

---

① 晏阳初. 在平教专科学校开学典礼上的讲话 [M] //见宋恩荣主编, 晏阳初全集(第1卷), 长沙:湖南教育出版社, 1992: 175.

会的这四种大病，晏阳初提出通过"四大教育"来治愈：以文艺教育攻愚，培养知识力；以生计教育攻穷，培养生产力；以卫生教育攻弱，培植强健力；以公民教育攻私，培植团结力。①"整个平民教育实施的内容是一个完整的工作系统"②，以社会式、学校式、家庭式三种模式进行推行。梁漱溟在山东邹平开展"乡村建设"；陶行知在南京创办晓庄师范学校，提倡乡村教育；雷沛鸿在南宁创办广西普及国民基础教育研究院，在全省开展声势浩大的乡村建设与民族复兴相结合的普及国民基础教育运动。

这些教育家们在各自的教育实践中，不约而同地形成一种共识：要解决中国的社会问题，离不开乡村；要解决乡村问题，离不开教育，尤其是社会教育。梁漱溟认为乡村建设是民族前途的唯一出路："其实是要农村兴盛，全个社会才能兴盛，农村得到安定，全个社会才能真安定。设或农村没有新生命，中国也就不能有新生命……我的所谓乡治，就是替农村求新生命的方法。"③他敏锐地认识到：民众教育是中国教育界的一个新潮流，已有的学校教育同时亦呼喊着要接近社会以改进社会，而民众教育通常被归属于社会教育范围，"不但社会教育将汇归于乡村建设，乡村建设之所归趋，亦终不能外乎社会教育"。④ 在当时中国"着意改造文化、创造文化的除旧布新的转变期，应全力办社会教育；因中国是乡村社会，要创造文化，必进行乡村建设，即社会教育，乡村建设与社会教育，是一而二、二而一者"。⑤晏阳初认为中国的经济基础、政治基础、人的基础都在农村，要实现"民族再造"的重大使命，就要从农村运动开始。农村建设最有效的

---

① 李景汉编著. 定县社会概况调查［M］. 上海：上海人民出版社，2015：13.
② 杨雅彬. 中国社会学史［M］. 济南：山东人民出版社，1987：180.
③ 宋恩荣. 梁漱溟教育文集［M］. 南京：江苏教育出版社，1987：17.
④ 梁漱溟. 乡村建设与社会教育［M］//梁漱溟. 梁漱溟文集：第五卷. 济南：山东人民出版社，2005：529.
⑤ 梁漱溟. 社会教育与乡村建设之合流［M］//梁漱溟. 梁漱溟文集：第五卷. 济南：山东人民出版社，2005：436.

方法就是"教育",以改造民族生活为目标的教育。① 傅葆琛在《民众教育的真义与其他教育的关系》中分析指出:"民国建设的基础在健全的民众,而健全的民众,非教育不能养成,所以要唤起民众,必须由民众教育入手。"② 他们把社会教育与乡村的政治、经济和文化建设结合起来,以各种教育实践活动推动着乡村的发展,社会教育在乡村建设中起着举足轻重的作用。

社会教育实践包括多方面的内容。梁漱溟认为"我们的乡村建设原本不是从教育工作转变来的,其来历为乡村自治运动、乡村自卫运动、农民运动等之扩充变化"。③ 晏阳初在《中国农村教育与农村建设问题》中指出:"欲达到救亡图存之目的,最急需最迫切者有三:第一,培养知识力,最低限度须培养其知民族意识与国家观念,能够自觉自强。吾人站在教育者的地位,一切一切都在启发他们。第二,培养科学的生产力,更换那些老农、老圃的旧习惯旧技术,使其了然于人力可以胜天,一切均可创造,即养成其自给自养之能力。第三,培养组织能力,养成纪律生活,方能自卫自保"。④ 傅葆琛指出:社会教育的内容与工作,就是各种乡村建设的综合,包括村治、合作、保卫、农林、社交、礼节、卫生、体育、音乐、美术等等。⑤

在抗日民主根据地实施的教育中,就群众教育而言,成人教育重于儿童教育,在各种教育中战争与生产所直接需要的知识与技能的教育重于其他一般文化教育。⑥ 抗战时期根据地的国民教育的两个部分

---

① 晏阳初. 农村建设要义 [M] //宋恩荣. 晏阳初全集:第 2 卷. 长沙:湖南教育出版社,1992:32-37.
② 冯克诚. 民国学校教育思想与教育论著选读 [M]. 北京:人民武警出版社,2010:238.
③ 梁漱溟. 乡村建设与社会教育 [M] //梁漱溟. 梁漱溟文集:第五卷. 济南:山东人民出版社,2005:529.
④ 冯克诚. 民国学校教育思想与教育论著选读 [M]. 北京:人民武警出版社,2010:71.
⑤ 冯克诚. 民国学校教育思想与教育论著选读 [M]. 北京:人民武警出版社,2010:281.
⑥ 高奇. 中国现代教育史 [M]. 北京:北京师范大学出版社,1985:195.

之一的群众教育，面向普通老百姓，形式灵活，学制较短。

## 二、边民社会教育

国民政府明确指出边民教育的宗旨在于：力求边疆教育之推进与普及；力谋边地特殊环境之适应；力求国家意识之增强，与民族文化之交融统一耳；为达到此目的，各边地应普设国民学校及中心学校，分小学及民众两部，应有国民教育、生产教育、及国防教育之训练。① 西康省主席刘文辉从实际管理经验出发，也非常重视社会教育："我们战时教育的政策，何以'成人教育重于儿童教育'呢？就是因为儿童来不及了。又为什么'社会教育重于学校教育'呢？也就是因为学校范围的人，究竟不如社会那样多。"②

边疆社会教育为边教之先锋。依照《边地青年教育及人事行政实施纲领》的规定，社会教育应注重巡回教育，以医药、电影、幻灯、挂图、音乐等施教及宣传的工具，有寺庙的地方利用寺庙推进教育。社会教育的内容包括公民教育、识字教育、卫生教育、生活教育、电化教育、戏剧教育、图书阅览、社会服务及民众组训等工作；以巡回战区及边远省乡村流动社教为原则，以戏剧教育为主，配合歌咏、绘画、杂技等等。在实施过程中，电化教育成为社会教育的主干，因此影片和幻灯片的摄制和供应受到重视，以边疆为素材拍摄的影片有《今日之宁夏》《塞外风光》《西南夷》《从成都到西宁》等，幻灯片有《西康》《新疆》等。③

西康省在社会教育方面，原有电教巡回队四队在边区巡回，1943年，拟设边地巡回施教队一队或数队，以图画、歌咏、讲演、戏剧、

---

① 教育部教育年鉴编纂委员会. 第二次中国教育年鉴 [Z]. 上海：商务印书馆，1948：1212.

② 刘文辉. 建设新西康十讲 [C] // 赵心愚，秦和平主编. 康区藏族社会珍稀资料辑要（下）成都：巴蜀书社，2006：810.

③ 曹树勋. 边疆教育新论 [M]. 南京：正中书局印行，1945：37-38.

医药为主，并拟指定康区半数省立小学增设民教部，定期或不定期举行巡回施教工作。①

此时期梁漱溟、晏阳初、陶行知、雷沛鸿等人的乡村建设取得不同程度的成效，其实践活动和教育理论在全国影响都很大，在外求学的岭光电亦受影响。"他（指岭光电）在外求学时，有'教育救国'之说，也见有些人赞同，印象亦深。"② 而凉山地区依靠传统方式实现对下一代的教育，世世代代在耳濡目染中学会生存技能及如何应对生老病死及灾祸福运的问题，形成了颇具特色的凉山地方文化机制。但其中一些习俗观念、行为制度、生活习惯等，岭光电认为对凉山的发展有害，妨碍了社会的进步。"此时岭氏以久旅内地，深知夷人文化低落，非力求改善不能立脚于今日，故岭氏以决心改善夷人生活为己任。"③ 回到凉山后，岭光电亲眼目睹了彝民的生活起居情状，比之他在外见到的内地农村生活，尤为落后，因此决心开展社会教育以改变民众。当时的国民政府也比较重视边民的社会教育，制定了相关政策条例，从医药、生活教育、电化教育等一些方面着手社会教育的实施。

## 三、凉山乡村问题

凉山在 1939 年之前属四川管辖，1939 年开始划归西康省，所以凉山的乡村生活与四川边民多有相近之处。比如四川省教育厅 1941 年编印的《四川省边地教育实施》在分析 1941 年前后四川边民的死亡率较高的原因时说：建筑房屋无窗，无屯线，无清新空气；厨房无炉灶烟囱，满屋整日烟雾缭绕；病时不信医药，坐令病魔肆虐；不明白卫生及传染病的传播；饮食方面也有问题；并提出实施边区卫生教

---

① 曹树勋. 边疆教育新论 [M]. 南京：正中书局印行，1945：41.
② 岭光电. 私立斯补边民小学 [M] //温春来，尔布什哈. 岭光电文集（下）. 香港：香港科技大学华南研究中心，2010：343.
③ 雨频. 岭光电与杨代蒂 [J]. 人物杂志，1948（11）.

育工作,需要从多方面入手,改良边民的居住、风俗、饮食、信仰等生活中的不利于健康的因素,才能达到卫生教育,不能只依靠医药。① 这些现象在凉山的乡村中也普遍存在。

曲木藏尧记载当时当地人起居:"全家同卧于一室。而牛羊家畜,亦同居于屋内,牲畜便溺,狼藉其间。不洗脑,不洗澡,洗则云:'庄稼收获不良',此乃迷于风俗习惯使然。"② 饮食"实简陋得很","近山熟夷种谷米,生夷则有食树叶野草,或树芽者","肉类平日不常食"。③ 耕种落后,"大部可耕可种之土地,不能利用,以谋自立,宁愿冒险行凶,焚烧掳杀,以度其原始状态之生活"。④

民国时期凉山社会形态复杂,经济、社会发展落后,饥荒严重,疾病肆虐,人口死亡率极高。1919 年,会理县死于传染病的有 2099 人;1921 年又死亡 2004 人;1915 年,西昌死于鼠疫的达 1000 余人;1925 年,盐源卫城、梅雨堡三地 1000 人死于伤寒病;1916 年越西县 1220 多人死于赤痢。⑤

生产技能低,房屋不开窗户,饮食简陋,卫生习惯差,是当时很多人对凉山当地人的印象。但推究夷民生活恶劣原因,岭光电认为最根本的有两点:一是深刻的迷信,二是低劣的生活技能。

> 夷人日常一切,病死跌伤作战甚至梦中见了奇蛇楼鸦等都在闹鬼,一切的一切好似都像有鬼在作祟,离了鬼不出事,因此夷人一生的时间,都与鬼周旋,周旋方法不是向鬼进攻,却是向鬼应酬……总计起来,夷人不病不死,年中必须将耕种所得之半数来酬应鬼,若有病有死,则必须尽其所有甚或倾家破产从事酬鬼,因此关系,夷人财产少能积蓄……于是夷人一切的一切都无

---

① 四川省边地教育实施. 四川省教育厅参加全国边疆教育会议纪念刊 [C]. 四川省国民教育指导月刊印,1941:41-42.
② 曲木藏尧. 西南夷族考察记 [M]. 南京:拔提书店,1934:23.
③ 曲木藏尧. 西南夷族考察记 [M]. 南京:拔提书店,1934:20-21.
④ 曲木藏尧. 西南夷族考察记 [M]. 拔提书店,1934:22-23.
⑤ 凉山彝族自治州计划生育委员会. 凉山彝族自治州人口志 [Z]. 凉新出图,2005:36.

从进步,数千年的一切,与数千年后的一切,全是一样而无进步,这结果全是深刻厚沉的迷信所造成呢。"而"分析夷人生活技能,不说没有一样不是非常低劣的,"如农业、金工、纺织、土木工。①

因此,岭光电认识到:对阻碍社会生产、生活的旧的方式、习惯应当加以改革和创新,逐渐形成新的社会风气,影响下一代,改变当地文化教育落后的状况。他在医药卫生、农业生产、制度习俗等方面对斯补区进行了一系列的改革和尝试,在社会教育方面取得了良好成效。

## 第二节　发展经济民生,倡导新兴事物

### 一、重视耕植

岭光电深信农业为立国之本,对农业生产非常重视。他刚回到田坝时,斯补区百姓生活困苦,粮食欠缺。首先,为增加粮食产量,岭光电采取增加耕地面积的办法。将原来被没收的田地,尽力收回赎回,分给老百姓耕种;把高山寒地分给少地者耕种;把老百姓原来被迫出卖给斯补区以外的土地,一有机会就帮其赎回。此外组织老百姓积极垦荒,把靠近各住村附近的山腰坡地的不适合种植稻子的荒地,开垦出能适合洋芋及荞麦生长的土地。规定以一个村为一个工作单位,各单位把人力集中起来通力合作,比如今天若干人集体帮助某甲耕作,明天某甲又参加一个小组集体帮助某乙耕作。这样人力集中,垦荒的收效就大,增加了不少耕地面积。其次,想方设法提高粮食产

---

① 岭光电. 改革夷民生活应从何处着手 [M] //岭光电. 倮情述论. 成都:光明书店,1943:80-81.

量。岭光电主持修了两条堰,以利灌溉,并使一部分干地变成水田;封山育林,保持水源以利灌溉;修建厕所、猪圈,使用人肥、厩肥,增加土地肥力。这些措施都有利于提高粮食产量。为提高百姓耕种积极性,岭光电有时还亲自下田插秧、挖土,以作表率;对勤劳肯干者予以表扬,对游手好闲、懒惰者提出批评。

上土司在1925—1937年(刘济南团统治期间)丧失的土地至少在二千石产量以上;其辖区的最大的四个曲诺家支卖地最多,冒水村罗正邦、正钧兄弟出卖达数百石产量的山地,营盘村刘家出卖约70—90石产量水田,印板山李家29户,卖地者约有20户,有4户卖完全部土地。住雄浦和印板上的蒋家也卖地不少。1937年岭光电任土司后,赎回出当的大部分土地,出租给汉族人的土地也收回一部分交百姓耕种,出卖了的土地则没有收回或买回。①

岭光电认为树木既能遮风挡雨,保持水土不流失,有利农耕;又能作建房造屋的材料;还能作烧火材料用以煮饭取暖,是一举多得的事情,因此鼓励老百姓植树造林。提出"一个田坎一棵树"的口号,规定每户每年至少种十棵树,并保证成活。订出奖励标准:"栽活六十株者,奖一套卡机布;五十株者得三斗粮;四十株得二斗;三十株得一斗",大大激发了老百姓的积极性。因为种植的多是易于繁殖的杨柳之类,几年过后,斯补区的树苗遍植山野,解决了部分木材和柴火问题。不仅种植一般树木,岭光电还引导百姓种植经济林木。岭光电鼓励大家栽种果树,教给嫁接梨树的方法,亲自带头种桐树。

经过几年的提倡、实行,斯补区的粮食出产基本能满足本区的需求,有的还有余粮出售。即使在1943年灾害严重时,缺粮者仍少,

---

① 四川省编写组. 甘洛县斯补、宜地两乡社会调查 [C] //四川编写组. 四川省凉山彝族社会调查资料选辑. 成都:四川社会科学院出版社,1987:371-378.

仅土司家贷出二十多石就解决了缺口。①

## 二、奖励工匠

民国时期凉山的手工业，还没有完全从农业中分离出来，种类有限，一些常用手工业产品如布、针、线、铁锅等，必须从内地省份购进；从业者以铁、木工居多，数量偏少，一个人口为二三千人的乡里，铁匠和木匠的数量各自不超过五人，有的仅一二人。因为从业者大多为阿加和呷西，少数是曲诺，从事手工业活动受到主子的限制，每年除了要给主子服半个月左右的手工业劳役外，所得手工业劳动的收入，要部分或全部交给主子，所以劳动积极性不高。②斯补区当时仅有四个木工，一个制木匙的，三个织毛布的，三四个打垟的。岭光电认为因缺少匠人，常请外来工匠做工，既使本地钱财外流，也不利于本地生产力的提高。为鼓励人们从事手工业，改变依赖外地工匠的局面，岭光电制定了鼓励工匠的措施：到土司家中做工的，报酬从优；给他们配备好工具；高价购买他们的制成品；在土司家准许与头人一样坐下喝酒，坐上位吃饭等（按规矩他们是不享有这种优待的）；发给银质的、镀金的奖章，减少劳役。这些措施对本地修建房舍、供应餐具毛布起了一定作用。然而愿意从事手工业的人还是很少，当地人的传统心理是耕牧才是根本，才能发家致富，手艺再巧也还是穷人。③

---

① 以上内容除特别标注的外，其他根据岭光电. 当土司的时候 [M] //温春来，尔布什哈. 岭光电文集（下）. 香港：香港科技大学华南研究中心，2010：290-293；岭光电. 越嶲田坝建设社会工作 [M] //岭光电. 倮情述论. 成都：成都开明书店，1943：123-125.
② 凉山彝族奴隶社会编写组. 凉山彝族奴隶社会 [M]. 北京：人民出版社，1982：57.
③ 参见岭光电. 我再任土司期间的若干改革 [J]. 彝族文化，1985 年增刊；岭光电. 当土司的时候 [M] //温春来，尔布什哈. 岭光电文集（下）. 香港：香港科技大学华南研究中心，2010：292.

## 三、提倡医药

在当地人的认识中，人生病是因为鬼作祟，要治病，必须把鬼赶走，赶走鬼的办法就是念经，杀牲送鬼。① 实际上这种做法并不能治病，反而因杀牲消耗财产，损害家庭生计。下土司区的一些白彝说："彝族患病不用医生，而是打牲口送鬼。病的时间愈长，则打的牲口愈多。三天打一个牲口，因此有不少送鬼搞穷了。"② 田坝区的彝族人自然深受此种传统影响，治病时就请毕摩念经、杀猪杀羊赶鬼。岭光电认为此种迷信是造成百姓贫困的重要因素，也是导致当地人死亡率大的因素之一，决心通过采用现代医药改变这种现象。③

为让百姓接受现代医药，岭光电采取了各种有效措施。他一方面四处宣传医药的好处，另一方面作出规定：1. 生病了先服药，服药后无效再用以前的迷信办法。2. 召集毕摩开会，教给他们一些常用药、特效药的用法，并发给药品；要求他们给病人治病作法事时先用药，再作法事；不带药品者不许作此类法事。所有的药品都由岭光电从外地买回，免费送给百姓。

岭光电在家时经常到百姓家检查，随身携带药品和注射器，有生病者就给他们发药打针；一有机会就选派青年到外地学医：1939年修建乐西公路时，富林设有公路卫生站，药品完备充足，站长张伯渠曾留学德国，主任医师张超昧毕业于中山医学院，医术高明且认真负责。当时岭光电任"边民筑路队北段支队"队长，趁机派刘世才、罗

---

① 刘星，吉木哈学. 论彝族"苏尼"的文化寓意和力量博弈 [J]. 毕节学院学报，2013 (7).

② 四川省编写组. 甘洛县斯补、宜地两乡社会调查 [C] //四川编写组. 四川省凉山彝族社会调查资料选辑. 成都：四川社会科学院出版社，1987：370.

③ 岭光电. 当土司的时候 [M] //温春来，尔布什哈. 岭光电文集（下）. 香港：香港科技大学华南研究中心，2010：289.

粗以给筑路队工作团当翻译的名义来学医。① 1942 年开始在斯补小学设医疗室，开始由懂医的汉族老师保管和使用，后由刘世才、罗粗保管和使用，1949 年 11 月在立法委员漆中权的帮助下得到办一个医院的器械，从成都运回斯补后即开始使用，并着手建立医院房舍，取名叫"斯补医院"，治愈了好些疮癞、痢疾病人，解除了不少人的病痛。如蜀打木乃、莫尔木乃受伤后已奄奄一息，也被尽力救回。②

岭光电不仅在自己辖区内推行医药治病方法，对其它力所能及的地方，他也热心赠送药品。其外甥岭固属地岩润，气候湿热，容易流行疟疾等病。每到秋天发病高峰期，一批批人死亡，从别处迁来的住户，不过四代就会死绝。岭光电与其约定：他尽量供给药品（主要是疟疾丸），岭固负责发放到病人手中，并监督服下。采用此种办法后，岩润区病人减少，人们健康状况大有改变。③

民国时期凉山地区大多数人缺乏卫生知识，更没有卫生习惯。人畜粪便随处可见，垃圾遍地都是，很多地方人畜共住，没有厕所，有的人不洗脸不洗澡。1936 年，国民政府政令所及之处，陆续推行"新生活运动"，要求做到"整齐清洁"，但凉山仅县城略有变化，广大农村卫生状况仍然糟糕。④ 岭光电曾描述"那种不清洁、不整齐、污七八糟的情形，真使人太看不惯了"，房子室内"凌乱到了极点，不去整理，万分的肮脏，不事打扫，尘烟高挂"⑤；他认为卫生状况差也是导致当地人生病的原因，"以迷信，不讲卫生，不得医药，便成

---

① 岭光电在文章中提过此事，见岭光电. 忆"乐西公路"北段边民筑路队 [M] //温春来，尔布什哈. 岭光电文集（下）. 香港：香港科技大学华南研究中心，2010：93. 另外马之一在访谈中也提过此事.
② 岭光电. 斯补医院诞生的前前后后 [C] //温春来，尔布什哈. 岭光电文集（下）. 香港：香港科技大学华南研究中心，2010：389-352.
③ 岭光电. 当土司的时候 [M] //温春来，尔布什哈. 岭光电文集（下）. 香港：香港科技大学华南研究中心，2010：289.
④ 政协凉山州委员会文史资料委员会编. 凉山文史资料选辑（第十三辑）教科文卫专辑. 1995：287.
⑤ 岭光电. 我在夷区实施建设的经验 [J]. 边疆通讯，1947，4 (8-9)：10.

宿疾或死亡"。① 因此他大力提倡卫生。在斯补校教给学生卫生观念和卫生行为，并要求学生回到家里也这样做，向家里人宣传：洗脸、洗澡、漱口、剪指甲、洗换衣服等等。要求辖区百姓屋前屋后要搞干净；出门时随身带个撮箕，捡牛粪、马粪，这样既干净，又有了肥料；教他们修厕所，积厩肥；等等。岭光电还不时到百姓家里检查卫生情况。

岭光电的多种措施同时展开，通过实践，人们亲眼见到了医药的效果，慢慢地对现代医药产生了信心；在卫生方面也逐渐有了进步。

> 有一次我父亲感冒打摆子，叫我到岭校长办的医院拿药。我到时岭校长问我是哪个家的娃娃，我告诉他了，他就把药拿给我了。后来我父亲吃药好了，很高兴，觉得药片片的威力多大的。旁边的人看到我父亲吃药好了，慢慢也就相信了，打针吃药真的能够治病。②

## 第三节　改良习俗，不"吃"百姓

为使百姓家庭财产积累增加，避免不必要的浪费，岭光电针对一些传统的习俗进行改良，严厉禁止一些严重危害社会的行为。

### 一、采取保障老百姓财产的措施

#### （一）制定限酒新规

彝族人喜欢喝酒，岭光电认为喝酒有两害。一则耽误生产，扰乱

---

① 岭光电. 当土司的时候[M]//温春来，尔布什哈. 岭光电文集（下）. 香港：香港科技大学华南研究中心，2010：289.
② 2013年3月8日笔者在甘洛县田坝镇光华村与李文明的访谈。

社会秩序：有的喝得烂醉，无法进行生产活动，耽误生产；有的借酒发疯；有的常常无缘无故相互打架斗殴，甚至过后藉此闹成冤家，拉起队伍互相残杀。一则浪费粮食：多数彝族人自己不会酿酒，多向汉族人购买，一斗玉米只能换来五六斤酒，只够十余人喝；而彝族人在走亲戚、待客、婚丧、送灵、请毕摩作法事此类场合时，都要消耗大量的酒，因此造成大量的粮食都花费在酒上。为此，岭光电作了三条规定：1. 不许向外购买大量的酒。2. 按规矩以前过年过节都要向土司家送酒，现在一律不许送酒，也不准请土司喝酒。3. 用酿醪糟代替烧酒。醪糟含有酒气，勉强可以使嗜酒者满足；酿醪糟需要的粮食少，一斗玉米酿的够五六十人吃，这样大大节约了粮食。这些措施得到了妇女们的欢迎，1944 年前后全区几乎有三分之二的人户酿醪糟。岭光电本人严格以身作则，制定规矩后在百姓面前没喝过一两以上的酒；禁止百姓依俗送酒；为鼓励百姓酿醪糟，无论哪家请他喝醪糟，不管品质如何他都说好。①

**（二）以小替大换祭牲**

彝族人的送祖灵"尼木措毕"仪式，消耗巨大，彝谚有"卖田卖地超度祖先"之说，一场仪式做下来打牛以百计、羊和猪都各以几百计算。林耀华认为此仪式"消耗之大冠于一切活动，非富裕之家不能举行"。② 其中一个浪费最多的环节是：对亲戚送来的所有祭牲，全部杀死，混放在一地，任参加仪式的人一哄而上，各自抢走。为使主家减少浪费，岭光电规定"以小替大"的办法，即在亲戚送来的祭牲中，依照别处的办法和古规，用小牲替出大牲。头人中有的反对，认为不合历来的习惯，怕亲戚笑话，在岭光电的说服下同意。后来遇上辖区里有人举行送祖灵仪式时，只要在家，岭光电就亲自到场监督执

---

① 参见岭光电. 当土司的时候 [M] //温春来，尔布什哈. 岭光电文集（下）. 香港：香港科技大学华南研究中心，2010：291；和岭光电. 忆往昔——改土归流及我再任土司期间的若干改革 [J]. 彝族文化，1985 年增刊.

② 林耀华. 凉山夷家 [M]. 台北：南天书局有限公司，1978：101.

行情况，举行仪式的主家也确实从新办法中获得利益，于是此办法得以在全区通行。①

1946年，岭光电针对阿扎家做道场一事，做出了如下规定：凡是上土司区的百姓娃子，本家祭祀自己的先辈，可以按例该打牛就打牛，该打猪羊就打猪羊，不加限制，亲戚们送来祭祀的牛则由主人家以羊替换，送来的羊以小猪替换，小猪以鸡替换。但对于下土司和其他黑彝地区的亲戚则不作硬性规定，由他们自愿。这个规定议论很多，阻力很大，但做道场那几天，岭光电亲自带领一些人在阿扎家地界上，一面植树造林，一面监督实施。结果替换了不少牛羊下来，对主人家有所补益，人们就愿意执行新规定了。就是上土司区以外的亲戚，多数也是按照岭光电的规矩执行。②

### (三) 改良婚俗

彝族人婚姻有男方给女方"身价钱"的习俗，与内地省份的"聘礼"类似，身价钱的多少一般视男方的财力而定。岭光电回田坝当土司时，当地身价钱越来越高，致使很多贫穷青年无法娶妻成家。加上一些因早婚引起的家庭矛盾和一些有钱人娶与自己年龄相差悬殊的女子的现象，岭光电在婚姻方面做出如下规定：降低身价钱标准，以前超过三百两银子，现在规定不得超过六十两；以前从小就可以订婚，订婚后十三岁就可以迎娶过门，现规定十岁以上才能订婚，娶婚后十八岁以上才能同居；增加离婚难度，规定未经过亲人头目和土司同意者，不得离婚；曾经离婚一次的女子，不能再结婚；男子二十四、女子二十二未结婚者，由头人强迫其婚嫁；通奸者以盗贼罪论处，由头

---

① 岭光电.当土司的时候[M]//温春来，尔布什哈.岭光电文集（下）.香港：香港科技大学华南研究中心，2010：294.
② 阿扎木呷.回忆开明土司岭光电[J].凉山民族研究，1997年刊.

人主持赔礼道歉。结婚双方年龄不可相差过大,男子不可比女方大十五岁以上,此规定为避免年老者娶年青女子。① 这些规定出来以后,使许多贫穷青年都安上了家。

### (四) 禁止鸦片

凉山自鸦片传入以来,吸食鸦片者不断增多,即以1937年岭光电刚回到田坝,鸦片还未泛滥时来说,斯补区一千多户人当中,就有四百多个抽大烟的人。和头人开会商量后,岭光电制定了以下禁烟措施:1. 大力宣传抽鸦片的坏处,让百姓了解禁烟的好处和禁烟的形势。2. 岭光电购买许多禁烟用的中西药品,分给吸大烟者,要求其自动戒烟。3. 无法自觉禁烟者,关到土司衙门来禁,此期间由岭光电供吃供住。4. 驱逐斯补区内的烟馆。5. 对于吸烟上瘾者,撤销对其的保障权,因违反其他事受惩罚时,加重惩罚力度。②

岭光电的禁烟措施多管齐下,通过三四年的大力整顿,斯补区的瘾者基本肃清。人们身体变好,劳力增加,消耗减少,过去因吸鸦片引起的盗窃、抢劫纠纷大大减少,大家安居乐业,共同维持出一个安定的环境。

## 二、废除加重老百姓负担的规矩

### (一) 废除办案勒索

按照老土司传下来的规矩,老百姓有纠纷向土司诉讼时,先送一罐酒,陈诉情况;土司听后,再传被告来。头人在中间传话汇报情况。判决后由输方杀猪、灌酒请吃和解酒或赔礼,出办案费给土司,

---

① 岭光电. 越嶲田坝建设社会工作概况 [M] //岭光电. 倮情述论. 成都:成都开明书店,1943:126.
② 岭光电. 我在夷区实施建设的经验 [J]. 边疆通讯,1947,4 (8-9).

调解费给头人，另外还有传话费、跟班费等。由于猪、酒必须当天拿出，自己没有需向别人购买时，价格往往被抬高了一半，加上各种费用，往往弄得输者倾家荡产，也增加案件双方彼此之仇怨。岭光电反感此类恶习，废除了土司办案要案费的规矩：1. 凡是可以在家支内了结的纠纷，就在家支内解决，解决不了的再到土司衙门起诉。2. 禁止起诉时送酒，即使要送也可以用自己种的洋芋菜蔬等代替。3. 输者不再杀猪灌酒，而是给予体罚，或背石块给学校。4. 有过话人时，视情况给予报酬。5. 与斯补区外的纠纷，了结时例外，对双方头人各送给一马或牛或枪或给地耕种。①

### （二）免去特权招待

按照传统规矩，百姓娃子见到土司时必须磕头，土司到百姓娃子家里时，必须要杀牲款待，所谓"土司到家，菜板不沾血，神灵要降祸"。牛、羊、猪、鸡为必须品，还有杆杆酒，也就是当地做的泡水酒，因饮用时需在酒里插入若干竹杆或麻杆来吸入口中，所以得名杆杆酒。吃一顿耗费很大。岭光电认为这种招待浪费钱财，规定他和他的亲人到百姓家，有什么吃什么，最多杀只鸡，杀大牲者以违令论处，在多种场合宣传不要给土司磕头、不要跪献东西等。

> 学校里大的（学生）喊他校长，喊老师，我们小的喊老师。有一次，碰到校长走下来了，有个大的说："校长来了，磕头。"另一个说："校长说了，不准磕头。"于是我们就站到一边等校长下来。岭校长到老百姓家里去，也不准他们磕头。听爷爷奶奶说，"土司来了，杀一头牛给吃"。当要杀的时候，土司来了说："你们把牛杀了，子孙后代怎么办？"说劳动要发展，子孙后代要

---

① 参见岭光电. 当土司的时候 [M].//温春来，尔布什哈. 岭光电文集（下）. 香港：香港科技大学华南研究中心，2010：293；和岭光电. 忆往昔一改土归流及我再任土司期间的若干改革 [J]. 彝族文化，1985年增刊.

发展，不准杀，饭也没吃就走了。①

岭光电在学校里教育我们要互相团结，尊老爱幼，不要给土司磕头，并要求我们回去也这样做，向家里人宣传，也不准老百姓（向土司）磕头。但是有个别老人见到了还是磕头，他说："赶快起来，早就说了，不准磕头。人都是一样的，为啥子给我磕头。"②

岭光电的以上规定，都是从减轻老百姓负担出发，为老百姓利益着想，而削减了许多作为那个时候的土司应有的利益和礼遇，由此也导致他不像别人家土司气派，没有一个土司应有的架子和威风。③笔者到乃托村调查时，听得最多的就是："岭光电不'吃'百姓。"

68岁的骆兴旺和他的妻子就住在学校附近的胜利村，夫妻两个与岭光电都是亲戚。他说："岭光电当土司时做了很多好事，从来不'吃'百姓，老百姓对岭光电印象都很好。1968年回到村子里批斗他时，老百姓不斗他。有干部在场时，就故意说：'你要多参加劳动，好好改造。'没有干部在场时，就跟他摆龙门阵。老百姓家里头煮了好吃的，都是先端起给他吃。1968年他在村子里待了一年多，不要他参加劳动，很乐观，这家耍到那家。"④

岭福英，岭光电的二儿子，出生于1947年，在斯补民族学校读过书，从1957年开始跟着父亲在成都上学。1964年作为成都知青到昭觉插队，后来迁回到甘洛田坝老家。

---

① 笔者2013年11月5日在西昌与马之清先生的访谈。
② 笔者与蒋正才先生2013年11月6日在西昌的访谈。
③ 阿扎木呷. 回忆开明土司岭光电[J]. 凉山民族研究，1997年刊.
④ 笔者与骆兴旺先生2013年3月16日在甘洛县胜利乡胜利村的访谈。

## 第四节　训练民众，维护安定

西康省主席刘文辉认为西康民众大多具有"壮健结实之体格、坚苦卓绝之精神，崇尚武勇之习惯"，若加以精良训练，可以作"卫国之长城"；提出"顺应利害心理""既训且练""利用余暇训练""以民训民""掌握群众心理""严防败类参加""以思想团结民众""工作训练民众""整躬率属"九个训练纲领；采取国民兵组织、国民兵干部训练、国民兵训练、保甲组织、保甲人员训练等训练形式，普遍发展教育会、妇女会等组织，并提出应把训练的范围从壮丁扩大到长老、妇女、少年等广大人群，以达到建设新西康、强化新西康、建设必成、强化可靠的目的；而在宁属地区，除汉族人较多的地方纳入西康省政府管理，受其指挥外，其他地方因困难太多，暂未纳入政府管理，没有成立相应组织，开展相关训练。① 岭光电认为彝族人"身体强健，性情坚忍，爱护团体，服从领袖"，且彝族拥有枪支二十余万枝，如政府能善加利用，可成为西南国防一支主要自卫武力。然而要使这支力量变成国防武力，唯一办法在于先从事夷区建设，从教育方面做起；② 卫惠林教授认为文化教育工作应为一切改良建设工作之基础。③ 斯补区虽然暂时未归到政府保甲序列，④ 但在民众训练方面，岭光电主动做了不少富有成效的工作。

---

① 刘文辉. 建设新西康十讲 [C] //赵心愚，秦和平，王川. 康区藏族社会珍稀资料辑要（下）. 成都：巴蜀书社，2006：741-750.
② 岭光电. 建设川康夷区计划书 [J]. 边疆通讯，1947，4 (8-9).
③ 卫惠林. 论建设夷区凉山之重要性 [J]. 边疆通讯，1947，4 (8-9).
④ 从岭光电于1947年发表的文章中"三、逐渐改革夷区封建制度，如土司阶级制等，代之以民主制度，四、彻底实行保甲制度，统一地方自卫组织"；以及"到解放前，凉山境内林立着大小近百个黑彝氏族"和"10多个土司统治区"可知，终民国时期，斯补区在岭光电统治之下，没有纳入政府行政组织体系。参见岭光电. 建设川康夷区计划书 [J]. 边疆通讯，1947，4 (8-9)；胡庆钧. 凉山彝族奴隶制社会形态 [M]. 北京：社会科学出版社，1985：347，248；凉山彝族奴隶社会编写组. 凉山彝族奴隶社会 [M]. 北京：人民出版社，1982：261.

## 一、传授现代文化知识

岭光电在斯补小学附设青年不脱产扫盲识字班,针对年龄在18—30岁的彝族青年,实行免费供书本、纸张、笔墨,每周集中强化学习一次。该班先后培养约50人保送成都、西昌的军校和筑路干部班进一步学习,后来成为修筑乐西公路的彝族民工的组织领导者。①

1938—1941年,岭光电先后引进四川省教育厅、西康省政府、军事委员会政治部的电影队,到上土司区放电影给民众看。电影里展现的各种新鲜事物和外面的广阔世界,带给人们极大的新奇感和兴趣。"以前我们只晓得'彝人有牛牛坝,汉人有成都府',想不到汉人的地方那么大。"每当所内民众举办送祖灵仪式或过年过节人们集中之时,就在仪式现场或斯补小学展览各种图片及机械模型,并派人加以解释。世界动物图片尤其受欢迎。用彝语编话剧《彝人始祖》《无穷无尽的故事》等,叫学生练习演出,受到民众的欢迎。岭光电在外地学得些歌舞或自编出曲词,都会指导学生练习演出,受到群众的喜爱。岭光电有时亲自参加演出。②

1950年第一个国庆节,一周年庆典,每个民族要成立一个文工队到北京演出。西昌专区到哪儿找这种人呢?唯一的地方就在民干校,是人才集中的地方,喊岭光电组织的。他组织了我、马金辉、张玉树、骆元祥、罗国全,冕宁的谢金民,还有何万明、罗德华、罗侯黑古九个人,排练歌舞。拿原来我们在斯补校编的歌《改革歌》《田坝是个好地方》《赶场》这三首歌来排练,后来到重庆,西南局抽出专家再对我们指导、排练,就去北京演

---

① "私立斯补边民小学回顾",刊于现斯补校陈列室。
② 岭光电. 我再任土司期间的若干改革 [J]. 彝族文化, 1985年增刊.

出了。①

从以上访谈可以看出，斯补校经常开展歌舞演出活动，也很受民众欢迎。

## 二、进行体育军事训练

### (一) 加强体育锻炼

岭光电组织百姓在所属八个村内，设置体育场、沙坑、爬竿等，鼓励人们多进行体育锻炼。在送祖灵集会上或过年过节时，举行掷石、跳远、跳高、摔跤、赛跑、射箭等活动，优胜者均发给奖品。② 本来彝族人就有在年节集会上进行赛马、摔跤、爬竿等体育活动的传统，加上土司的提倡，进行体育活动的热情就更高了，从而有助于人们体质的增强。

岭光电还经常带领学生到河里游泳。

> 热天的时候兹莫阿比（土司叔叔，指岭光电）经常带我们到河里洗澡，有学生，也有村子里的人；我害怕，总是不敢下水。阿比说我"胆子小"，抱起我就甩到河里头去了。慢慢就学会了游泳。③

### (二) 重视军事训练

斯补区独处一隅，所处环境特殊，夹在四周强大的势力包围之中：东面有实力强冠凉山的下土司强邻，辖区对面是汉族豪绅、军阀势力的

---

① 2013 年 11 月 7 日笔者与蒋正才先生在西昌的谈话。
② 岭光电. 我再任土司期间的若干改革 [M] //温春来，尔布什哈. 岭光电文集（下册）. 香港：香港科技大学华南研究中心，2010：192；岭光电. 我再任土司期间的若干改革 [J]. 彝族文化，1985 年增刊。
③ 2016 年 1 月 10 日于甘洛与蒋杰的访谈。

常驻地，东南面是彪悍、时常过河来不断骚扰的黑彝。与这三股势力比起来，上土司的势力可以说是最小的。所以从当时的实际情况来看，斯补辖区也很有进行民众训练的必要。岭光电对组织民众进行军事训练很重视。

针对彝民强悍、尚武、对军训感兴趣的特点，岭光电首先对广大民众进行了训练，聘请军校毕业生为训练教官，先选一批人作教官来培训，再让这批培训好的教官深入基层，训练广大民众。训练对象为15—30岁的男子，每年抽出一个月时间进行军事训练。其次是训练干部。岭光电充分利用政府的各种培训机会，一有机会，就积极从斯补区选送青年参加。从1937年到1942年，斯补区经岭光电招来而保送训练机构受训者，达300余人。其中军校80余人，西康省保甲合一干部训练部100余人，西康省宁属屯委会边民训练班100余人，西昌行辕主办的筑路干部训练班40余人。① 作为一个小小的斯补区，派出的干部培训人员所占比例在整个彝族人训练总数来说不小，岭光电对本辖区干部培训的力度不可谓不大，对于安定地方，起了一定作用。另外，岭光电本人先后在西康省保甲军训合一训练所、宁属边民训练所、乐西公路边民筑路队干部培训班、西康省干部训练团四次担任教官，并于1942年任宁属边民训练所教育长。

表4-1 凉山地区与斯补区青年干部培训简表

| 培训时间（年） | 培训项目 | 培训人数（人） | 斯补区所占比例（%） |
| --- | --- | --- | --- |
| 1936—1940 | 国民政府陆军军官学校成都分校屯垦班 | 109名彝族青年<br>斯补区人数80 | 73 |
| 1939—1942 | 西康省保训合一干部训练班 | 630人受训<br>斯补区人数100 | 16 |

---

① 岭光电. 越嶲田坝建设社会工作概况 [M]//岭光电. 倮情述论. 成都：成都开明书店，1943：126.

续表

| 培训时间（年） | 培训项目 | 培训人数（人） | 斯补区所占比例（%） |
|---|---|---|---|
| 1941—1942 | 西康省宁属屯委会边民训练班 | 651 人受训 | 15 |
| | | 斯补区人数 100 | |
| 1942 | 西昌行辕边民筑路训练班 | 共 169 人 | 24 |
| | | 斯补区人数 40 | |

注：根据本书第一章与《保情述论》的《越嶲田坝建设社会工作概况》相关内容制作。

除了办学，也搞边民训练。在他的七支百姓内，只要是小伙子，都要去。开始请当过兵的朱进权来教。他是荥经人。朱进权学过武，训练一批分到底下去，到底下训练人。在底下训练的时候，岭光电教育大家：劳动的那天不要怕苦，打仗的那天不要怕死，总之干什么都要吃苦，不然什么都干不成。在西昌办"筑路干部训练班"，岭训练边民时，教歌："前进、前进，中华的国民，有前途光明，快走上来革命。"①

岭光电掌印的时候，社会安定，七家白彝，晚上睡觉可以不关门。到秋天水果成熟时，杀一条牛，请毕摩做仪式，订规矩：各人管好自己的娃，不要去偷人家的东西。斯补区就没有偷水果、玉米的现象。因为大家都很迷信，请了毕摩做仪式，就还是不敢违反了。但是呢，我认为主要还是岭光电管得好。②

岭光电进行的民众训练，与凉山地区其他地方相比，成效无疑是显著的。1937 年，四川省教育厅颁发《各县市保甲人员推进民众义务教育办法大纲》，规定各保甲人员协助各地教育委员会宣传、动员、劝导并强迫儿童及年长失学者入学，实行强迫扫盲，但平民大众衣不

---

① 2013 年 11 月 5 日笔者与马之一先生、马之清先生在西昌的谈话。
② 笔者与马之清先生 2011 年 11 月 5 日在西昌的谈话。

蔽体，食不果腹，扫盲仍不过空口白话。1939 年，西康建省，经调查，"近百万边地之民"几乎全不识字，省政府当年连发 7 道训令，要求各县切实推行民众教育。到年底，宁属 6 县共开民众学校 120 所，168 个班，学生 5647 人。1941 年，宁属各县及雷波县推行新县制，实行"国民教育制度"，强令民众学校与小学校合并，撤销区、乡、联保教育办公处，在中心校、保国民学校设民教部。西昌、冕宁、雷波等县大部分乡镇当年即予实施，越嶲等县翌年或第三年才陆续执行。1944 年，教育部颁发《机关团体办理失学民众学校办法大纲》，要求进一步发展民众教育，企望一举"肃清"文盲，终因师资、经费等原因，民众教育无法推进，以上扫盲学校、民众学校大多流于表面形式，真正办出成效者很少。① 而斯补区以斯补校为中心，识字、扫盲、文化展览、戏剧、歌舞表演和部分培训均可在校内进行，有专人负责管理，经费常年稳定，在岭光电的重视和严格要求下，实实在在从老百姓的利益出发，不因一时一事而废，不因一时一事而兴，真正达到岭光电提出的"启豁其智识、培养其能力、增进其道德"的目的。②

1941 年行政院颁布的《边地青年教育及人事行政实施纲颁》中对边地青年教育目标有以下规定：彻底培养国族意识，以求全国文化之统一；根据边地人民各别之特殊环境，切实谋其知识之增高，生产技能之增进，生活之改善，体育卫生及国防教育之严格训练。③ 综观岭光电在斯补区实施的社会教育，改进生产方式、改革不良习俗、废除勒索恶习、严厉禁止社会公害，制新规、存旧俗、倡医药、兴新学，正是从谋人民知识之增高，生产技能之增进，生活之改善，体育

---

① 凉山彝族自治州教育志编纂委员会. 凉山彝族自治州教育志 [Z]. 成都：四川民族出版社，1997：347.
② 岭光电. 改进西康宁属边教意见岭光电 [M]//倮情述论. 成都：成都开明书店，1943：97.
③ 教育部教育年鉴编纂委员会. 第二次中国教育年鉴：第十编 [Z]. 上海：商务印书馆，1948：1211.

卫生及国防教育之严格训练出发，促进人们的身心健康，影响人们的思想意识，提高人们的生活水平，与国民政府提倡的社会教育的目的深度契合。

# 第五章 个人价值与社会价值统一的教育目的

岭光电创办的斯补小学和在斯补区进行的一系列社会教育活动，效果显著，在当时即产生广泛影响，对后来的凉山教育也起了先导、示范、推动和鼓舞作用。在当今社会，仍有其积极意义。现在世界多元文化并存，个人、民族、国家都越来越处于一种开放的状态，各种文化不断碰撞与激荡、交织与融合，在这种竞争与比较的格局中，如何通过教育保持本民族的传统文化，学习其他民族的先进文化寻求新的突破，紧跟现代化进程的步伐，促成个人最大限度地适应社会的能力，是个人、民族和国家都必须面对的事实。比较之下，岭光电在社会急剧变化的转型期形成的教育理念，包括其明确的教育目的、在实践中摸索形成的教育策略和民族文化融合理念，对当下教育仍有借鉴意义。

# 第一节 教育目的及价值取向

## 一、教育目的

### (一) 教育目的的界定

教育是人类特有的实践活动，而人类的实践活动不可避免地包含着主观性的"意愿""要求"，此种"要求"每每作为实践活动的结果提前放置于人的意识之中的，这就是目的。目的性具有客观性，是人类实践的一个根本特性，教育这种实践活动，也必须具有一定的目的。

教育目的规定了通过教育过程要把受教育者培养成何种规格和质量的人。每个人生下来都面临着一个发展可能性的空间，作为一种培养加工的对象，其他人总要为他选择某一种发展的可能性，按照某种期望和要求去培养他、塑造他，使他朝着这种期望和要求去发展，这就是广义上的教育目的。[1] 要把受教育者改造成什么样的人，在教育实践过程开始之前就以计划的形式，预先地存在于教育者的头脑之中了。教育者的一切活动都是要在教育对象身上实现自己的目的。正如加里宁所指出的，"教育是对于受教育者心理上所施行的一种确定的、有目的的和有系统的感化作用，以便在受教育者的心身上，养成教育者所希望的品质"。[2] 广义上的教育目的存在于一切教育当中，从原始教育到现代教育，都具有一定的目的，既存在于学校教育之中，也存在于学校以外的教育活动中。教育目的在个体的每个成长阶段、成长

---

[1] 南京师范大学教育系. 教育学 [M]. 北京：人民教育出版社，2005：145.
[2] 米·依·加里宁. 论共产主义教育和教学（1924—1945年论文和讲演集）[M]. 陈昌浩，沈颖，译. 北京：人民出版社，1981：48.

过程中都会表现出来。教育目的构成教育实践活动的第一要素和前提，可以说没有教育目的，也就不会产生教育实践活动。狭义的教育目的指在社会中占主流地位的或由国家提出的教育总体性目的，这种教育目的由政府提出，并反映社会发展的根本需求，明确而稳定，对各级各类学校的教育实施以及人的塑造和人才的培养具有重要的指导和规范作用。[①]

### （二）教育目的的内容

一般来说，教育目的由两个部分所组成。第一个部分的内容包括教育应当培养具有何种功能的成员；第二个部分的内容包括教育所要形塑的人的知识素质能力及其结构。[②] 教育目的的第一个组成部分，也就是通常所说的教育要为社会培养何种人的问题，即是对表现于教育结果之中的人的社会功能作出规定。这是教育目的的核心部分。

教育要培养什么样的社会成员，这是随社会经济政治制度的变化而变化的，也因民族、文化传统、教育指导思想的各异而表现出具体的分殊。从历史发展总的趋势看，通过教育所培养的社会成员，其种类日益增多，这些成员发挥的功能的领域也逐渐从政治等上层建筑领域扩大到经济社会生活的各个领域。教育目的所指向的范围日益扩大。

教育目的的另一重要组成部分就是在教育对象身上所要形成各种要素及其结构。教育目的的第一部分反映了教育所培养的人与外部社会的联系，第二部内容则说明了所培养的人的内部素质以及它们之间的联系。教育目的这两个部分是不可分割的。对教育目的所做的某种功能分析，总是要伴随一定的结构设计，因为不存在没有结构的功能和没有功能的结构。实现在教育结果中的人的社会功能，规定了其内在素质构成，而个体的素质结构也决定了其在社会生活中发挥作用的

---

[①] 王道俊，郭文安. 教育学 [M]. 北京：人民教育出版社，2016：80.
[②] 南京师范大学教育系. 教育学 [M]. 北京：人民教育出版社，2005：170.

向度及水平。

## 二、价值取向

在教育活动中，人们往往通过选择不同的教育目的来实现对教育价值的追求，体现了人的能动性本质。所谓教育目的的价值取向，是指教育目的的提出者或从事教育活动的主体，依据自身对人发展和社会发展需要的理解而对教育价值做出选择时所持有的一种倾向。[①] 在教育目的的选择上存在两种典型的价值取向，即个人本位论和社会本位论。个人本位论强调教育的根本目的在于充分发挥个人的潜能与个性，至于社会的要求则无关紧要；而社会本位论者认为，社会发展的需要决定着教育的根本目的，至于人的潜能与个性的需要则无关紧要。

教育是发展人的一种特殊机制。一方面，教育目的指向个体的发展，离开个体的发展，教育则无从谈起，也谈不上反映和促进社会的发展，教育本身也失去了存在的逻辑；另一方面，个体寄居于社会，个体只有与其他人、群体相联结，构成社会中的一份子，才能获得生存发展的手段和条件。脱离了社会历史的发展，就谈不上个体的发展。社会发展影响着个体的发展，个体的发展受到社会发展的制约，要服从社会发展的需要。教育的任务就在于促使个体的人去适应自己所处的那种社会关系和社会条件，从而获得自己所能获得的种种发展。因而，教育既要满足个人发展需要，又要满足社会发展需要，在人类文化发展、演化过程中，二者是对立统一地辩证地向前发展的。教育目的的构建既需要反映人的发展规律，遵循人的发展的可能与限定，还需要反映社会发展规律，遵循社会历史的可能与限定。人的自身发展与社会需要是辩证统一的，教育目的的价值取向应当反映这种

---

① 王道俊，郭文安. 教育学 [M]. 北京：人民教育出版社，2016：83.

辩证统一的关系。①

## 三、抗战时期边民教育目的

抗战时期国民政府制定边民教育的目标时，有对个人发展的考量，但更多地考虑了抗战建国这个特殊时期的社会需求。下表中《边疆施政纲要》(1941)是针对边疆工作的全盘性纲领文件，综合了历年来关于边疆工作法令政策的精神，对以后的工作也起着指导作用，边民教育目标自然也围绕《边疆施政纲要》的精神制定。该纲要的三条一般性原则也可以看作是边民教育的原则，另两个法案《推进边疆教育方案》(1939)和《边地青年教育及人事行政实施纲领》(1941)中对教育目的的规定就充分反映了纲要中一般性原则的核心精神：通过教育，培养边民的自治能力，改善其生活；培养中华民族意识，建立中华民族文化。该纲要和这两个法案中都有很多关于如何实现这两大核心目标的具体措施，特别是对于中华民族建设，着力尤多。②

表5-1 抗战时期边民教育法令中关于教育目的的规定

| 法令或文书名 | 相关规定 |
| --- | --- |
| 1.《边疆施政纲要》<br>(1941年五届八中全会通过) | 三项一般原则：一、对于边疆各民族一切设施应培养其自治能力，改善其生活，扶植其文化，以确立其自治之基础。二、对于边疆各民族一切设施，以优先为当地土著人民谋利益为前提。三、尊重各民族之宗教信仰及优良社会习惯，协调各民族之情感，以建立中华民族统一之文化。 |
| 2.《推进边疆教育方案》<br>(1939年4月) | 核心目的：确定推进边教方针作为边疆教育的标准。 |

---

① 南京师范大学教育系. 教育学 [M]. 北京：人民教育出版社，2005：155.
② 资料来源：曹树勋. 边疆教育新论 [M]. 正中书局印行，1945：12-16.

续表

| 法令或文书名 | 相关规定 |
| --- | --- |
| 3.《边地青年教育及人事行政实施纲领》（1941年11月） | 三个目的：一是遵照中华民国教育宗旨……切实推进边地教育；二是培养中华民族意识，以求全国文化的统一；三是根据边地人民各系别的特殊环境，切实谋其知识之增高，生产技能之增进，生活之改善，体育、卫生及国防教育之严格训练。 |

查阅国民政府此时期发布的各种教育政策法令可知，无论是教育总体发展规划、抑或初等教育、师范教育的法令，都强调发展边远地区教育应为共同建设中华民族，为实现现代民族国家目标服务。之所以如此重视教育对中华民族建设的作用，就是基于边远地区危机深重的社会现实而做出的抉择，具体而言一是发动边远地区民众抗日救国的现实需要，二是抵御西方列强文化侵略的外部压力，三是提升边远地区群众国家观念的时代要求，四是来源于以孙中山为代表提出的、以中华民族为共同体的现代民族主义思想的理论渊源。

概言之，抗战时期国民政府发展边民教育以共同建设中华民族，实现现代民族国家建构为目标，既有着现实的迫切需要，又有着一定的理论渊源。当然，要实现教育目的的社会价值，必然通过实现个体的发展和价值来达成。边民教育在实施过程中，语言教育推行国语、国文教育，史地教育培养爱国主义精神，乡土教育增进爱国守土的观念，公民教育养成国家民族的意识，社会教育阐发抗日救国的意义，边政教育促进民族文化融合。边民教育实施增进了各族群众的团结，提升了边远地区群众的国家观念。岭光电的办学理念也深受国民政府为边民教育制定的教育目标的影响。

## 第二节　促进个人发展

教育目的指引着学校教育、社会教育和家庭教育三者协调朝着一个方向努力。教育目的既是教育实践活动的起点，又是教育实践活动的归宿，教育目的调节并制约着教育活动的始终。培养人的问题，培养什么人的问题，不仅是教育学主要研究课题之一，更是每个教育者关心和重视的问题，岭光电校长也不例外。

在时局动荡的民国年代，作为彝族土司，同时又担任了风光的、令人羡慕的政府官职，岭光电为什么要在凉山创办费力不讨好的现代小学校？为什么要不遗余力地在斯补区进行社会教育？在土司制度趋于没落，现代民族国家正在构建的历史进程中，岭光电兴办教育究竟有什么特殊的意义？有人说岭光电办教育是为了沽名钓誉，实情是否如此？笔者认为，岭光电的教育目的呈现出个人、民族、国家三方面的意义。

岭光电在《忆往昔》中写道："我认为过去包括我自己在内的彝族遭受军阀残害，是由于彝人没有文化知识、民族没有地位的关系……因此，须办教育提高彝民文化知识"。[①] 因此，利用教育提高个人文化知识，促进个人发展，从而提高民族地位，成了岭光电日益坚定的信念，也是他回凉山后兴办教育的核心目的，并成为他一辈子为之奋斗的事业。为达成此目的，岭光电不遗余力从以下三个方面进行了艰苦的努力。

### 一、培养青年知识分子

岭光电期望通过学校教育来造就一批既有文化知识素质又有较高

---

① 岭光电. 忆往昔 [M]. 昆明：云南人民出版社，1988：119.

理想和情操的有用人才，促成彝族文化知识水平的提高，达到彝族与其他民族平等的目的。岭光电利用个人私产，克服种种困难，在凉山地区成功创办了私立斯补边民小学校；引进国家通行的普通小学课程，同时选编部分彝文教材进行教学；聘请内地优秀教师作为主要师资力量，同时也请彝族头人来上课；及时向学生传播社会上的最新知识，同时保持对地方传统文化的学习。学生完成在斯补校的学业后，岭光电又运用个人影响和力量，寻找继续升学的途径，积极为学生谋寻出路。岭光电曾经资送学生到越西、会理、西昌、雅安、荥经、重庆和成都继续升学。从学校创办到1952年由越西县人民政府接收为止，入读斯补校的学生前后有300余名，造就出具有一定文化知识水平者200余名。① 这批具有一定文化知识素质的原土司百姓、奴隶子弟在伟大的中国共产党和人民政府的英明领导下，在为凉山彝族地区肃清国民党反对派残余匪特的斗争中，在开辟新区工作、宣传党的民族政策和各项方针政策、争取团结上层人士、发动基层劳苦大众、建立各级人民政权的艰苦斗争中，在进行史无前例的民主改革运动的殊死斗争中，都表现出积极、勇敢、顽强的斗争精神，发挥了积极作用。他们中的多数人在凉山彝族自治州进行社会主义建设的各条战线上起到骨干作用，并带动和影响了周围的人。真正达到前文中所说的：通过教育促进个人发展，进而促进民族发展、促进社会发展的教育目的。

> 蒋正才，斯补校第一批学生之一，曾受过毛主席的接见，他说："岭校长没有其他的想法，就是从斯补校出发，通过培养人才影响周围的人，感染其他地区，提高民族地位。所以只要哪里可以继续上学，哪里有饭吃，他就把人送到哪里去。"②

---

① 原私立斯补边民小学校全体校友. 庆祝私立斯补边民小学校建校六十周年 [C]. 2001: 14.
② 文中的访谈记录均来自笔者的实地调查，后文不再说明。

## 二、提高民众文化水平

"我时常被一种屈辱感折磨着,一种渴望自己民族站立起来的强烈感情时时冲撞着我的心灵。我朦胧地意识到,彝族落后的主要原因在于彝族内部经济文化的落后和社会制度的腐朽。"[1] 通过在内地的学习和返回凉山后的一系列活动,岭光电深刻认识到,彝族人要想进步,一方面要改变知识落后的状况,另一方面要改革阻碍进步的恶习。然而当时的现实条件又使得岭光电不可能在凉山进行统一的社会改造,当地人内部思想文化落后,氏族部落壁垒森严,加上外部军阀统治者的横加压迫和干涉,以一人之力根本无法触动原有的社会制度。[2] 于是岭光电在力所能及的范围内呼吁奔走,发动教育和改造,提高彝民文化知识水平,改善其生产、生活方式,影响各地彝族人,促进其进步,改变其落后状态。这方面的改造主要通过社会教育的方式来进行。岭光电当时在斯补校开设青年扫盲识字班,多次选拔彝族青年到成都、西昌参加干部培训;在土司辖区内采取了开展禁烟活动、奖励耕植、奖励匠人、提倡医药、提倡体育、改良风俗等一系列改善当地人生活和身体的措施,还引进当时在内地也算得上是新鲜事物的电影队到斯补所放映电影,以增加彝民见识。经过长时间的努力,斯补所彝民的精神面貌、身体状况、卫生状况和经济状况都大有改观:"因此人民消耗减少了,劳力增加了,品格增高了,个个身体长好了,纠纷减少了,大家安居乐业了,并共同维持出一个比大都市安静的环境。"[3]

岭光电把彝族人当中了解教育的人比作酵母,"(这些人)在内

---

[1] 岭光电. 忆往昔 [M]. 昆明:云南人民出版社,1988:79.
[2] 温春来,尔布什哈. 岭光电文集(下) [M]. 香港:香港科技大学华南研究中心,2010:188.
[3] 温春来,尔布什哈. 岭光电文集(上) [M]. 香港:香港科技大学华南研究中心,2010:300.

活动向他们指导宣传，同时以身作则去办改革工作，或送子弟入学，以鼓励其他人起着酵母作（用），由少数人把全部风气改变过来。"① 通过个人逐渐影响整个民族，从而完成对整个民族的改造，实现民族的自立强大。

马之一也是斯补校第一批学生，他说："除了上学，其他只要可以学技术、长见识的地方，岭校长就千方百计派人去。像派人到西昌、贵州、重庆这些地方去学就不用说了，有一次，有三个支队在我们这方修路，岭校长就派了两个人去当翻译，实际上是为了让他们在那学习人家当医生的知识。"②

## 三、促进地方安定团结

岭光电认为当地人内部之间不团结也是导致群体地位不高的重要原因之一。凉山地区冤家械斗频繁，很多人力、物力、财力都消耗在械斗中，导致凉山社会难以有进一步的发展。仅在岭光电的家门亲戚间，就曾发生过数起这样的事情。岭光电希望通过教育促进民族团结：岭光电所办的斯补校中，学生不管是贵族后代还是奴隶娃子，都一律平等对待；不管是彝族还是汉族、藏族，不管是上土司区还是下土司区，或其他地方的人，学校都一律欢迎。平时在学校的教育中，常贯穿有民族团结的内容。岭光电更希望斯补校的学生学成后能把他的团结理念散播到凉山各地。"便想尽我一生精力，培养出十名大学生，一至二百名高中生"，然后想方设法介绍到国民党政府或各土司黑彝处工作，要他们"提倡教育，提高彝人的文化知识，加强

---

① 温春来，尔布什哈. 岭光电文集（上）[M]. 香港：香港科技大学华南研究中心，2010：325.
② 2013年11月7日在西昌与马之一的访谈。

团结。"①

岭光电在国民政府军事委员会委员长重庆行营办公厅、军事委员会委员长西昌行辕和西康省宁属屯垦屯委会任职期间涉及彝务时，也是尽力按有利于民族团结的原则办理。岭光电利用自己的官职和土司的双重身份，在重庆方面、西昌行辕和屯委会之间巧妙斡旋，积极调解彝汉之间、彝族人内部纠纷，对彝族内部的安定团结起了较好的作用。如调解两盐土司与彝族人的关系，使当地获得十多年的安定；巧妙帮助果基氏族的阿月、沙特两房人免受邓秀廷的迫害；调解惹尼、罗洪人与靖边部的冲突；援救彝族土司吉绍虞；等等。②

## 第三节 合力中华民族建设

各民族一律平等并致力于统一的多民族国家构建，由各民族在内组成的中华民族观念可以溯及梁启超、孙中山。民国初年，梁启超提出"大中华民族主义"的主张；从1919年开始，孙中山大力倡导：各民族在平等的基础上融合为一个统一民族，称谓为"中华民族"。③ 20世纪30年代抗战救国之际，经过傅斯年和顾颉刚等人的呼吁宣传，中华民族观念在中国思想界、知识界和舆论上成为主流话语。傅斯年指出，"我们中华民族，说一种话，写一种字，据同一的文化，行同一的伦理，俨然是一个家族"，所以，"'中华民族是整个的'一句话，是历史的事实，更是现在的事实"。④ 顾颉刚认同傅斯年的观点，他曾说过，"在这种情况之下，我们决不能滥用'民族'

---

① 岭光电. 当土司的时候 [M]//温春来, 尔布什哈. 岭光电文集（下）. 香港：香港科技大学华南研究中心, 2010: 296.
② 岭光电. 忆往昔 [M]. 昆明：云南人民出版社, 1988: 80-102.
③ 文萱. 评梅心如先生著《西康》[J]. 开发西北, 1934, 2 (2).
④ 傅斯年. 中华民族是整个的 [J]. 独立评论, 1935 (181).

二字以召分裂之祸";"'中华民族是一个',这是信念,也是事实。我们务当于短期中使边方人民贯彻其中华民族的意识,斯为正图。夷汉是一家,大可以汉族历史为证"。①

此时期舆论上也出现中华民族文化包含各民族文化的认识,张汉光在《边疆通讯》上撰文指出:中华民族文化是各民族共同使用一种比较优越普遍而又适合现代化的文化,同时,中华民族文化都是国族内各民族文化长期混融的结晶。② 岭光电文章中提及民国政府民族政策和经营边区由军事征服到文化同化的转变:"自十四年后,北伐成功,中华统一,经边方法,始有改变,这改变之原则,是基于国内各民族一律平等待遇,以及依产生大中华民族之经过——文化同化——而改定的。"③

在此背景下,岭光电一方面通过各种社会活动积极为凉山地区争取地位和利益,另一方面,岭光电积极建构彝族为中华民族之平等一员的理论,分析彝族在合力中华民族建设中的作用和地位,强调彝族对中华民族建设的责任和义务,并在实践中贯彻这一理念。

## 一、争取平等民族地位

### (一)在政府层面的作为

在统一的多民族国家构建进程中,一些边地民族的有识之士认识到本民族也是民族平等中的一份子,但在当时却并没有获得相应的政治权利。为改变这种局面,还在南京陆军军校求学时,岭光电就积极参与了争取边地民族地位和利益的活动。1936年6月,与云南彝族高玉柱等人第一次向内政部请愿,提交请愿文《西南沿边土司夷苗民众

---

① 顾颉刚. 中华民族是一个 [N]. 益世报·边疆周刊, 1939-02-13.
② 张汉光. 新中国与新边疆 [J]. 边疆通讯, 1947: 4 (1).
③ 岭光电. 倮情述论 [M]. 成都: 成都开明书店, 1943: 72.

代表请愿意见书》；1936年10月与王奋飞向行政院提出请愿文；1947年与吉绍虞、付正达、王济民先在成都举行记者招待会，提出西康省参议会及有彝族居住之县的参议会，应有彝族参加等事项；接着一行人到南京请愿，请求增加立法委员及国大代表。

岭光电的这些活动很好地引起了外界对彝族的关心。当时一些学界名人如马长寿、徐益棠、马学良、庄学本等纷纷撰文相助，并在《边疆通讯》上出专刊。如卫惠林的《论建设凉山夷区之重要性》、徐益棠的《川康夷区建设计划书》、马长寿的《凉山夷区的社会建设》、丁珍亭的《西康夷族参政感言》、庄学本的《介绍越巂煖带密土司岭光电》、马学良的《听猓胞代表岭光电氏谈话后》等，都很支持岭光电的主张，对彝族地区的建设也很关心。《边声报》登载岭光电的《夷人要求参政的呼吁》一文时在前面加以编者特注："岭氏为西康夷胞领袖……此次被一百五十万夷胞公推为代表进京向当局请愿要求参政，路过蓉城，记者特走访岭氏，请其发表意见，兹本报导边情之旨，特将岭氏为本报所撰之文披登，敬希内地同胞注意此一百五十万人之呼吁。"[①] 1948年3月，岭光电当选为国民政府立法院第一届立法委员，4月初到南京开立法会议，在草拟省县自治法会议上据理力争，终于使"凡有土著民族居住的省县参议会，应订出土著民族之参议员名额"成为自治法之成文条例。[②]

### （二）在社会层面的活动

1. 创办刊物和撰写文章。为引起大家对彝族的重视，1934年岭光电与曲木藏尧等人一起，在南京成立"西南夷族文化促进会"，并担任执行委员，创办《新夷族》刊物。该刊很快引起大家对彝族的关注，成为外界了解彝族的窗口。岭光电还撰写了大量关于彝族的文

---

① 温春来，尔布什哈. 岭光电文集（上）[M]. 香港：香港科技大学华南研究中心，2010：355.
② 岭光电. 忆往昔[M]. 昆明：云南人民出版社，1988：106.

章。1936年在南京创办的《新夷族》第一期就有两篇文章出自岭光电的手笔：《西南夷族史》和《夷族中阶级名词与特俗》。20世纪40年代是岭光电著述的多产期。《倮情述论》于1943年由成都开明书店出版，介绍了彝族人的分布、特点、风土人情及岭光电关于彝族地区建设、教育的一些看法和建议，对于时人了解彝族起了很大作用。如《西康省参会应成一个全省人民的议会》（1946年）强烈而直接地表达了夷人要求参政的心声：首先，夷族占西康省人口近半，但省参会没有夷族议员席位，这不仅不符合民主本意，也不近情理。其次，占全省人口半数的夷人没有代表参加议会，议会所执行的议案可能不符合夷区实际情形，甚至可能与这半数人的利益相反，不利于全省人民的团结。最后，因为缺少夷族代表的参与，省议会的议案可能代表不了多数人的民意，也就得不到全省人民的拥护，徒然增加民族间的隔阂，增加人民对政府的反感，这于政府的工作开展是非常不利的。因此，"我们要求参加省参议员，并规定名额"。[①]

2. 发表各类演讲也是岭光电宣传彝族的良机。到南京请愿时岭光电接受一些团体和个人的邀请发表演讲。马学良的一篇文章标题就是《听倮胞代表岭光电氏谈话后》，文中提到了岭光电讲演的事情："七月二十五日的晚上，民族学会在金陵大学北大楼举行一个茶会，欢迎新由西康来京的倮胞代表岭光电氏……在掌声中，岭光电报告他在倮区改革生活的故事……"[②] 1947年受成都华西大学、四川大学等高校的邀请专门举办彝族讲座，大大扩大了彝族的影响。任乃强在《我所知道的彝族土司岭光电先生》中有所记载："倮族代表岭光电先生，适来成都，准备赴京请愿。连日在川大、华大等学府讲演倮族问题，听者甚众，皆表热烈同情。"[③] 由此可见岭光电演讲获得的成功。岭光

---

① 温春来，尔布什哈. 岭光电文集（上）[M]. 香港：香港科技大学华南研究中心，2010：341-344.
② 马学良. 听倮胞代表岭光电氏谈话后 [J]. 边疆通讯，1947，4 (8-9).
③ 任乃强. 我所知道的夷族土司岭光电先生 [J]. 边疆通讯，1947，4 (8-9).

电仿佛化身彝族的代言人，一有机会就宣传介绍彝族。

岭光电在外的种种宣传介绍活动推动外界了解彝族，关心彝族，同样服务于提高民族地位这一目的。

不只岭光电把教育作为民族进步、提高民族地位的主要途径，社会上其他一些有识之士也认为解决彝族问题的根本在于教育。西南联合大学化学系的曾昭抡教授通过凉山的实地考察得出结论：认为当地的很多问题和矛盾是"出于误会。要是好好的由教育方面入手，未始不是一件没有办法对付的事情。"① 刘文辉视"'三化政策'为治理边区的永久安定之策"，② 认为若要推行此善政，必先重视教育，"如何使之接受德化，如何使之接受同化，如何使之进化，却都有赖于教育之运用，所以教育实为'三化政策'之生力军。"③

所以，培养彝族知识分子，提高民众文化知识水平，促成民族文化影响的提高，提升民族地位，达到与各民族平等的地位，成了岭光电兴办教育的中心目的。

## 二、构建民族平等理论

### （一）彝族是中华民族大家庭的平等一份子

岭光电在撰写《西南夷族史》时，精彩地呈现了彝族与汉族同源、分离、融合的情况，并特别指出彝族先民创造的灿烂文化。论述上古帝王帝喾、大禹与西南夷的密切关系："在上古时代，民智单纯，民俗浑厚，彼此既没有种族界限，也无文明野蛮之别。若有出类拔萃之人物，便公推他为首领，无论华夏蛮夷，都一致推崇拥戴他，服从

---

① 曾昭抡. 大凉山夷区考察记 [M]. 北京：中国青年出版社，2012：44.
② 刘文辉. 建设新西康十讲 [C] //赵心愚，秦和平，王川. 康区藏族社会珍稀资料辑要（下）. 成都：巴蜀书社，2006：607.
③ 刘文辉. 建设新西康十讲 [C] //赵心愚，秦和平，王川. 康区藏族社会珍稀资料辑要（下）. 成都：巴蜀书社，2006：730.

他，使他发展一生的才能，为人民谋幸福，为天下求太平，所以生长在若水（西昌安宁河）的高莘氏，也得立为帝，号称帝誉。为一时贤君；又生长在巴蜀石纽山下的大禹，他娶于塗山淮夷之女，史称西夷人。当时也不因他是西夷人，不举他为首领……"① 说明西南夷与内地民族的血脉相承："在舜时三苗在江淮荆州，迭次作乱……迁三苗于三危，以变西戎。后人就说西南夷族是三苗驩兜之后，与内地民族是一个血统下来的。"②

周王朝与彝族迁徙的关系："同时武王伐纣，实得巴蜀之助……后与周室失和，为周所逐，大部移大凉山一带，一部移到江南。后与秦朝争湖南地方被秦逐于五岭以南，渐移住滇境。在汉时在滇南建老挝国，□明等五国有少数移入浙闽台湾琉球一带，至今犹有其遗民。"③

引用古籍资料指出彝族创造的优秀历史文化。

首先，夷文至迟到汉时已发明，而且正式使用了。

其次，当时的西南各国（自然包括彝族），不独常与内地往来，并且已与身毒、南越、交趾各国，正式通商贸易了。

最后，哀牢车里国，以十月为岁首。这历法在今日夷人地方，仍然奉行。其发明当在秦汉以前。④

在《倮情述论》之《国难时期夷胞应有的认识》篇中，提出三个重要观念：

其一，夷胞过去也曾创造自己灿烂的民族文化。

其二，夷胞与其他同胞，系出一源。

其三，夷胞始终是中国之一部分。⑤

---

① 岭光电. 西南夷族史 [J]. 新夷族，西南夷文化促进会，1936（1）.
② 岭光电. 西南夷族史 [J]. 新夷族，西南夷文化促进会，1936（1）.
③ 岭光电. 西南夷族史 [J]. 新夷族，西南夷文化促进会，1936（1）.
④ 岭光电. 西南夷族史 [J]. 新夷族. 西南夷文化促进会，1936（1）.
⑤ 岭光电. 倮情述论 [M]. 成都：成都开明书店，1943：66，67，64.

## （二）彝族具有特别优势

不仅如此，岭光电还从中华民族的历史构建进程论证彝族具有的特别优势。他在《边疆民族新生命》中指出：中华民族之所以在世界民族之林中强盛不衰，就是因为在中华民族的缔造过程中，不断地有边地民族加入，注入新的活力；彝族正是具有此种新活力的边民，是中华民族的未来新生力量。"一个新民族是〔有〕发展前途的，一个国家，随时有新人民参加，也是强盛的征象……中国有众多边民，就是中国永远强盛的预兆。"① 并特别称赞彝族人及凉山地区的优点：首先，有强烈的互助的美德。其次，具有健壮之身体，忍苦耐劳之精神。扩展此两种美德，既可作民族自兴之基点，又可为国防效忠之用。最后，凉山地区矿产丰富、牧场广大、人口众多，若利用本地劳力从事开发，将对国家产生伟大贡献。②

## （三）彝族有爱护和保卫中华民族的天职

岭光电不仅强调彝族之为中华民族不可分割之一部分及其优势，同时指出彝族有爱护、保护中华民族的天职。在当时全国救亡图存的形势下，随着时局的转移，西南、西北成为抗战的大后方，位处西南边陲的凉山地区，在国防战略上的重要性日益凸显。岭光电呼吁彝胞在此国难之时，"当以为国民之天职流汗流血，均属义不容辞，而努力参加，使夷胞骁勇善战，吃苦耐劳之精神，充分发扬，以尽职责。""而不失时机，不负职责，而以提高地位，以增强与他族间之关系，相扶相助，共达文明之大同之境也。"③ 在《以个人立场看从军》一文中，岭光电呼吁宁属青年踊跃从军："目前的从军，除了国家需要我们如是，我们对国家的天职如是"；"我们是中华民族的一个细胞，

---

① 温春来，尔布什哈. 岭光电文集（上册）[M]. 香港：香港科技大学华南研究中心，2010：348.
② 岭光电. 倮情述论 [M]. 成都：成都开明书店，1943：66，67.
③ 岭光电. 倮情述论 [M]. 成都：成都开明书店，1943：72.

我们的天职是爱护他，保卫他"。①

## 三、融入中华民族建设

使个人具有现代国民的认识与能力，进而为中华民族的建设与强大做贡献，根本途径在于教育。既然认识到这点，在思想观念养成和社会实践活动中，岭光电都贯彻了这一目的原则。

### （一）倡导新型国民观念

岭光电认为彝族为中华民族平等之一分子，对其有爱护、保护之天职，但在当时与已成长民族比起来，在认识和行动上还有一定差距。"中国有众多边民固然中国之幸，可是有的因为幼稚时期表现出幼稚动作来，有的成长太迟，有的因为负不了目前的任务"。② 而要消弭这些差距的办法，根本"全在提高智识。就是要能使他们（指夷胞），具有国民之认识与能力，国家有这部国民，便增加一部力量。"③ 因此，应大力发展凉山地区教育，通过教育提高个人文化知识和能力，使个人符合现代民族国家要求，作新型国民。在观念上增加如下新认识：1. 停止内争，团结图存。2. 自求进化发达。3. 服从政令安定后防。4. 服兵工役以尽国民义务。④ 岭光电号召彝胞们"应积极响应政府一切。一方面协助政府派往夷区工作人员，及私人团体，倡办教育实业等事；一方面则我夷胞中，凡有智力财力者，为民族之生存进化计，贡献其一切于民族，从事教育开发等。"⑤ "希望夷胞一

---

① 温春来，尔布什哈. 岭光电文集（上册）[M]. 香港：香港科技大学华南研究中心，2010：383.
② 岭光电. 边疆民族新生命[M]//温春来，尔布什哈. 岭光电文集（上）. 香港：香港科技大学华南研究中心，2010：348.
③ 岭光电. 倮情述论[M]. 成都：成都开明书店，1943：96.
④ 岭光电. 倮情述论[M]. 成都：成都开明书店，1943：71.
⑤ 岭光电. 倮情述论[M]. 成都：成都开明书店，1943：71.

致把握时机,一致努力奋斗,抱国亡我亡,国存我存之决心,参加抗战救国,求光明前途,增光明地位。"①

## (二) 参与抗战建国

除了倡导新型国民观念,岭光电还开展了培养中华民族意识的活动,并以身作则带领彝族同胞加入抗战建国的行列。斯补校非常重视学生的公民意识教育,经常给学生灌输各民族都是一家人的观念。每天早上八点半举行升国旗仪式,教学生唱《毕业歌》《大路歌》《义勇军进行曲》《黄河谣》等爱国歌曲。1939年刘文辉南巡到汉源时,组织学生列队欢迎,其严谨作风、昂扬气势受到称赞。在社会教育方面,岭光电也不忘中华民族意识的培养。他先后担任"西康省保甲军训合一训练所"教官和"宁属边民训练所"教育长,在总结训练川康倮族青年的经验时,提出要加强"宣传政府德威""认识现情"的意见,使受训边民,对政府、对国家、对民族,"有深深感觉,返到边区时,对邻近或所接触的亲戚朋友宣传,一致重新认识政府,信仰政府,拥戴政府,进而执行政府一切法令,而报效祖国。"②

岭光电更是以实际行动表现了他对共同建设中华民族的努力:带领边民积极参加乐西公路的修建。抗战初期修建的滇缅——川滇公路被誉为"抗战输血管",在物资运输上给予抗战巨大的支持。其中从四川乐山到当时西康西昌的一段被称之为"乐西"公路,全长525公里,是当时国内最艰巨的公路工程。岭光电担任乐西公路"边民筑路队北段支队"的支队长,负责该段公路的招募、培训和领导修路边民。与边民一起,为修建乐西公路付出了艰苦卓绝的努力,对支持抗战做出了重要贡献。③ 其中徐益棠曾这样评价岭的作用:"凡教育发达

---

① 岭光电. 倮情述论 [M]. 成都:成都开明书店,1943:72.
② 岭光电. 倮情述论 [M]. 成都:成都开明书店,1943:71,72.
③ 岭光电. 忆"乐西公路"北段边民筑路队 [M]//温春来,尔布什哈. 岭光电文集(下). 香港:香港科技大学华南研究中心. 2010:93.

之区，其公路建设，亦阻碍较少，发达较速，康滇公路之建筑，非大部得力于西昌附近之夷人耶？非创导自越嶲田坝小学之生徒耶？非得自田坝土司岭光电先生鼓励之力耶？"① 1941 年国民政府行政院派遣的康昌考察团的成员朱契在其考察报告中写道："岭（光电）君立志为大多数人服务，使夷民早日具有中华民国国民之资格，虽有艰难困苦，在所不顾。"②

从以上可以看出，岭光电办教育是为了促进个人发展，提高民族地位；把彝族人塑造成符合现代民族国家的新型国民，为国家做贡献，绝不是为了什么"沽名钓誉"。首先从当时的社会环境来说，办学不但不是一件可以获得名声的事情，反而使名声受累。岭光电开始办学时，亲戚家门，老百姓、甚至妻子都不理解，招收学生尤其困难。岭光电的部分同学就说："你是军校十期毕业生，应该去搞大事。你搞个小学，何年何月才能见成效？"③ 著名民族学家胡庆钧 1952 年到凉山调查时，亲身经历了当地人公然藐视受过现代学校教育的学生的事情，并分析了其中原因：有高超的射击技能可以成为战斗英雄，善于说理可以成为德古或苏易，通晓经书可以成为毕摩，善于歌唱可以成为歌手，而识字受教育不能给他们的社会地位带来什么实质性的变化。④ 这时距离岭光电创办斯补校已经过去了 15 年，这种看法仍然普遍存在，可见当年岭光电办学时所遇到的阻力有多大。

其次办教育不是短短几年就能看到成效的，岭光电当时在凉山地区获得的名声更多的来自其他事情：如为有矛盾的家支排解纠纷，保护解救彝族人，等等。这些事情都是立竿见影就能看到效果的，而且也是地方传统社会追求的名声。至于岭光电办教育获得彝族外部人的称赞以及政府的鼓励，笔者认为这些并不是岭光电追求的目标所在，

---

① 徐益棠. 川康夷区建设计划书 [J]. 边疆通讯，1947，4（8、9）.
② 朱契. 康昌考察记·夷民领袖岭光电土司访问记 [M] //韦清风等编. 凉山彝族奴隶社会的变革资料摘编. 中国社会科学院民族研究所印，1981：421.
③ 岭光电. 忆往昔 [M]. 昆明：云南人民出版社，1988：121.
④ 胡庆钧. 凉山彝族奴隶制社会形态 [M]. 北京：社会科学出版社，1985：336.

而是他办教育后自然得到的结果，岭光电不是为了这些结果而去办教育，攻击岭光电办教育的"沽名钓誉"论者实为本末倒置。原从斯补小学毕业、后又回到该校当老师的蒋汉安1946年在《新康报》上发表的一篇文章中写岭光电办学的坚忍不拔意志时说："有人说，小学校□时间太久，无济于用，他说目的不在我用，有说夷人以受教育为苦，不应太扫民意，他说不该将就□□□□，有说无钱□□了，可以停一下，他说动产虽尽，还有不动产，非办不可……"① 徐益棠称赞岭光电为办教育"倾家荡产"，"至今其本人日常生活，全恃其本人服务之薪津，来京旅费，亦复自其亲戚朋友捐助凑集而来，此种土司，在现代中国可谓绝无。其所以如此者，愿牺牲其个人之利益，而为大众谋进步也"。② 岭光电的自辩也颇能说明问题："若有人像我一样不惜金钱，不辞辛劳地为彝族人工作，并有点滴成绩，那我也就甘拜下风，自认形秽，三心二意，沽名钓誉呵！"③

通过教育促进凉山各个家支之间的团结，避免无谓的消耗和牺牲，加快凉山生产力的发展；通过教育提高个人文化知识，提高民族地位；进而把个人改造成符合现代民族国家的新型国民，使彝族在中华民族大家庭的建设中贡献力量，这是岭光电兴办教育的根本目的，也是他一生为之努力的奋斗目标，可谓远见卓识。他说："当此国势阽危，全面抗战之际，应汉夷一家，精诚团结，积极倡导边民教育，以启瀹其智识，培养其能力，改善其生活，增进其道德，齐一其意志，纯清其思想，同臻进化，以完成其复兴民族之最大使命。"④ 这与国民政府制定的边民教育目的完全契合：切实推进边地教育；培养中华民族意识，以求全国文化的统一；根据边地人民各系别的特殊环

---

① 温春来，尔布什哈. 岭光电文集（下册）[M]. 香港：香港科技大学华南研究中心，2010：482.
② 徐益棠. 川康夷区建设计划书[J]. 边疆通讯，1947，4 (8-9).
③ 温春来，尔布什哈. 岭光电文集（下册）[M]. 香港：香港科技大学华南研究中心，2010：284.
④ 岭光电. 倮情述论[M]. 成都：成都开明书店，1943：97.

境,切实谋其知识之增高,生产技能之增进,生活之改善,体育、卫生及国防教育之严格训练。[①] 从岭光电的教育结果来看,其教育既达成了个人的发展,也满足了当时抗战建国的社会需要;很好地实现了个人价值与社会价值统一的教育目的。

---

① 曹树勋. 边疆教育新论 [M]. 正中书局印行,1945:16.

# 第六章 因地制宜的教育策略

田坝区民族杂居，乡村中彝族人占绝大部分，田坝街则汉族人占多数，当地传统文化以彝族特点为其底色。在居住格局上，上、下土司辖区与田坝街俨然各成一体，当地传统文化与汉族文化并没有过多的交集，本地人和汉族人在各自世代沿袭的文化圈中生息不已。要使与外界隔离的本地人接受外来文化，要在根深蒂固的当地传统文化中植入新的元素，可谓伤筋动骨、困难重重。身处此种环境，对于如何引进外来文化，改良当地人原有一些习俗，岭光电采取了因地制宜的策略。

## 第一节 因俗制宜，因势利导

### 一、利用土司权威以身作则

要在一个长期以来封闭的、传统文化统治的本地社区引进新兴事物，殊为不易，若无权威力量领导，很难获得成功。在田坝土司和黑彝统治区，土司和黑彝就是至高无上的统治者，民众对他们也有着信仰、服从的心理，彝谚形容为"蛋以鸿雁蛋为贵，话以土司话为准"。在教育实践中，岭光电充分利用了其土司身份的权威。筹办斯补校时，多数人反对，但因为岭光电一力坚持，学校最终顺利成立；老百姓不愿送子弟上学，土司下令强征抽取其子弟入学，保证了学校稳定的正常生源；老百姓不接受医药治疗方法，岭光电命令其辖区毕摩给老百姓治病时必须先用药再做法事，毕摩不得不服从，为推广医药助力不少；禁止鸦片时更是利用了土司的统治权威，基本肃清斯补区吸食鸦片的歪风。相反，1944年岭光电在腴田担任区长时也积极办学，但因为在腴田区没有土司的权威，很快以失败告终：校舍修建几经拖延，到1946年才建成；经费不足，招生困难，"临时仅招来十五名，还尚难掌握（指容易流动）。一再催也不行，在土司区内的强制手段又不能在此使用，只好泄气"。①

（腴田）那些人不听他的，不服从他，那个地方不归他管。为了供学生和地方兵吃饭，摊派到老百姓，老百姓不愿意，反对他，他因为不是那里的土司，不能像在斯补那样搞强制。国民党长官的身份老百姓不听，后头那些老百姓盛不起了（担待不起的意思），不听他的，那个学校就办不下去了。②

由此也可以看出，在斯补区引进的众多新兴事物和开展的一系列改革活动中，岭光电的土司权威身份起了至关重要的作用。

在引进外来文化方面，除了利用土司的权威身份，岭光电处处以身作则，发挥示范带头作用。虽然土司在其辖区内有至高无上的权威，但能否顺利实施统治，跟土司个人的能力、声望有关。一般来说，土司也要按照传统规矩来办事，如逾矩过甚，则易导致民变。如岭光电的堂兄岭光大管事时，曾强迫阿扎家一户必须买一支枪，阿扎家不干，最后把岭光大赶走了。③岭光电奖励种树，自己带头种树；鼓励农耕，亲自带人开堰以利灌溉，教百姓积肥；提倡医药，买药散

---

① 岭光电. 我在腴田特别政治指导区工作的经历 [M] //温春来，尔布什哈. 岭光电文集（下册）. 香港：香港科技大学华南研究中心，2010：301.
② 笔者与姜碧纶先生2013年11月6日在西昌的访谈。
③ 阿扎木呷. 回忆开明土司岭光电 [J]. 凉山民族研究，1997：16.

发给各处百姓,到百姓家巡视时,随身携带药品和注射器以备百姓需要;禁止酗酒,禁止吸食鸦片,则不准老百姓给他送酒。他自己从定下规矩后,从未在老百姓面前喝过一两以上的酒,从未吸过鸦片。① 甚至后来为了节省用费用于办学,他连香烟也戒掉了。本来按照凉山的规矩,土司、黑彝都是不事生产的,他们也以从事农耕为耻,但岭光电根本不顾这个规矩,经常带着老百姓参加生产劳动。可以说,凡是岭光电提倡的新兴事物,岭光电无不带头实行。

土司权威加上岭光电的表率作用,外来的新兴事物在斯补区逐渐有了立足之地。比如说种植以前被视为禁忌的桐树,生病了吃药,等等。

## 二、各取所长互相促进

在传承地方传统文化和传播新文化方面,岭光电充分利用两种文化的优势,相互促进彼此之间的发展。

岭光电善于利用新文化的形式传承地方传统文化。以前凉山社会中学习彝文的仅限于极少数人,也没有专门的机构和时间用于文化学习,彝文的应用也有限。岭光电采用课堂教学形式教授彝文;采用在大都市也很新潮的话剧形式用彝语创作地方题材的《无穷无尽的故事》《彝人始祖》,并指导学生在公开场合演出;用社会上新流行的曲调创作如《朋友们来跳舞》《改革歌》《田坝好地方》等彝语歌曲;引进电影队拍摄本地题材的电影;② 在成都、南京发表有关凉山的文章和演讲,办地方刊物,促进外界对凉山的了解。

对于在边疆如何开展工作,西康省主席刘文辉提出"因俗制宜"的原则:"本省各民族之间,风俗各异,设法诱导,则不劳而成,反

---

① 岭光电. 忆往昔——改土归流及我再任土司期间的若干改革[J]. 彝族文化,1985 年增刊.

② 岭光电. 在十三年中干了些什么[M]//温春来,尔布什哈. 岭光电文集(下册). 香港:香港科技大学华南研究中心,2010:313.

其风俗，硬性纠正，则不但劳而无功，甚至劳而有害。所以大家毕业后，无论在哪一个环境中工作，都须本'因俗制宜'之原则，去创造进步方法来达成你的任务。"① 斯补区毕竟是个封闭的传统乡土社会，传统思想观念、传统习俗根深蒂固，对有些外来新事物，老百姓无法接受。对此，岭光电创造性地使用了人们容易接受的、"旧瓶子装新酒"的办法，即利用本地传统文化的因素装载新文化的内容，传播新文化。如在婚庆、节日、丧葬等大型聚会上展览图片和科技仪器，并派人讲解；利用人们的迷信心理使他们接受医药、接受桐树的引进；在人们喜爱的本地歌舞中渗入讲卫生、要改革、要团结等新文化内容，等等。

　　岭光电利用老百姓相信鬼能致病的迷信心理，巧妙地把药的作用归结为毒死鬼，从而达到赶鬼治病的目的；把药的作用等同于毕摩打牲赶鬼的作用，使老百姓愿意接受医药。为了让人们更好地接受新文化，岭光电因势利导，根据本地人的特点和生活习惯想了一些有效的方法，把改革、团结、卫生等新文化内容融入本地人喜爱的传统歌舞中，歌词采用本地语言，使受众在轻松的耳濡目染之下接受这些新观念，有利于新文化的传播。如下面岭光电创编的这些歌曲，就很好地体现了岭光电传播新文化、新事物的巧妙策略。

### 改革歌（叠布玛布）

（1）将来，将来，将来必须进行改革。将来若是不改革，子孙后代怎能幸福？

（2）团结，协助，各族同胞整体要团结。我们内部不团结，外部总是欺负我们？

（3）卫生，整洁，吃饭饮水要做到干净，若是一天不卫生，

---

① 刘文辉. 建设新西康十讲 [C]. 赵心愚，秦和平，王川. 康区藏族社会珍稀资料辑要（下）. 成都：巴蜀书社，2006：652.

得病成为终身痛苦。

### 朋友们来跳舞（却波哦别且拉）

（1）朋友们，各民族都是一家人。快快地一起跳舞唱起歌，跳起来，青年人不唱不跳多尴尬。跳起来，跳起来，跳起来，跳起来。

（2）朋友们，彝汉团结一家人，一起来唱歌又跳舞。快快来，嘴唱手舞脚踏跳起来，跳起来，跳起来，跳起来，跳起来。①

## 三、树立典型推广新文化

岭光电看重典型的示范作用和辐射作用，他在斯补区进行全面社会改良，就是想塑造一个新型的本地文化社区，"以期为其他彝区作出榜样，启发和影响整个彝族，使之进步"。② 他认为当时的边疆教育应重质不重量，选择若干优秀青年来培植，使其具有种种知能，在社会上能得一般人之尊崇，"使这些人成为边民之进步标准"，培养出造时势的"英雄"来影响人，"如此边民风气，立即改变，教育将不径而行也"。③ 在田坝推广新式观念和新兴事物时，岭光电也很注意选择树立典型，通过典型影响其他人，以达到事半功倍的效果。

为使本地人接受医药，岭光电除了编造"药能毒死鬼"的理论外，还选择了他外甥岭固土司的管辖地——岩润作为示范区，以期影响别地。岩润气候较热，易发疟疾，每到秋天疟疾流行的高峰期，人人发病，一批批死亡，从外地迁入此处的住户，不到四代人就要死绝，这在当地是公认的事实。而现代医药对疟疾流行病有显著的效

---

① 以上歌词均由蒋正才提供，由马子清、蒋正才翻译成汉语。歌名后面括号中的字为汉语歌名的彝文音译。
② 岭光电. 忆往昔［M］. 昆明：云南人民出版社，1988：80.
③ 岭光电. 对于边教的一点意见［M］//温春来，尔布什哈. 岭光电文集（上册）. 香港：香港科技大学华南研究中心，2010：309-310.

果，如在岩润区用医药治疟疾，可以预料能取得立竿见影的效果。另外岩润区地处尼日河东南岸黑彝地区和上、下土司区的连接处，一旦医药在岩润区的应用成功，其影响很快就会传到邻近周边地区，那么使用现代医药治病的办法和观念就易于被本地人接受，随着影响的扩大，就能逐渐在整个凉山地区树立用现代医药治病的观念。岭光电与外甥约定：由岭光电供给药品，岭固负责发放，并监督病人服下。实施后岩润区病人果然减少，人们健康状况大有改变。药物在岩润的成功作用很快传到周边地方，促进了人们对药物治疗的信任。通过岩润区这个典型，岭光电的医药观念得到了推广。

制定送祖灵仪式中"以小牲替换大牲"的规定后，大多数人持反对意见，岭光电也是从典型的示范作用着手，推广他的新规定。"1953年刘姓举行超度，我正在家中，亲去监督执行。后来换得十一头牛，三十多只羊，主人大获其利。从此所（斯补区）内照办无语，即所外上关六格人，也利之所在，争着照办了。"①

无论在传播新文化方面还是在传承地方传统文化方面，岭光电均表现出高超的因地制宜策略，尤其在推行汉语言教育和地方语文教育方面，更是采取了开先河的创造性策略。

## 第二节　彝、汉结合，灵活务实

本书中的语言教育是指学校对学生进行汉语和边地语文的教育，教育目的有两个：一是掌握汉语和边地语文；二是通过掌握汉语来学习和掌握其他课程。② 民国时期边地的语言教育指"国语"和"边地语文"教育，这里的国语指汉语，边地语文指居住于边地区域内的各

---

① 岭光电. 当土司的时候［M］//温春来，尔布什哈. 岭光电文集（下册）. 香港：香港科技大学华南研究中心，2010：294.

② 哈经雄，滕星. 民族教育学通论［M］. 北京：教育科学出版社，2001：231.

少数民族的语言。国民政府提倡在边地同时实施国语和边地语文的教育，但多停留于口头提倡，少有实际行动。从1936年到1949年所办国立、省立、县立边民小学及各种成人训练班，均采用国语教学，极少使用少数民族文字。[1] 鉴于因语言不通导致边疆教育难以发展的情况，西康省主席刘文辉在《建设新西康十讲》中提出编订边地语文与国语对照的课本，在中级学校酌设方言课的建议，[2] 然落实乏力。

## 一、教学语言的选用困难

到岭光电办学以前，斯补区一直是个相对封闭的本地文化生态圈，即彝语是这个圈子里世代相传的通用语言。即使在刘济南"改土归流"时，被迫与汉族人打交道的机会多过以往，斯补区的人们并没有主动接受汉文化教育的意识；直到岭光电回来创办斯补小学，在土司的推动下，斯补区的子弟们才不得不接受陌生的汉文化教育。那么，学习汉文化，必须要学会汉语；怎样学习汉语、进而利用汉语掌握其他学科知识就成了摆在岭光电和他的学生们面前的大难题。

### （一）生活世界经验与新文化内容割裂

现象学大师胡塞尔把生活世界定义为："生活世界是一个具有原初的自明性的领域。"[3] 是在活生生的经验中直观地给予的世界，是可亲知的经验世界，[4] 儿童在认识生活世界的过程中掌握语言，他们的语言和态度反映了他们对客观世界的认识和态度。教育的任务之一就

---

[1] 凉山彝族自治州教育志编纂委员会. 凉山彝族自治州教育志 [Z]. 成都：四川民族出版社，1997：110.
[2] 赵心愚，秦和平，王川. 建设新西康十讲 [C] //康区藏族社会珍稀资料辑要（下）. 成都：巴蜀书社，2006：738.
[3] 胡塞尔. 欧洲科学的危机与超越论的现象学 [M]. 王丙文，译. 北京：商务印书馆，2001：154.
[4] 张庆熊. 熊十力的新唯识论与胡塞尔的现象学 [M]. 上海：上海人民出版社，1995：122.

是提供给受教育者有条理、系统的思想方法和思维能力，这就需要鼓励他们回顾自己的经验，以开拓他们对现实世界的理解。如果学校的教学内容与儿童的生活世界相一致，使用的语言与他们的母语一致，那么就能有效地建立他们生活世界经验与学校教育体系之间的联系，从而有助于他们认知能力的提高和学校知识体系的构建。斯补小学的学生从小生活当地传统文化世界，学校提供的陌生的现代文化教育恰恰隔断了与学生们生活世界的联系，学生以前的经验世界不能给他们提供必要的、可以与汉文化建立的联系。

首先，学校教学的内容大多数来自内地，与斯补区的生活格格不入，学生很难理解。斯补校开设的主科有：汉语文、算术、常识、古文观止，这些科目完全脱离斯补校学生的生活实际，对学生来说，无异于像天书。就是在现代传媒发达、电视基本普及的现代社会，一个区域的儿童对另一个陌生区域的东西仍存在不可理解、不能想象的情况。2012年火把节期间笔者在凉山布拖县拖觉镇采访镇中心学校的阿机子以校长，阿机校长最希望的就是小学教材中能增加一些地方性、乡土性的内容："现在的教材反映的大多是汉族、是大城市的生活，在其他地方的人看来很简单的东西，学生因为生活中从来没有见过，理解起来很困难。比如说'商场'这个概念，无论老师怎么讲，学生都很难明白。"用作教学语言的汉语，也在学生的经验世界之外，难以接受。

其次，教学语言使用学生完全陌生的汉语，割裂了儿童的生活世界与学校知识体系的联系。语言是思维的工具，思维的结果要用语言来表达。用儿童熟悉的语言进行教学，儿童容易听懂教师所讲授的教学内容，就可以提高认识问题的能力和思维能力，进而去掌握其他社会科学和自然科学知识。而大量的跨文化的心理研究表明，如果儿童所受的启蒙教育不是以他熟悉的母语为工具，其结果是儿童很难理解和掌握所学知识，而且思维发展也严重受阻，学业成就不高，下面这个事例即是佐证。

1931年，宁雷马屏屯殖军在西昌设立"宁化学校"，由彝族青年曲木藏尧主办，周维汉协办。学生由县府令各支彝族头人派遣子弟入学，约七八十人。"课程设置与汉小无异，教学纯用汉语，彝童茫然无措，终日如坐针毡。虽管理严厉，但逃亡者众。"[1]

## （二）无边地语文教材

中华民国存在时间既短，百业待举，对边疆教育的关注和研究极为有限。在机构的设立、教材的编写、教法的研究方面远远明显滞后于实践需要。至1930年才设立了专辖边疆教育的机构"蒙藏教育司"，其管辖区域专注于蒙古、康藏、新疆青海蒙回藏地区，[2] 彝族、苗族等其他少数民族的教育处于民国边疆教育的边缘地位。对于边疆教育教科书的使用语言："小学教科书应由教育部按照边地实际需要，分别编订印送各校应用；此项教科书，一律以国语为主，地方语文为辅。"[3] 教材方面"惟二十七年（1938）以前，译才与印刷两感困难，往往编而不译，译而不印，致边地书荒严重。教育部为解决此一问题，极力罗致译才，自置印刷设备，从事边文书籍之译印工作"。1947年，由国立边疆文化教育馆组织编译蒙古、藏、维吾尔文小学教科书各一套并出版，计蒙古文本9册，藏文本8册，维吾尔文本10册。[4] 也就是说，直到1947年，才有专供边疆教育的边地语文教材，而这迟迟面世的边地语文教材，还只限于蒙古、藏、维吾尔文三种，没有彝语教材，更没有彝、汉对照的教材。

---

[1] 凉山彝族自治州地方志编纂委员会. 凉山彝族自治州志 [Z]. 北京：方志出版社，2002：2500.

[2] 曹树勋. 边疆教育新论 [M]. 正中书局印行，1945：19.

[3] 教育部教育年鉴编纂委员会. 第二次中国教育年鉴：第十编 [Z]. 上海：商务印书馆，1948：1212.

[4] 教育部教育年鉴编纂委员会. 第二次中国教育年鉴：第十编 [Z]. 上海：商务印书馆，1948：1217-1218.

### (三) 缺乏边地语文教师

边疆教育施行时间既短，又缺少边地语文教材，也没有适当的边地语文教师。朱家骅曾感叹："然边疆教育，前无成规可循，白手成家，事事草创。"[①] 黄举安在《谈边疆教育读后感言》中慨叹：边疆教育的历史算来也不短了，可至今（1947年）"还没有一套合于边疆师范教育用的教材（国民教育也算在内）"。[②] 连适合边疆师范教育的教材也没有，何谈培养边地语文师资？如本书第三章所述，斯补校的老师优秀、负责，然而就算在斯补校的优秀师资当中，能够同时掌握汉语和彝语的教师，一个也没有。从外面聘来的教师通国语，但不懂彝语。后来被当作学校边地语文老师的毕摩、岭土司家的头人，懂彝语，但对社会上通行的汉语，所知就极其有限。岭光电自己勉强可算彝汉兼通，但他在学校初办期间，彝语能听不能说，后来跟人学习后，才真正学会彝语、通彝文；[③] 而且他经常不在学校，不能当作学校的固定教师用。

## 二、斯补校的解决办法

我国著名民族教育学家滕星认为：每个想获得成功的双语教育方案设计的实施，必须要考虑本地区现有的可利用资源这一重要因素。否则，再好的双语教育方案由于资源的缺乏也会导致失败。双语教育的可利用资源大致可归纳为三个主要方面，一是语言教育的教育经费；二是语言教育的师资和管理队伍；三是语言教育的教材与教学参

---

① 朱家骅. 论边疆教育 [Z] //朱家骅. 边疆教育概况（续编·代序）. 中华民国教育部边疆教育司编印，1947.
② 黄举安. 谈边疆教育读后感言 [J]. 边疆通讯，1947，4 (5)：8.
③ 岭光电. 个人经历点滴 [M] //温春来，尔布什哈. 岭光电文集（下）. 香港科技大学华南研究中心，2010：324.

考资料。① 在当时面临的重重困难下，岭光电动员了一切能够动用的资源。

### （一）创造条件学习彝语和地方传统文化

卡明斯（Cummins）于1979年提出了一个影响两种语言学习能力临界水平的理论假说。其基本理论为：为了使第二种语言的引入适宜和有效，主体的语言、即第一语言必须达到某一最低发展水平。如果第一语言没有达到这种最低水平，那么第二种语言由于缺乏牢固的支持和不正确的吸收以致不能健康地掌握，甚至成为第一语言进一步发展的障碍。如果在引进第二语言之前第一语言最低水平达到了，这种相互反作用就会得到避免。② W. F. 麦凯和 M. 西格恩经研究指出：要防止与另一种文化，尤其是一种认为占优势的文化接触时产生负的或破坏性的作用，那么自己文化一体化必须达到一定的最低水平。③ 斯补区的老百姓在岭光电办学之前，普遍没有接受学校教育的意愿和经历，因此儿童们也就没有相应做学习汉文化的准备，在本地语言和文化的习得上，仍遵循传统的方式，还没来得及发展到学习第二语言和文化的程度。马长寿先生考察凉山的教育有以下特点：贵族子弟因为有闲暇和将来需要统治的原因，可得到较为充裕的教育，如田猎、辩才、人格陶冶、交友等。而白彝和白彝以下被统治的阶层，为实际生活所迫，只知忙碌做工，"而无暇深刻的沉思"；上辈无暇余时间教导其子弟，子弟亦无暇余时间接受与生计无关的教育，因此他们对后代的教育，"除谋生技术外，几无文艺可言"。④ 也就是说，一般老百姓的子弟接受的教育主要是谋生技能，较少有像学校以认知为主的教育

---

① 滕星. 文化变迁与双语教育：凉山彝族社区教育人类学的田野工作与文本撰述 [M]. 北京：教育科学出版社，2001：230.
② W. F. 麦凯，M. 西格恩. 双语教育概论 [M]. 严正，柳秀峰，译. 北京：光明日报出版社，1989：111.
③ W. F. 麦凯，M. 西格恩. 双语教育概论 [M]. 严正，柳秀峰，译. 北京：光明日报出版社，1989：111.
④ 马长寿. 凉山罗彝考察报告 [M]（下）. 成都：巴蜀书社，2006：379-383.

的经验。突然让他们进入到以汉语为教学语言、以传授汉文化为主的这一极为陌生的文化模式面前，极易造成他们认知上的困惑与混乱、想象上的停顿；导致学习体验的失败情感和对学习陌生文化的恐慌。凉山幼童在曲木藏尧主办的学校里"茫然无措"即是此种情形的鲜明写照。

岭光电办学时，上述的各种教育理论并未问世，但也许是从他个人的学习经验出发，也许是他在"边民调查团"调查边地教育时从其他地方得到的经验，他本能地在斯补校坚持了彝语和本地传统文化的教育，充分调动一切可利用的资源进行此类教育。

1. 巧选边地语文教师

没有专职边地语文教师，岭光电就请头人、毕摩来担任。头人的必备条件是能干和有声望，他们帮助土司办理事务，参加调解纠纷，在本村或本家支内执行任务，像蒋日连都、罗清华和后来的蒋大成都是斯补区声望很高的头人。土司办事也要依靠头人的支持才能顺利进行。1939 年岭光电因其妻掌权时某事处置不当而作出规定：岭光电外出时，大事由头目（头人）开会决定。① 可见头人的能干与地位。而毕摩可谓是当地社会中的知识分子。所以请头人、毕摩充当边地语文教师是当时条件下最好的一种选择了：头人熟悉本地习惯法，历史典故、神话传说，风土人情，因为时常与外界打交道的原因，比一般人有见识；因为经常办理事务和调解纠纷，口才出众。毕摩是本地文字、本地传统文化典籍的主要传承者，可以说是天然的边地语文教师。办学初期由头人刘玉成、马焕章担任彝语教师，后来由罗清华接任。到后期时，选择从斯补校毕业出来的学生担任边地语文教师。老头人蒋日连都的儿子蒋汉英是斯补校的第一批学生里的，曾被岭光电送到成都华阳中学读书，学成后在斯补校教彝语课程和其他课程。马长寿在其考察报告中曾提过毕摩教彝文的事情："毕摩几珠为斯补小

---

① 岭光电. 当土司的时候 [M] //温春来，尔布什哈. 岭光电文集（下）. 香港：香港科技大学华南研究中心，2010：295.

学授罗文（彝文），兼理庶务。"① 不仅在斯补校提倡学习彝语，其他地方缺少边地语文教师时，岭光电也设法帮助解决：1940年越巂实验小学成立，缺乏边地语文教师，岭光电介绍本地人李明才去任教；② 1947年国立西康初级实用职业学校迁到富林后，岭光电派头人罗清华到该校教授彝语和边地知识。

2. 自编边地语文教材

没有彝语教材，岭光电采取了就地取材、逐步完善的办法：办学初期的时候头人用讲民间故事、摆龙门阵的方法教彝语，教常用单字。从人们熟知的彝族长篇史诗故事《勒俄特依》上选一些小故事抄写下来，用这些手抄本当教材。一两年后，自力更生，自己编写彝语教材：岭光电从本地人喜闻乐见的《勒俄特依》《玛木特依》选编部分内容，用彝文记录下来，再翻译成汉文；1940年带到富林印刷，编印出当时难得一见的彝汉对照的双语课本。③ 到1949年前后因打仗原因富林的东西运不进来时，斯补校又采取手抄的办法，教学生利用以前的原本各自抄写供上课用。岭光电还曾油印彝族诗歌《妈妈的女儿》《姐姐》《呷页件件》在当地散发；编制彝文半月刊，翻译彝文禁烟法令，小学课本等。④

3. 创作彝语歌曲

为激发学生学习彝语和地方传统文化的兴趣，岭光电创作了一系列彝语歌曲，如《改革歌》《田坝好地方》《立春三月播种忙》《朋友们来跳舞》《勇敢的人是我儿子》等。这些歌曲的词和曲都由岭光电创作：曲调优美，琅琅上口；歌词采用人们熟悉的本地语言，富有地方特色，但内容却具有浓郁的时代新气息，很受学生欢迎。学生因此

---

① 马长寿. 凉山罗彝考察报告（上）[M]. 成都：巴蜀书社，2006：92.
② 岭光电. 我所知道的羊仁安 [M] //岭光电. 岭光电文集（中）. 香港：香港科技大学华南研究中心，2010：495.
③ 笔者与姜碧纶先生2013年11月5日在西昌的访谈。
④ 岭光电. 十三年中干了些什么 [M] //岭光电. 岭光电文集（下）. 香港：香港科技大学华南研究中心，2010：324.

也乐意学，学起来也容易。

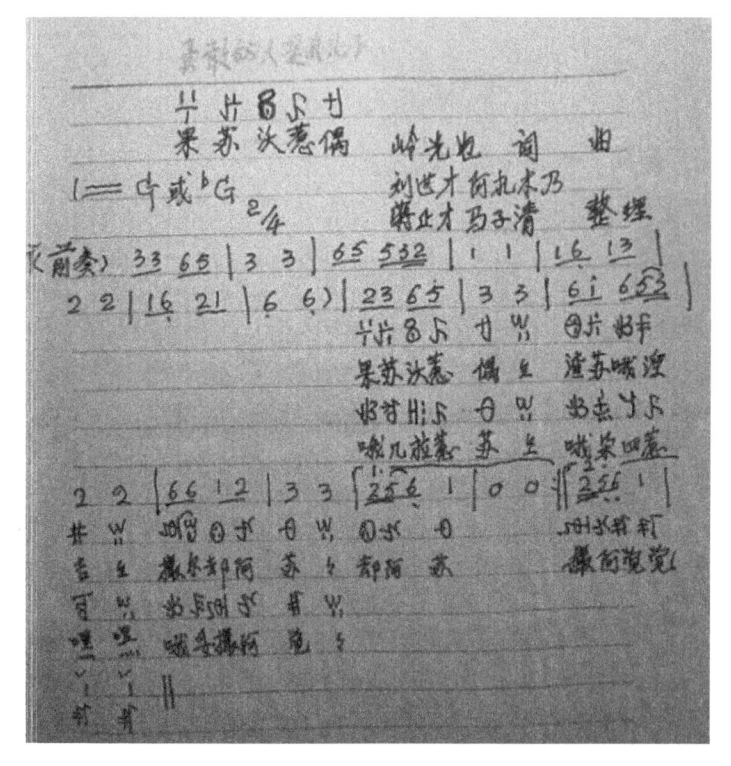

**图 6-1** 《勇敢的人是我儿子》（蒋正才先生提供）

4. 开设边地语文课程

斯补校从一年级起即开设边地语文课程，所占教学时间比例较大，到三、四年级时以汉语教学为主，每周加授边地文化课两小时，边地文化课涉及本地历史、神话故事等。

## （二）想方设法教授汉语和现代文化

相比于边地语文教学，斯补校进行现代文化教育的有利条件在于：有教材，有教师。最大的不利条件在于：作为国家通用语言文字的汉语，对于世世代代偏居一隅的凉山学生来说并没有完全掌握。针对此种情况，岭光电采取了"强制+兴趣"的方法。

1. 坚持以现代文化教育为主

岭光电办学的目的之一就是"为了影响和改变一下彝族文化教育落后的状况，向先进民族学习"，① 甚至主张为了更好地学习现代文化，"目前中等学校不必深入夷区"，应设在离本地环境较远的地方，② 以远离传统文化干扰而便于接受新文化，所以斯补校在实行现代文化教育这一点上态度非常明确。即使学生感到难学，也坚定不移地持续推进。一般的学生学到二、三年级慢慢理解了就有兴趣了，也愿意继续学下去。"我不喜欢读书，因为不懂汉语。岭校长估到（强迫的意思）要读，不敢退学。星期天他亲自喊我去读，去补习，到三、四年级我成绩就好了，就到前三名了，校长公开表扬我，我就愿意学了。"姜碧纶回忆起开始学习时的情形。

斯补校的课程设置以现代文化为主，采用全国通用教材，开始使用开明书店版本，后使用商务印书馆版本。主要开设的科目有：国语、算术、常识、古文观止、公民、体育、音乐、舞蹈等。上课语言除边地语文课使用彝语外，其他课程一律采用汉语教学。教师当中也是掌握汉语的老师占多数。虽然对于斯补校的学生来说，汉语是第二语言，但老师们并没有降低对学生的要求，而是认真、严格地执行教学任务。

> 刚上学的时候教认字，读了又读，以后很扎实；写毛笔字，老师先把底子写起来，方格子打起，再让我们蒙到（相当于书法启蒙的描红）写，有时候把到（握着）学生的手写，田坝街上的私塾没有这么热心的老师。写得起还要懂得起，老师反复给我们讲字的意思。开始学的时候很恼火，因为不懂汉语。记得第一天学"上课、上学"，第三课学"公鸡叫，母鸡下蛋"，我们懂不起，教我们的巩老师一会儿学公鸡叫，一会儿学母鸡叫。老师拿

---

① 岭光电. 忆往昔[M]. 昆明：云南人民出版社，1988：119.
② 岭光电. 论边民教育[M]//温春来，尔布什哈. 岭光电文集（上）. 香港：香港科技大学华南研究中心，2010：324-328.

实物教学。一年后掌握了，可以跟老师对话。岭校长只要在家就管，到教室查看，教国语，教我们唱歌，教我们唱《黄埔军校歌》。岭校长有时一个月回来，有时二十天回来，开会，看教啥子，应该咋个教，到外头听到进步的、科学的东西，马上回来教给大家。①

有个老师叫莫牙虎（音），管理非常严格。抄写掉了两个字就要挨四个屁股板，有一次我错了五个字，我想：那要打好多个屁股板，咋个受得了？害怕了跑回家。后来我母亲把我带回学校，跟莫老师说："老师严格是对的，娃娃没学过汉话，学起来肯定难，也不要打那么多板子嘛。我跟你换，我来教你的娃娃学彝话，看他有没有我们这些娃娃学得快。"从那以后，莫牙虎老师不再像以前那么打人了，但要求还是很严格。②

在与原斯补小学毕业的学生的访谈中，笔者的确感到他们的个人素质都很高，都是70多、80多岁的老人了，都能说流利的汉话，说话实事求是，有见地，条理清晰，记忆清楚，写得一手好字。他们都有一种斯补校学生的自豪感："我们斯补校老师要求严格，所以我们基础打得好，学得很扎实，社会上对我们斯补校的学生很欢迎。"

2. 激发学习汉语兴趣

首先，斯补校鼓励学生学彝语，这实际上也促进了对汉语的学习。一方面通过对当地语言的学习，把学生以前的生活世界和学校世界联系了起来，学生能够通过回顾过往的经验拓展学校的学习，有利于他们认知能力的提高，认知能力的提高能够促进他们对新知识的吸收，从而也就促进了汉语的学习。1940年以后有了彝语教材，内容是学生们耳熟能详的本地典籍中的题材，用的又是本地语言，学生学起来兴趣很高，也较轻松；有些教材是双语对照本，通过汉语、彝语的

---

① 本节内容除标注外，其余来自笔者与蒋正才先生、姜碧纶先生、马之一先生的访谈综合内容。

② 笔者与马之一先生2013年8月25日在西昌的访谈。

比较对照，直接促进了汉语的学习。如彝语歌曲《改革歌》，虽然歌词使用的是彝语，但表现的内容却是新思想、新文化。"将来、将来，将来必须进行改革。将来若是不改革，子孙后代怎能幸福？团结、协助，各族同胞整体要团结。我们内部不团结，外部总是欺负我们？卫生，整洁，吃饭饮水要做到干净，若是一天不卫生，得病成为终身痛苦。"学习彝语就好似架起了一座桥梁，连接起学生的生活经验世界和学校的文化教育，有效地提高了学生学习汉语和新文化的热情。

另外，岭光电很善于使用寓教于乐的方法激发学生学习汉语的兴趣。利用本地人能歌善舞的特点，教唱内地流行歌曲《松花江上》《毕业歌》《蝴蝶梦》《大路歌》《义勇军进行曲》等；用汉语创作校歌，把彝语歌谣翻译成汉语；用彝语创作《彝人始祖》《无穷无尽的故事》话剧剧本，并以话剧形式进行演出，内容却是本地人熟悉的故事题材。无论组织学生在斯补村中演出，还是到田坝街演出，都很受欢迎。[①] 这种寓教于乐的方式，既利用本地人熟悉和喜欢的歌舞形式巧妙地建立起与陌生的现代文化的联系，又利用汉语、彝语互译的形式直接建立起两种文化之间的联系，使学生乐意、轻松地接受，大大激发了学生们学习汉语的热情和兴趣。

## 三、岭光电办法的适用性

岭光电开创的语言教育方法以实行现代文化教育为主，毫不动摇推行汉语教育，想方设法激发学生学习汉语和现代文化的兴趣；克服没有边地语文教师、没有边地语文教材的困难，因地制宜，大胆启用毕摩、头人担任彝语教师，采用口述、手抄、自己编译等方法创编彝语教材，坚持开设彝语课程，采用多种方式鼓励学生学习彝语。从而达到提高学生个人素质、提高学生适应社会能力的教育目的。岭光电

---

① 本节除特别标注外，其他均为笔者与蒋正才、姜碧纶的访谈内容。

的这一模式符合儿童的认知发展规律，即上文中卡明斯、W·F·麦凯和 M·西格恩提出的语言教育理论：要使第二语言的引入适宜和有效，要使外来文化不对自己本群体的文化产生破坏性作用，学生的母语和自己所掌握的本群体文化必须达到最低水平。斯补校入学的儿童大多在七岁左右，母语能力还未得到充分发展，所习得的传统文化尚为粗浅，在学校里保持本地语言、本地传统文化的延续，有利于学生认知能力的提高，有利于对汉语的学习。斯补校的学生从斯补校毕业后到越巂、汉源、雅安、西昌成都、重庆、贵州等地，都能很快适应各地环境；在凉山解放、民主改革和建设时期表现出强大的工作能力，说明了岭光电语言教学的成功。

灵活运用各种办法结合彝、汉两种语言进行教学，脚踏实地利用一切所能获得的资源创造两种语言教育的条件，岭光电在实践中摸索出的语言教育方法灵活务实而富有成效，是边民教育中少见的成功案例，具有开创性和示范性意义。西南民族大学语言专家朱建新教授高度评价岭光电的语言教育方法："我们今天才初步形成的双语教学模式体系是经过几代人的艰苦努力，发挥国家之财力才得以形成。而岭光电先生依靠自身之力，早在民国晚期就创办了这种办学模式，"他开创了四川凉山地区语言教学模式的先河。[1]

岭光电的语言教育办法对其后凉山的语言教育发展发挥了重要作用，对现在的语言教育也有借鉴意义。凉山进入到社会主义社会转型期时，急需大量基层干部，但因当时大多数人不识字而难以承担干部职责。这时候岭光电编写的彝文《谚语》小册子解决了扫盲的燃眉之急，很多人通过这本《谚语》快速脱盲，学会彝文；掌握用彝文记录、记账等基本能力，成为当时社会急需的人才。[2] 这也证明了用本地语言学习的优势。用本地语言学习文化知识，因为文字与生活中的

---

[1] 朱建新. 四川彝区现代民族教育的先驱者——岭光电 [Z]. 在岭光电民族教育思想研讨会上的发言，2013-11-03.

[2] 朱建新教授 2013 年 11 月 3 日在 "岭光电民族教育思想研讨会" 的发言观点。

语言一致，学习起来有事半功倍的效果。岭光电编写的《谚语》能使人们快速学会彝文，符合前文提及的教育规律：经验世界与学习内容一致时，就能有效地建立二者之间的联系，有助于学习者认知能力和知识体系的构建；彝族格言谚语在凉山有着广泛的群众基础，具有权威性、规范性特点；通过岭光电编写的《谚语》学彝文，就容易取得快捷高效的效果。

**图 6-2 岭光电译《谚语》（尔布什哈先生提供）**

彝语中的"尔比"相当于汉族语言中的格言和谚语，在彝族人民中广泛使用，可以说它是彝族人认知、言行、为人的总结；又成为彝族人的言行、认知、为人的规范；它涉及到哲学、伦理学、天文学、宗教及历史等各方面知识，在中华人民共和国成立前的彝族社会中起到习惯法的范例作用而运用到社会生活的各个方面。在彝族地区，彝族人不仅要懂它，而且贵在应用，解决问题。[1] 马长寿在考察彝族人的教育时也注意到了彝谚（格言）的突出作用：格言乃彝族社会中古圣贤哲所留的金玉良言，它在统

---

[1] 参见岭光电. 谚语 [Z]. 油印本，1982：前言第 1 页；岭光电. 凉山彝族有关妇女的谚语 [Z]. 油印本，年代不详：前言第 1 页.

下属、止纷争、罢兵戈等方面都很有作用。彝族地区贵族子弟训练辩才之法首为多记格言（尔比），他们或从经验丰富之老人，或在探亲访友、或参加亲戚之婚礼、祭祀场合时时学习格言。① 彝谚在彝族社会中具有广泛的群众基础，且具有世代相传的"尔比"教育传统，因此，岭光电搜集彝族谚语编撰成书供人们学习，可谓是一种切合实际、立竿见影的办法，可以起到事半功倍的效果。

现代语言教育理论已证明：用母语启蒙是帮助学习第二语言的有效手段，如前文提到的卡明斯理论。岭光电从斯补校成功的语言教育实践中得出经验："用民族语文施教，奠定知识基础，就容易在基础上提高，就能学习接受他族语文和新的知识和技术"。② 并从五个方面说明彝文易学的优点：象形精巧，含义一望可知的（字）相当多；字形简单笔画少；字体单一，字形简便，书写容易、迅速简捷；学习容易；不受方言限制。③

现在社会与岭光电早年所处社会已经发生巨大变化，人们使用国家通用语言的环境越来越好，以前岭光电千方百计推行的汉语现在青少年当中已成潮流，越来越多的人讲普通话，反而是讲彝语的人越来越少。但是，在当今社会现代化进程中，进行地方语言教育仍有必要。

在当今现代化进程中，保持文化上的活力是一个国家、一个社会在全球竞争中的关键因素。中华民族多元一体的格局，使各民族间形成"你中有我，我中有你"的交互关系，各民族间的交往交流交融，共同铸就了灿烂多姿的中华民族文化，各民族文化是形成中华民族共

---

① 马长寿凉山罗彝考察报告［M］．成都：巴蜀书社，2006：381，382.
② 岭光电．凉山彝族教育问题［M］//温春来，尔布什哈．岭光电文集（中）．香港科技大学华南研究中心，2010：535.
③ 岭光电．对彝族文字的看法［M］//温春来，尔布什哈．岭光电文集（下）．香港科技大学华南研究中心，2010：47，48.

同文化的养分和来源，是中华民族文化的重要组成部分。保持各民族文化的生命力，有利于给中华民族共同文化注入新鲜血液和活力，丰富中华民族文化，增进对祖国和中华民族的认同，加强在全球竞争中的优势。而语言是形成、保持民族文化的基本工具，要保持民族地方文化的活力、保持中华民族文化的活力，很有必要保留地方语言的教育。所以从增强民族团结、促进民族文化发展，继承和发扬中华民族文化，加强全球竞争优势来说，进行地方语言教育仍有必要，岭光电的语言教育方法仍有借鉴之处。

总之，只要可以达到提高学生学业成绩，提高学生适应将来社会的能力，就应该因地制宜、因势利导采取各种策略促进现代文化和地方传统文化的教育，推进国家通用语言和地方语言的学习。这也正是当年岭光电提倡的现代文化和地方传统文化融合的策略和出发点。

# 第七章 创新性的民族文化融合理念

民国时期，四川凉山斯补区虽然世代保持着独立的、封闭的彝族文化生态圈，但在与相邻田坝汉族聚居区交往的过程中，田坝的汉族文化对斯补区仍然有微弱、渐变的影响。如斯补区也过汉族人的春节，其中一些人也会说汉语等。另外，斯补区的七支百姓的居住村落，有的村子属于彝汉杂居，如马之一老先生幼时所在的马家堡子，村里就有十几户汉族人家，在双方共同的生活环境里，彝汉双方的一些风俗习惯都有变化，彝、汉两种文化悄然地发生涵化现象。岭光电在外游学既久，亲身感受到现代汉族文化的诸多好处；1937年回到斯补之后，岭光电主动把现代新文化带到了斯补区，试图藉此为本区的民族文化输进新鲜血液。外来的现代新文化在岭光电巧妙的引导下和本土的民族传统文化发生着更多的、更深的涵化现象。

## 第一节 "把药丸揉进苦荞粑"的岭式理念

### 一、涵化及涵化类型

在人类学文化变迁理论中，"涵化"（acculturation）是其中一个重要理论，最早对涵化概念作出明确解释的是美国人类学家拉尔夫·

林顿、梅尔维尔·赫斯科维茨和罗伯特·雷德菲尔德等人。"当拥有不同文化的个人的群体间进行直接的接触,继而引起一方或双方原有文化模式发生变化的现象叫作涵化"。① 关于涵化对相互接触的文化体系产生的不同影响,跨文化心理学家贝里提出四种涵化类型:1. 整合类型。强调自己原有文化,同时也重视与新文化群体的关系。2. 同化类型。强调保持与新文化群体关系,不重视自己原有文化。3. 分离类型:强调自己原有群体文化,不重视与新文化群体的关系。4. 边缘类型。既不重视自己群体文化,也不看重与新文化群体的关系。② 也有学者把不同文化间的涵化现象分为以下五种类型:1. 代换。新的文化特质代替了原有文化的相同成分,发挥着同样的功效,结构变化最小。2. 附加。新的文化特质不能取代原有的文化成分,只能附着于原有文化特质,有时引起文化的结构改变,有时则不会。3. 综摄。新旧文化混合在一起,组成新的文化体系。4. 退化。失去原来的文化特质,又没有创造出可以取代的新的文化。5. 抗拒。变迁速度太快,或变迁规模太大,使得大多数人无法接受而引起的抗拒。③

## 二、民族文化融合的政府导向

国民政府在构建现代民族国家、抗战建国的背景下,对国家主流文化和边疆文化(民族文化)的关系制定了"统一文化"的发展宗旨,以构建中华民族文化为中心,以中华民族文化统一各族人民意识。1931 年九月中常会通过施行的《三民主义教育实施原则第六章蒙藏教育》中规定蒙藏教育的发展目标之一为:"依遵孙中山先生民

---

① REDFIELD R, LINTON R, HERSKOVITS M J. Momorandumontth study of acculturation [J]. American Anthropologist, 1936 (38): 149-152.

② Berry J W, POORTINGA Y P, SEGALL M H, et al. Cross-Cultural Psychology: Research and Applications (2nd ed.) [M]. Cambridge (UK): Cambridge University Press, 2002: 345-383.

③ 周大鸣,等. 现代人类学 [M]. 重庆:重庆出版社, 1990: 260-261.

族平等之原则，由教育力量，力图蒙藏人民语言意志之统一，以期五族共和的大民族主义国家之完成。"① 1939年第三次全国教育会议决议通过的《推进边疆教育方案》中制定的边疆教育方针之一为："边疆教育应以融合大中华民族各部分之文化，并促其发展为一定之方针。"② 1941年十一月行政院颁布的《边地青年教育及人事行政实施纲颁》，其中规定的边地青年教育目标之一是，"彻底培养国族意识，以求全国文化之统一"；③ 为达到文化"统一"的目的，边疆教育法案中特别强调：边地小学教科书，"一律以国语为主，地方语文为辅"；招收当地学生时，不分种族宗教，混合教学训练，俾潜移默化，促进中华民族意识与民族文化之交融统一。④

根据中央政府提出的中华民族文化与边地文化的关系，西康省政府制定出"三化"政策来响应中央精神，其具体内容为："三化"指德化、同化、进化；德化是以父兄对待子弟的精神去感召边地各族，而不是以征服者对待被征服者的暴力去压迫他们；同化就是要使边地各族与汉族同文同轨，说国语、学国文，与汉族同一风习文化；进化则是变散漫为团结，化边地为腹地，由农业而工业；而要施行三化政策，必须依靠边地教育，教育是三化政策的"生力军"，三化政策是边地教育的内容；边地教育的目的就是要使边地各族，一律同化于中华民族文化，共同建设新西康、共同享受新西康的自由、平等、和平、富强之幸福。⑤

从以上论述可以看出，对于民族文化融合的问题，从中央到地方

---

① 教育部教育年鉴编纂委员会. 第二次中国教育年鉴：第十编［Z］. 上海：商务印书馆，1948：1211.
② 教育部教育年鉴编纂委员会. 第二次中国教育年鉴：第十编［Z］. 上海：商务印书馆，1948：1211.
③ 教育部教育年鉴编纂委员会. 第二次中国教育年鉴：第十编［Z］. 上海：商务印书馆，1948：1211.
④ 曹树勋. 边疆教育新论［M］. 正中书局印行. 1945：17.
⑤ 刘文辉. 建设新西康十讲［C］//赵心愚，秦和平，王川. 康区藏族社会珍稀资料辑要（下）. 成都：巴蜀书社，2006：730-734.

政府的政策，均反映出以中华民族文化为中心融合边地文化、共同构建中华民族文化的导向。

## 三、岭式理念

岭光电赞同西康省政府的"三化"政策，认为办理西康边务，"当然以三化政策为最高原则，谁也不能稍为否认"，教育是"实现三化政策之唯一法宝"。[①] 对于中华民族文化与彝族文化融合的目的，岭光电的落脚点最终在于"创造一切"，也就是吸收、借鉴汉文化的优秀成分，融合进彝族文化之中，从而达到激发彝族文化创造力的目的。这与后来文化变迁理论中"涵化"的作用其实是不谋而合的。涵化的一个重要作用就是使涵化过程的一方，接受另一方群体的行为规范和价值观念，从而拓宽己方的视野并激发己方群体文化的创造力。下面的一个事例形象地体现了岭光电对彝族传统文化和国家共同文化关系的看法。

> 本校出身，学医回校教书的刘世才，由他使用药品。他爱动脑筋，经常想办法来治好病人。在1945年以后，栽活的桉树已长大，其新叶煮出□汁可治疟疾，其味与克拉奎灵一样苦，这两种药苦味，彝族人是不喜欢吃的。于是我和他商议后，适应彝族人惯吃苦荞味习性，把桉汁、奎灵融水和荞面。用两颗奎灵化出□水，揉一块荞馍，遇疟疾病人时，就发给一块。他们都不说苦，吃得很有味。效果很好，不仅治好了疟疾，其他一些病也好了。当时我只觉得这办法好，不曾思考其原因。在去年秋，在西昌与世才见面时，偶然谈到这事，他说我们当时用桉汁合化奎灵水来揉馍治疟疾，结果也治好一些其他病。这是奎灵与苦荞都能

---

① 岭光电.教育与三化政策[M]//温春来，尔布什哈.岭光电文集（上册）.香港：香港科技大学华南研究中心，2010：316-318.

治病的关系。①

在看待中华民族文化和地方传统文化的关系上以及在其后的教育实践中，岭光电并未亦步亦趋地完全照搬"三化"政策精神，而是形成了既认同中华民族文化，又坚持民族特色的教育原则和理论，即形成文化涵化中的"整合"类型。有学者将其表述为"既保持原有文化特征，又吸收异文化因素，把两种文化因素融为一体"。② 就像岭光电和他的学生用来给病人治病的苦荞粑：把能治病的、彝族人不喜吃的药丸揉进他们爱吃的苦荞粑里，人们容易接受，也治好了病。在这里，地方传统文化就好比是苦荞粑，中华民族文化就好比是揉进苦荞粑的药丸，两种文化的融合就好比是加了药丸的美味苦荞粑。特别值得一提的是：在岭光电办学期间，关于文化融合问题，学界并没有如"涵化"一类的理论可用作指导借鉴，他完全是基于自己的办学实践，从实际出发，摸索并总结出具有鲜明岭光电特色的创新务实模式，即"把药丸揉进苦荞粑"的文化融合办法。

## 第二节 推动地方传统文化传承

### 一、凉山传统文化的优点

积极学习外来先进文化，并不意味着对地方传统文化即本民族文化的摒弃。对于彝族传统文化，岭光电充满了深厚情感，表现出一种强烈自信的态度。

一方面，他认为彝族文化具有很多优秀之处，彝族人拥有突出的

---

① 《岭光电手稿》，日期不详，2013年3月19日于甘洛县档案馆查阅。
② 庄孔韶. 人类学概论 [M]. 北京：中国人民大学出版社，2006：291.

优点。在《西南夷族史》《困难时期夷胞应有的认识》和《边疆民族新生命》等文章中，岭光电对此给予了充分肯定。前文第五章对彝族文化和彝族人的优点已有详细论述，此处不再赘述。庄学本在其报告中称赞彝族人"人口多，种族强"，"极节约耐苦，少嗜好，行小家庭制，有独立精神"，"好尚武，勇于战争，必要时能一致对外，记忆力强"等优点。① 对照内地的一些现象，岭光电认为彝族文化有优于汉文化之处：在上海等大城市，看到乞丐满地，时有饿殍，对一些靠拾吃垃圾物为生的极苦人家，无人问津，更无人帮助；"觉得还不如彝地，无人行乞"，有困难时能获得帮助。② 岭光电在西昌羊仁安处读书时，亲闻羊府副官陈世昌借故推妻子落水使其致死，而无人追究之事，认为汉族地区女子处境不如彝族地区女子。

另一方面，岭光电认为当时彝族文化虽然有些方面暂时落后于汉族，显得幼稚，但正因为这幼稚，使得彝族文化充满了无限发展的可能，以后能为中华民族文化注入新鲜血液，促成中华民族的强大。"一个新民族是（有）发展前途的，一个国家，随时有新人民参加，也是强盛的征象……中国有众多边民，就是中国永远强盛的预兆。"③ 抗战时期著名的边政学者张汉光先生界定中华民族文化为："不是中原民族独创的文化，而是国内各民族文化混融的结晶，现在却在积极地现代化"；"旨在发扬边疆固有的优良文化，提高边疆文化生活水准，以便加速国族文化现代化"，明确指出中华民族文化不是汉化，是各民族文化混融的结晶。④

---

① 庄学本. 西康夷族调查报告 [M]. 康定：西康省政府印行，1941：169.
② 岭光电. 当土司的时候 [M] //温春来，尔布什哈. 岭光电文集（下）. 香港：香港科技大学华南研究中心，2010：297.
③ 温春来，尔布什哈. 岭光电文集（上册）[M]. 香港：香港科技大学华南研究中心：2010：348.
④ 张汉光：论边疆文化国族化 [J]. 边疆通讯，1947，4（3）.

## 二、批判性传承传统文化

在教育实践中，岭光电非常注意对彝族传统文化的批判性传承。斯补小学聘请彝文教师，课堂上灵活运用彝、汉语言教学，开设彝文课，自编彝文教材，给学生讲授彝族传说、历史，创作彝语歌曲，编排彝族舞蹈，搜集整理彝族文化资源，创作彝族题材话剧，等等。对民俗民风，任其自然发展，但会对其中部分有害人们身体健康、有碍人们生活提高的习俗做些改良，如送祖灵仪式中要求对祭牲实行"以小换大"法，降低"身价钱"标准，以酿醪糟代替烧酒，等等。对严重危害社会的现象则严厉禁止，如禁止吸食鸦片。

> 1938年我们村搞"措毕"（彝族的送祖灵仪式），岭先生把学校50多个学生带去了，带了哈子专家（指庄学本）住在我家里。搞了5天仪式。我那时6岁的样子，对哈子东西都很好奇。看那个专家相机闪光很好奇，在后面追着看。①

送祖灵仪式（彝语叫"尼木措毕"）是彝族宗教仪式中最大型的活动，几乎囊括了彝族地区日常生活和节日庆典的各种仪式；包含了丰富的彝族文化内容，是彝族文化的集中展示，参加人数众多，费时较长，一般为十余天。笔者曾于2013年在美姑县参加了一次送祖灵活动，即使经过现代社会的多重简化，仍持续了三天三夜。著名民族学专家林耀华于1943年到凉山考察时曾亲历此种大型活动。他观察的送祖灵仪式"一方面有严格的仪式，一方面团体会合宴饮，尽情的社交娱乐"，"费时十余日，消耗之大冠于一切活动，非富裕之家不能举行"。② 送祖灵仪式对本群体的人来说，是感受和接受本群体传统文化的绝好机会；对像庄学本这样的外地人来说，是了解、研究彝族

---

① 笔者与马之一先生2013年11月5日在西昌的访谈。
② 林耀华. 凉山夷家 [M]. 台北：南天书局有限公司，1978：101.

文化的不可多得的窗口。因此，岭光电亲自带领50多名学生去了马家的送祖灵道场，让他们切身感受本民族传统文化，在耳濡目染中习得祖传文化；带庄学本参加此种仪式，让族外人更多地了解了彝族文化。但是，即使对于这种根深蒂固的传统仪式，岭光电并没有完全照搬老祖宗规矩，而是做了一些有利于老百姓利益的新规定。

1946年阿扎家举行"措毕"仪式，参加的人很多，除本区的人以外，还有下土司区的、岩润土司区的、黑彝属区的。岭光电的外甥、岩润土司岭固不仅带来了几匹准备参加比赛的骏马，还带来了他的两匹坐骑，"上百个穿戴非常漂亮的青年人背着枪簇拥在他身旁"。由此可见整个场面的盛大。岭光电针对此类仪式大肆宰杀牲畜、铺张浪费的做法，规定"亲戚送来的祭祀的牛则由主人家以羊替换，送来的羊以小猪替换，小猪以鸡替换"。仪式举行期间，岭光电带领一些人一边在附近植树造林，一面监督实施他的新规定。[1]

虽然热爱本民族文化，对自己的民族文化充满了信心，但是对彝族文化的传承，岭光电并没有采取全盘吸收的态度，而是采取了批判性的态度：发掘本民族文化的优点，传承优秀彝族传统文化，摒弃其中的糟粕。如对毕摩经典的态度，充满了辩证性。"这词内容虽差，而词章优美动听，是篇艺术性很高的文学作品；上面叙述了些地名、人名、氏族名，在研究彝族历史地理人物时，是有用的资料；这书上也牵涉彝族人的世界观、习俗、信仰等，都是可作参考的东西。此外如《转山神经》《呗耄献族经》《送魂经》（指路经）、《赎魂经》等呗耄经典，都是研究彝族地理、历史、哲学、习俗等时所不可少的。"[2] 这段话代表了岭光电对彝族文化传承的态度，在教育实践中，

---

[1] 阿扎木呷. 回忆开明土司岭光电 [C] //乌尔子，巴且日火，张明. 凉山民族研究 (1996—1997). 北京：民族出版社，2013：22-23.
[2] 岭光电. 之子宜乍抄后语 [Z]. 北京：中央民族学院油印本，1984.

他也是这么做的：批判性地继承。

## 三、对地方传统文化的贡献

岭光电自己对彝族文化充满了热爱。

第一，表现在他自身主动、积极学习彝文字和彝文经典。岭光电13岁即离开斯补区到汉地求学，24岁才返回家乡，因此彝语多有生疏。"初由南京回来时，能听不能说，连耳鼻二字之音也说不清了。自认为彝族人不能说彝话是不好的，要为彝族人工作也有阻碍，一回家便努力学习，见彝族人就尽量讲彝话"[1]，并加学彝文，两年后能识很多字。中华人民共和国成立后在甘洛居住时，经常找毕摩讨论、学习。

> 甘洛县城一个叫洛依哈布的因演唱"克智（一种语言辩论形式）"而出名的人，精通古彝文和规范彝文。他回忆岭光电带他整理古彝文的往事时说："（20世纪）70年代末，我跟着岭光电一起收集和整理彝族古文时，他教我学的彝文。那个时候，他经常找毕摩那些，看他们的经书，有时也拿他自己的书，有些不认识的字就问。有些毕摩也问他很多经书方面的事情。我们边整理经文边学知识。不知不觉中就把文字和知识都学到了。后来，我当村长去了，平时在葬礼和婚礼场合里耍'克智'。"[2]

第二，身体力行宣传彝文字、彝文化。岭光电多方搜集整理民族文化资源，编订彝文教材，编写有效实用的彝文扫盲课本，创作彝文戏剧、彝语歌曲，乐于将本族的礼俗、经典、历史介绍给外界。从南京回到凉山在西昌任职时，岭光电曾油印《妈妈的儿女》《姐姐》

---

[1] 岭光电.十三年中干了些什么[M]//温春来，尔布什哈.岭光电文集（下册）.香港：香港科技大学华南研究中心，2010：324.
[2] 吉木哈学2013年3月19日在甘洛与洛依哈布访谈。

《呷页件件》等诗歌，在彝族地区散发。编写彝文半月刊，用彝文翻译禁烟法令、小学课本等，想利用彝文提高当地人的知识。① 岭光电先后于 1957 年参加科学院少数民族语言文字调查队，1978 年参加四川省民委会彝文工作组搜集整理彝文词汇工作，搜集到五千多个彝文。把自己收藏的几十本彝文古籍刻写翻印，赠送给有关科研单位研究。规范彝文正式使用后，岭光电又成了《凉山报》彝文版的通讯员和义务发行员，并兼任所在单位的业余彝文教员。②

美国人类学家沃尔夫曾指出语言在塑造文化形貌的作用：语言并不是简单地把人们的观念和需求转化成声音的编码过程，准确来说，它更是一种塑造力量。③ 人们的交流沟通依赖语言，思维的进行和结果依赖语言来呈现，不同语言通过提供不同的表达惯例，塑造着文化的不同形貌。岭光电对彝族文字的喜爱到了执着的地步。他坚持认为要提高彝族文化知识，最好的办法就是使用彝族固有的文字——老彝文，④ 即使在新的拼音化彝族文字已被政府和众多学者所支持并已经投入使用的 1950、1960 年代，他仍然不合时宜地、坚定不移地支持老彝文。岭光电对彝族文字的态度也可以说代表了他对待彝汉文化关系的态度。"努力用本族语文来提高文化知识，既有利于彝族文化发展，也有利于接受先进文化，实现民族现代化。"⑤

岭光电于 20 世纪 60 年代初写作的《对彝族文字的看法》，和 1964 年写作的《彝文好像不能拼音字那么用》，明确表达了支持彝族原有文字的观点，并预见性地判断："在我看来，把彝文用来像拼音

---

① 岭光电. 十三年中干了些什么 [M] //温春来，尔布什哈. 岭光电文集（下册）. 香港：香港科技大学华南研究中心，2010：324.

② 杜受祜、吴乃军《生趣盎然，老当益壮——访国民党立法委员、二十七军副军长、彝族土司岭光电先生（采访稿）》，年代不详，第 3 页。

③ 哈维兰. 文化人类学 [M]. 上海：上海社会科学院出版社，2006：115.

④ 岭光电. 彝族聚居区人民群众需要彝文 [M] //温春来，尔布什哈. 岭光电文集（下册）. 香港：香港科技大学华南研究中心，2010：56.

⑤ 岭光电. 彝族聚居区人民群众需要彝文 [M] //温春来，尔布什哈. 岭光电文集（下册）. 香港：香港科技大学华南研究中心，2010：56.

文字那么只表音，将来会发生许多毛病，成了一种临时的不伦不类的字"。① 历史的发展也证明了岭光电的预判：凉山从1952年推行《凉山彝语拼音方案》，到1958年停止；1974年四川省民族事务委员会彝语工作组对原有彝文进行整理、规范后，制定《彝文规范试行方案》。1975年12月在四川凉山地区推行该方案。后来该方案经过几次修订，沿用到现在，均以彝族原有文字为基础。

第三，岭光电翻译了大量的彝文古籍，为彝族文化的传承与发展做出了重要贡献。20世纪80年代，岭光电受中央民族学院邀请，翻译了大量彝文典籍。1981年翻译的作品有：《呗耄献祖经》；1982年翻译的有：《双动古侯》（《公史传》）、《雪族》（《子史传》）、《谚语》（上）、《教育经典》；1983年翻译的有：《史传》（《母史传》）、《谚语》（中）、《谚语》（下）、《凉山彝族有关妇女的谚语》；1984年翻译《之子宜乍》。这段时期还用手抄本的形式翻译了《邪兆经》《驱猴经》《祛鬼经》《石尔呵俄特》四部经书。② 短短的五六年时间即翻译出14部典籍，即使对于功力深厚的壮年人来说，工作量也可谓巨大，工作成果可谓丰硕；对于当时已至古稀之年的岭老先生来说，更是难以想象。除此项工作外，20世纪80年代岭光电还撰文94篇，公开发表文章26篇，出版自传1部。中华人民共和国成立后岭光电曾担任过四川省民族事务委员会参事室图书管理员、凉山州政协委员、四川省政协委员，并不是如研究所、高校一类专门从事文化研究的工作者，如果不是对本民族文化怀有深沉的挚爱之情，如果不是平时不辞辛劳地搜集、整理这些资料，是不可能在短时期内完成如此巨大的翻译研究工作的。

岭光电在1982年油印的《雪族》的前言中曾提到搜集资料的情形："原本来自滇东永善，因古语多，理解不了，后在昭觉得到一抄

---

① 岭光电.彝文好像不能拼音字那么用[M]//温春来，尔布什哈.岭光电文集（下册）.香港：香港科技大学华南研究中心，2010：42.
② 根据岭光电家属提供的资料整理。

本，在家中搜集到一油印本，对照阅读，才理解到翻译时的程度。"曾经采访过他的原甘洛县对台办的杜受祜对岭光电翻译此书之艰难有详细的记录："但由于（原本）出自明末清初的云南永善等地，年代久远，方言繁多，连彝文造诣极深的岭光电先生开始也只吃得透八成。为了搞好这两书的翻译，岭先生不顾舟楫之苦，旅途艰辛。远到昭觉，找人座谈，交流看法，正拟去金阳就患病了，他抱病工作，在昭觉又找到两本资料，帮助他突破了难关。"① 岭光电钻研彝族文化的恒心由此可见一斑。

  彭勇先生对岭光电整理彝文古籍的事情印象特别深刻："还是 20 世纪 80 年代初的时候，那时我在县团委工作，岭老找到我，说要我找几个年轻人帮他抄彝文。我虽然对彝文研究方面不懂，但认为这是为了民族的事情，是好事情，很支持他。找了几个年轻人帮他抄写。很佩服他这种精神，不为名，不为利，也没有哪个机构、单位要求他干这些，他就做了那么多工作。"②

图 7-1 岭光电翻译的彝文古籍　　　　图 7-2 岭光电翻译的彝文古籍

  1981 年岭光电等人受邀到中央民族学院参加整理、抢救彝文古籍，《中央民族学院学报》曾经登载此事。③ 1982 年他受聘为中央民族学院彝族历史文献专修班任课教师，上文所提彝文古籍油印书籍即

---

 ① 杜受祜、吴乃军《生趣盎然，老当益壮——访国民党立法委员、二十七军副军长、彝族土司岭光电先生（采访稿）》，年代不详，第 4 页。
 ② 笔者于 2016 年 1 月 10 日与彭勇先生在甘洛的访谈。
 ③ 陈英. 抢救彝族历史文献的良好开端 [J]. 中央民族学院学报, 1981 (4): 109-111.

在此期间翻译完成，用作专修班教材。当时翻译整理的《教育经典》（即彝族经典《玛牧特依》），至今仍是学术界参考、使用的权威版本。

图7-3 《教育经典》封面　　图7-4 《教育经典》中译文①

"岭光电先生将（《教育经典》）木刻本用彝文、国际音标、直译、意译的四行体方式译出，内部油印出版，本文对《教育经典》的研究主要引用岭光电先生译本的汉文部分。"② 中央民族大学黄建明教授2001年发表于《民族教育研究》上一篇文章开头作此说明。

中央民族学院1984年编印的《彝文〈指路经〉译集》，搜集整理了云南、四川、贵州三省共十八篇《指路经》，采用彝文、国际音标、直译、意译四行体方式编译，出版后影响很大。岭光电先生就是

---

① 以上4张图片均由笔者于2016年1月12日摄于布布什哈家中。
② 黄建明. 彝族《教育经典》浅论 [J]. 民族教育研究，2001（2）.

该套译集的指导者之一，其子岭福祥是该书的整理翻译人员之一。① 2014年云南楚雄州历经十年出版的106卷《彝族毕摩经典译注》采用的也是上述四行体编译方式。2014年10月由民族出版社出版的《彝文古籍经典选译》里高度评价岭光电等专家指导的《彝文〈指路经〉译集》："特别是中央民族学院彝族历史文献编印室编印的《彝文〈指路经〉译集》等一系列重要典籍译本，对各地彝文文献的整理、翻译和研究产生了深远影响。"②

## 第三节 吸收中华民族文化养分

### 一、积极认同中华民族文化

岭光电热爱彝族文化，但对其落后的一面也有理性的认识："我朦胧地意识到，彝族落后的主要原因在于彝族内部经济文化的落后和社会制度的腐朽"。③ 要提高彝族文化，必须通过教育向先进文化学习。并提出具体办法"须办教育提高彝民文化知识"，"我想培养出若干知识分子，既为我的名誉地位，也促成彝族文化知识的提高"。④ 所以，在向先进民族学习，积极吸取中华民族文化有益成分这一点上，岭光电是毫不迟疑的。

岭光电认为通过学习其他民族先进文化，可以提高本民族传统文化，增进民族地位。上世纪40年代，岭光电认为："（个人）吾人在此，应认识过去，为中华民国国民，将来亦永为中华民国之国民，对

---

① 果吉·宁哈，岭福祥. 彝文《指路经》译集 [M]. 北京：中央民族学院，1993：5.
② 沙马拉毅，李文华主编. 总序 [A]. 彝文古籍经典选译 [M]. 北京：民族出版社，2014：3.
③ 岭光电. 忆往昔 [M]. 昆明：云南人民出版社，1988：79.
④ 岭光电. 忆往昔 [M]. 昆明：云南人民出版社，1988：119.

自身发展上，须得先进同胞之指导，方克有济"；"（彝族）而不失时机，不负职责，而以提高地位，以加强与他族间之关系，相扶相助，共达文明之大境也"。① 到20世纪60年代初，在大批外地干部、老师和技术人才进入凉山工作、大批彝族人通过学习成为凉山发展的巨大力量的大环境下，凉山发生飞跃变化，证明了岭光电早期在斯补区坚持推行中华民族文化的远见。

人类学家认为，人的学习与教育，其实就是文化的习得与传承，即濡化；教育在濡化过程中扮演了重要角色，这既包括正规的学校教育，也包括学校以外的一些民族民俗的非正规教育。非正规教育是一种终身过程和不停顿的社区过程。② 文化传承就其本质而言，不仅是一个文化过程，更是一个教育过程，教育是人类社会文化的传承方式，③ 是"一种高级的濡化活动"。④ 民族教育面临着两种文化的学习，即国家共同文化和本民族文化的传承。岭光电认同中华民族文化并积极引进，在学习中华民族文化方面，岭光电采取了以学校教育为主、社会教育为辅的策略。

在学校教育中，开设国家通行课程，聘请内地优秀教师，采用现代教学方法，使用现代教学设备、教学仪器，采取现代化学校管理，想方设法送学生到外地进一步深造，坚定不移地推行中华民族文化。在社会教育中，积极开展民众教育，设立扫盲班，大力倡导医药，建立医院，改进耕作和育种技术，奖励植树，自己亲种桐树上百亩，引进桉树，嫁接梨树，兴修水堰，引入内地积人肥、厩肥的方法，改变当地人的一些生活陋习。甚至在带领彝族人修建乐西公路的过程中，岭光电也注意到了彝族人受到的内地文化的影响；认识到凉山之外的世界大，人口多；学到了富林汉族人的一些耕种方法；学习了修工具

---

① 岭光电. 倮情述论 [M]. 成都：成都开明书店, 1943：72.
② 庄孔韶. 人类学概论 [M]. 北京：中国人民大学出版社, 2006：287.
③ 哈经雄，滕星. 民族教育学通论 [M]. 北京：教育科学出版社, 2001：5.
④ 郑金洲. 教育人类学 [M]. 北京：人民教育出版社, 2000：115.

编竹筐等技术；相信医药了；等等。①

## 二、构建地方文化新的"濡化"因子

学校以学习国家共同文化为主，对于彝、汉文化融合有什么作用？如前文所述，岭光电认识到本民族文化的一些落后之处，急于吸收汉文化的长处以促成彝族文化发展，因此在斯补校主要推行中华民族文化教育，兼习彝族文化。其这样做的落脚点在于激发"*彝族文化的创造力*"，形成一种新的、有强大生命力和创造力的文化，也就是说，塑造彝族文化的新形貌。而"文化是历史上所创造的生存式样的系统"，② 这个系统是通过濡化得以传承的。濡化包含了有意识的影响和无意识的影响两方面，教育是一种有意识的影响，学校教育对学生接受既有文化濡化的方式、内容以及对受教育者学习能力的形成具有强制规定性特征；学校教育的濡化功能，充分显示出教育对学生及其认知体系形成具有显性的规范性影响。学校通过教育系统地提供给学生一套"文化工具"，如书籍、笔、图片一类的物质工具和像语言、算术、科学这样的概念、符号一类的思想工具，帮助学生继承前人已有的物质、精神、艺术、科学等各方面的成就，并在此基础上发展、完善，形成一种与上一代有所不同的文化面貌。③ 这样，学校为学生群体形成新的文化价值意识和目标取向提供了可能。处于幼童之期的小学生天性清纯朴素，像陶土一样容易被塑造，易于掌握学校提供的行为规范、社会技能、道德观念等，从而把国家共同文化价值内化为自己认知体系的一部分。教育规定着儿童文化形成的基本面貌，儿童在早期阶段的环境中吸收的经历在其整个人生具有基础性作用，对其

---

① 见《岭光电手稿·忆乐（山）西（昌）公路北段边民筑路队》，1988年3月3日，第25-26页。
② 克莱德·克鲁克洪. 文化与个人 [M]. 杭州：浙江人民出版社，2006：35.
③ 鲁道夫·谢弗. 儿童心理学 [M]. 北京：电子工业出版社，2005：296.

以后的人生有着至关重要的作用。从岭光电的教育实践可以看出，岭光电的学生群体在凉山的解放、民主改革和建设中之所以能成为社会骨干力量，产生广泛社会影响，与他们幼年在斯补校接受的严格教育是分不开的。综上所述，在学校以学习国家共同文化为主，有利于学生形成新的文化价值意识和目标取向，从而形成彝族文化中的新"濡化"因子，有助于构建彝族文化的新形貌。

在社会教育中，岭光电通过各种手段保障国家共同文化教育的顺利开展，其目标也在于形成彝族文化的新"濡化"因子。社会教育的对象主要是成人，成人有相对成熟的人生经验和文化价值体系，要使他们接受新的价值观念和行为规范，颇为不易。对此，岭光电在社会教育中引进国家共同文化成分时，多采取因地制宜的引导策略，辅以强制手段。如提倡吃醪糟以代替喝酒，送祖灵仪式上的"以小牲换大牲"的替代法，治病时采用毕摩念经和现代医药治病的"神药两解"法、训练民众等等。一旦人们接受了新的价值观念和行为规范，这些新因素马上就能成为他们支配自己行动的准则和教育下一代的濡化因素。如斯补区妇女对酿醪糟的支持、感受到现代医药效果后对医药的看重等。因此，以成人为主要教育对象的社会教育是文化涵化的有效途径，有利于形成新的"濡化"因子，有助于实现民族文化的融合。

岭光电利用一切机会实施针对彝族人的文化教育。1940年修筑乐西公路时，岭光电见筑路队的卫生署药员完备充足，医生医术高明，医疗成效高，便"介绍刘世才、罗正富、马云章等去，边作翻译边习医，他们得到帮助，我也得到粗懂医药的人才，各得其利。"① 在与马之一老先生的访谈中，他也提到了此事："那时，汉源这方在修路，岭光电校长就派了几个人去当翻译，实际上是去学人家当医生的技术。"② 李敢老先生至今记得："（斯补

---

① 岭光电. 忆乐西公路北段边民筑路队（系岭光电手稿，保存于甘洛县档案馆，无出版单位.）[Z]. 1988: 4.
② 2013年11月6日笔者在西昌与马之一先生的访谈。

校）第一批学生有会打针、开处方的，跟着外面医生学的。刘世才会打针、静脉注射，开处方。"①

## 三、斯补区的新文化中心

积极认同国家共同文化，立志于提高当地民众文化的岭光电，对于外来客人，尤其是来凉山调查研究的人士都非常欢迎。有杂志记载，凡是从事凉山边疆社会工作的，都同岭光电熟稔，如未迁出川时的金陵大学、华西大学中有志于边疆工作的老师、同学都知道他。"一则他本人就是地道倮倮，可以用作良好报导者，二是他多年来站在改善自己同胞的生活的岗位上，也竭诚的和这些人携手，以谋理论与实际的配合，所以今天他仍是不断的和边疆工作者配合，如举办刊物，成立研究会，或实地考察他都是热心赞助的一员。"② 著名民族学家庄学本、马长寿，曾写作《彝人首领》的俄国人顾彼得等人曾先后来到斯补小学小住或长住，受到岭光电家族的热情接待。他们自身也给斯补区带去了外面世界的新鲜事物。如马长寿住在斯补校时："余与岭君订，三日后，余于工作之暇，课其学生以国语注音字母，使能拼字母读书。师生欢喜不置。"③ 充满活力的斯补小学和来往于其间的客人，俨然成了斯补区的新文化中心。

在教育实践中，岭光电敏锐地意识到：要提高当地自身文化，必须学习国家共同文化，培养的学生才能够适应将来的社会需要。他的学生在中华人民共和国成立后之所以能成为新社会急需的人才，关键就是他们具备适应现代社会建设的能力，懂汉话、通彝文，拥有必要的文化基础；了解在一个多民族国家中所必需的共同的文化观念。而民族传统文化提供了个体成长所需要的文化滋养，是人们的精神家

---

① 2016年1月9日在甘洛笔者与李敢先生的访谈。
② 雨频. 岭光电与杨代蒂 [J]. 人物杂志，1948（11）：37.
③ 马长寿. 凉山罗彝考察报告（上）[M]，成都：巴蜀书社，2006：74.

园，是地方群体生存和发展的基础；对于国家共同文化、甚至整个人类社会而言，是文化多样性的存在，为整个人类社会的文化提供新鲜血液，促进人类社会的共同进步。因此，在对待中华民族文化和彝族文化的关系上，岭光电形成了创新性的"把药丸揉进苦荞粑"的融合理念：彝族文化好比苦荞粑，坚守彝族传统文化根本，批判性地继承本民族文化，激发其创造力；中华民族文化的优秀成分好比药丸，认同中华民族文化，积极吸收其先进成分，转化成彝族文化的新濡化因子；在两种文化的碰撞中，塑造本民族文化的新形貌，为中华民族文化输送新鲜血液，适应社会的发展。

# 第八章 启蒙与改良

## 第一节 岭光电兴办教育的影响

### 一、开启凉山彝人创办现代学校教育的先河

岭光电创办的"私立斯补边民小学校"是凉山彝族人当中最早成功办学的现代小学典范。

在凉山,早于斯补校建立的彝族小学有:会理箐小山学校,化夷学校,宁化学校和彝族人李万钟开的私塾和罗大英办的大英小学。会理箐小山学校的创办者并非个人,而是由基督教会西南边疆服务部于1920年开办的,且办理情况并不乐观。化夷学校和宁化学校的招生对象虽然以彝族人为主,但其创办主体是官办性质的集体,办学时间亦短;对此前文第二章已有详细介绍,兹不赘述。其中负责宁化学校具体事务的彝族青年曲木藏尧记录了该校建校和停办的情况:"自民国二十年(1931),余奉中央命,赴西南考察及宣传,曾在西昌创办宁化学校,由川康边防司令,令全宁属黑白各支倮夷,来校受教,分甲乙二班教授。后因经费支绌,及川战影响,开办两学期后,即行停

止。"① 从以上可以看出：一方面该校仅仅办了两个学期，办学时间短暂，且不见什么办学成效；另一方面该校是官办性质，曲木藏尧只是负责管理，并不是该校的创办者。

雷波人李万钟 1926 年在雷波乌角开私塾馆，后中断；1929、1930 年在乌角教了两年书；1932 年在山王庙开了个改良私塾，1933 年收有十多个学生在家中设馆；1934 年再去乌角兴学；1937 年雷波县在乌角基础上成立"四川省立雷波边民小学"，②李万钟担任第一任校长，后因办学艰难，李请辞校长，只担任翻译工作。③ 综合以上可以看出：1936 年以前李万钟办的私塾，其教学方式与教学内容都仿照内地传统的私塾，并非现代意义上的小学；1937 年开办的省立雷波边民小学，是由省政府主办，并非李万钟个人。

大英学校一开始也是仿照私塾性质，后来才与屯垦委员会所办的红毛小学合并，时停时办，办学数年后中辍。④

此外还有开学校教育风气之先的安宁场土司岭镇荣（彝名牟乌省者），早在 1907 年，岭镇荣就在小相营办过有 18 个学生的学堂，并摹刻印刷彝文课本，其内容为彝族传统教材"玛牧特依"（《教育经典》）和欧洲科学知识摘要，学堂里只授彝语文，不教汉字。⑤ 此种办学主要为私塾性质。

岭光电于 1937 年 3 月创办的私立斯补边民小学校从一开始就确定了以现代学校教育为主，地方传统文化教育为辅的办学方针，实行现代学校管理方式，创造了凉山地区最早的双语教育形式；国家共同

---

① 曲木藏尧. 西南夷族考察记 [M]. 南京拔提书店，1934：72.
② 凉山彝族自治州教育志编纂委员会. 凉山彝族自治州教育志 [Z]. 成都：四川民族出版社，1997：89.
③ 李仕安口述. 马林英撰写. 百岁人生川康史——彝族老人李仕安口述记录 [C]. 北京：民族出版社，2014：17-20.
④ 凉山彝族自治州教育志编纂委员会. 凉山彝族自治州教育志 [Z]. 成都：四川民族出版社，1997：89.
⑤ 凉山彝族自治州教育志编纂委员会. 凉山彝族自治州教育志 [Z]. 成都：四川民族出版社，1997：88.

文化和地方传统文化得到较好的融合；办学时间长，成效卓著，开启了凉山彝人创办现代学校教育的先河。

## 二、为中华人民共和国培养一批人才

教育的最终目的落实在个人身上，是养成个人的"社会化"，即通过教育使个人掌握所处社会的文化规范和社会价值体系，以适应整个社会对儿童的总体性要求，并适应受教育者将来所处的特定环境的要求。① 也就是说，通过教育，受教育者获得适应社会的能力。岭光电的学校教育和在校门外实施的多重教育均以人的培养为中心目标，为中华人民共和国培养出一批人才。

第一，通过斯补校培养了300多名学生，造就出具有一定文化知识水平者200余名，这批人在凉山的解放、民主改革和社会主义建设中发挥了重要作用。据原斯补校学生姜碧纶回忆：1950年年底西南团校在越西和田坝各招收5位干部学员，田坝派去的是孙自强、蒋汉忠、罗元守、马友文和他本人，通过在西南团校的学习都成了得力的干部。孙自强到西昌团地委，姜碧纶到州委组织部，罗元守到越西团县委，马友文和蒋汉忠被派往甘洛县，② 他们几个都是从斯补校出来的。孙自强回忆起西南团校的生活，说"由于有一些同学基础太差，学习上他们跟不上，感到压力太大，最后就只好送回去了。而我们几个原来有学习基础，老师一辅导我们就可以跟上，经过努力，姜碧纶、安国忠等我们几个还是坚持了下来"。③ 从这里也可以看出斯补校的小学教育在他们人生中的重要作用。

第二，为党和政府培训了一批干部。关于少数民族地区干部培养的重要性，毛主席曾经指出："要彻底解决民族问题，完全孤立民族

---

① 哈经雄，滕星. 民族教育学通论 [M]. 北京：教育科学出版社，2001：5.
② 贾银忠. 他从族群中走来 [M]. 北京：中国文史出版社，2015：320，321. 另外在该书的277-280页，巴莫尔哈先生的口述也印证了这一事实。
③ 贾银忠. 他从族群中走来 [M]. 北京：中国文史出版社，2015：37.

反动派，没有大批少数民族出身的共产主义干部，是不可能的。"① 要开辟少数民族地区的工作，必须要培养一大批少数民族干部。中华人民共和国成立初期，西昌专区的少数民族干部只有参加过长征的彝族老战士和彝族、回族党员 40 余人，远远不能满足开展民族工作的需要。为此，西昌地委、西昌专署采取了多种措施，其中一种就是：直接招收，短期训练，大胆使用。少数民族干部训练班因此应运而生。岭光电担任训练班班主任，班里的成员有相当一部分来自斯补校毕业的学生。当年共培训学员 612 人。②凉山州志中记载了此事："解放后，军管会与西昌地委组织了西昌民族干部训练班，岭光电担任班主任，为开展民族地区工作培训人才。"③《凉山州民族干部学校志》"大事记"开篇即记载："1950 年 4 月 10 日，以原边师校（四川云南馆，即现西昌市政府所在地）的校舍为基地开办了西昌军事委员会民族干部训练班，后改为西昌军分区民族干部训练班，班主任岭光电。"④

第三，通过学习岭光电编写的扫盲教本，造就了大批基层干部。在凉山从奴隶制社会形态直接跨越到社会主义社会这个转型期，除了急需有发挥"领头羊"作用的干部外，也急需成千上万的有一定文化基础的基层人才。但因为凉山特殊的地理环境和人文环境，中华人民共和国成立之前只有极少数人受过学校教育或私塾教育，绝大部分的人都是文盲。怎么样迅速培养出当时社会急需的人才呢？这时，岭光电编撰的"彝族谚语"解了燃眉之急，大批人通过岭光电编的彝语扫盲课本，迅速学会了彝文之后，掌握了记账、记录等技能，成为社会急需的基层干部。

> 我们村的一些青年人每到天黑以后都点着松明到一个牛圈楼

---

① 毛泽东书信选集 [M]. 北京：人民出版社，1983：349.
② 凉山彝族自治州史志办公室. 中国共产党凉山历史：第二卷 [Z]. 北京：中共党史出版社，2010：145.
③ 凉山彝族自治州地方志编纂委员会. 凉山彝族自治州志 [M]. 北京：方志出版社，2002：2987.
④ 凉山州民族干部学校志 [Z]. 内部资料，1995：3.

上去读一本《岭光电谚语》的手抄彝文小册子。大家在那个识彝文的人周围，一句一句的跟着念，一天晚上会背两三段谚语，通过背谚语来识字、写字，读完小册子，也就基本会用谚语，会写彝文了。这种通过背诵经典文献读本、学习彝文是一种非常有效的教学与学习方法。岭光电先生编选的这本"彝族谚语"小册子当时在西昌农村地区广为流传，很有名，很有影响。谁拥有这本小册子谁就感到很自豪，其他人也把他当作权威。很多人就是通过《岭光电谚语》，学会了彝文，学会记录、记账，成为凉山地区急需的千千万万的乡村干部和村社会计人员。

我们把这些人学习的地方称"牛圈学校"，把这种通过学习《岭光电谚语》而自行扫盲的大量农村人才，称之为"牛圈学校"出来的干部。①

## 三、为地方传统文化传承提供借鉴思路

文化人类学家认为，教育是人类社会文化传承方式，文化传承就其本质而言，不仅是一个文化过程，而且更是一个教育过程。② 在岭光电倡导的学校教育和社会教育过程中，不仅重视对国家共同文化的学习，也很好地实现了对地方传统文化的"习得"与传承。在当今全球化背景下，如何传承民族文化，如何处理民族文化与现代化的关系，岭光电的民族教育实践给我们提供了有益的借鉴：坚守地方传统文化根本，批判性地继承本民族文化；认同国家共同文化，积极吸收其有益成分，提高本民族文化的创造性和竞争力。（详见第七章论述。）

修葺原私立斯补边民小学校纪念碑上铭刻的碑文称岭光电

---

① 朱建新教授2013年11月3日在"岭光电民族教育思想研讨会"的发言。
② 哈经雄，滕星. 民族教育学通论 [M]. 北京：教育科学出版社，2001：5.

"不仅出资兴办教育，培养民族人才，而且还积极推广使用彝族固有文字，并发掘、整理、弘扬彝族优秀传统文化。真可谓是彝族旧制度的改革和彝族传统优秀文化的振兴者"①。

## 第二节 现代文化的启蒙者

20世纪早期的"五四"运动指向救亡图存的民族诉求，直接催生、推动了民意的启蒙。"五四"运动"历史地把救亡与启蒙有机的统一在一起"，②抑或可以说，启蒙与救亡互为因果。"反帝"旨在救亡，而"反封建"则旨在启蒙。在中华民族遭受空前危机的历史关头，欲求救亡须启蒙，如果没有启蒙，则无法完成救亡图存的历史使命，故启蒙具有决定性的意义。全面抗战后，自"五四"运动以来开启的文化启蒙走向救亡图存的历史转向。一切服务抗战自然成为时代的主旋律，成为中国各党派、各阶层的战略需求。正如有些学者认为，"救亡本身就是启蒙实现所达到的高度的一个表现"、"文化启蒙所体现的传统与现代的价值取向的差异"。③抗战救亡时期，启蒙的意义主要体现在中华民族文化的现代化方面。就边疆民族地方而言，时人认为：边地人民因环境限制，形成文化水准落伍之结果，但其接受教育之能力，与已开发者无异，因此边疆教育首要的是发动文化的"启明"，以文化的"启明运动"扶持前进。④边疆地方文化是构成中华民族文化的来源之一，中华民族文化是国内各民族文化在过去三千年以上演化的总和，现在边疆民族地方文化的问题就是如何应对现代

---

① 原私立斯补边民小学校全体校友：《庆祝私立斯补边民小学校建校六十周年》，2001年印，第16页。
② 胡惠林. 论20世纪中国国家文化安全问题的形成与演变 [J]. 社会科学，2006 (11).
③ 胡惠林. 论20世纪中国国家文化安全问题的形成与演变 [J]. 社会科学，2006 (11).
④ 张廷休. 边疆与教育 [J]. 贵州教育，1942 (7-9).

化,① 也就是现代化的文化启蒙。

岭光电多年在外的求学、任职经历,受到五四以来文化启蒙的影响,这使得他抗战时期在凉山开展的教育实践也深刻地打上了文化启蒙的烙印。

## 一、现代意义上的学校教育

### (一) 开设现代教育课程

国民政府教育部 1942 年颁布的《小学课程修订标准》的初小课程有:国语、算术、常识、团体训练、音乐、体育、图画、劳作,其中的"团体训练"即为以前的"公民训练";② 斯补校几乎完全开设了这些课程,汉语文、算术、常识、体育、音乐、舞蹈和经常开展的公民训练以及中高年级加授的《古文观止》。

### (二) 采取现代教学方法

斯补校设有四个年级和一个预备班,采取的是班级授课制。学校的教师大部分是从外地请来的,教学经验丰富、教学正规,总体文化水平较高,他们带来外地普遍推广的教学方法。当然,因为面对的是不懂汉语的彝族学生,老师们在开始教学的时候,也会采取因地制宜的方法,如巩守先老师国语课上采用的实物演示、直观教学、肢体语言教学法等。

> 1938 年,西昌等县推行"导师制",各学校开始应用"练习、类比、兴趣、准备、自动设计、个性适应和手脑并用"等原则;国语教学按"故事讲述、报告大意、全文概读、词句讲解、

---

① 张汉光. 论边疆文化国族化 [J]. 边疆通讯,1947,4 (3).
② 凉山彝族自治州教育志编纂委员会. 凉山彝族自治州教育志 [Z]. 成都:四川民族出版社,1997:193.

朗读练习、分段提高、作业练习"等环节教学；算术课使用"课前预备、引起动机、方法说明、指导作业"等教学步骤；自然等科学注意以实物演示、土法实验等。①

### (三) 采用现代教学设备仪器

斯补校的教学设备、仪器在当时小学中可谓先进、齐全，有教学仪器4套，200余件，留声机、油印机各一台，法国高档风琴一架，四号测像仪一套，图表1000多张，书1500余册。像留声机和风琴，一般的学校都没有。这些仪器和设备，在斯补学校都得到了充分的应用。

### (四) 实行现代学校管理办法

学校设有由岭光电和头人们组成的校董会，岭光电任校长，设教导主任一名管理学校日常事务，课堂及校园活动均按内地现代学校管理办法管理。

### (五) 开创务实的双语教育模式

斯补校的教学内容以国家通行课程为主，兼顾地方传统文化的学习，采用务实的语言教学策略。坚定不移地推行汉语教学，同时教授边地语文。既使学生习得地方文化，又促进了对汉语的学习，进而促进了对其他课程的学习。边地语文课程的内容以学彝地语和地方历史、故事为主；一、二年级边地语文教学较多，到三年级时逐级减少，但每周都会保证1—2小时的边地语文教学。聘有专人教授边地语文，并编有边地语文教材。在学校编导的歌舞表演、话剧表演中，巧妙地注入地方题材。这种双语教学在当时凉山地区是一大创举。

---

① 凉山彝族自治州教育志编纂委员会. 凉山彝族自治州教育志 [Z]. 成都：四川民族出版社，1997：198.

## （六）办学效果显著

入读斯补校的学生先后达300余名，造就出具有一定文化知识水平者约200余名，其中包括省部级干部1人，地厅级干部7人，县处级干部21人，专家教授6人和其他专业技术人才，他们在凉山的解放、民主改革和社会主义建设中发挥了重要作用。另外，岭光电办学的成功给田坝留下了崇尚入学读书的好风气。

> 岭光电创办的原私立斯补边民小学校几经变更，2013年笔者去调研时名为"胜利乡斯补小学校"，共有学生457人，教师26名，除二、三年级是一个班，其他的都是2个班，包括学前班。王校长是田坝乡人，现任胜利乡斯补小学校校长，2004年即在此任职。2013年3月8日，笔者到该校对王校长进行了采访，以下是他在访谈中的讲话："我们从来不为招生发愁。这跟胜利乡的风气也有关系。因为岭光电的影响，老百姓送子女上学的热情也特别高。另外现在读书也不需要啥子费用，低年级的学生有营养午餐，高年级的在食堂吃饭，入学率达到99%以上。岭光电最大的影响是思想意识的影响。首先当年斯补校培养的人大部分出去都当了领导干部，那是光宗耀祖的事情，没有文化的人没有这么好的出路。读了书的人与没有读过书的经历完全两样。这对老百姓的影响很大。我在田坝教书二十多年来，从来没有碰到老百姓不愿意送子女读书的情况。现在虽然社会转型，读书人的出路不像以前那么好，读了大学不一定有工作，但老百姓有这种意识：并不一定要把娃娃培养成大学生，有文化打工的待遇都要好一些。"①

> 2016年笔者再次来到斯补小学，学校校名已于2014年改为"胜利乡民族小学校"，教导主任王泽林接待了我们。他特别强调

---

① 2013年3月17日笔者与王加盛校长在胜利乡民族小学的谈话。

"我是前进乡人,我在这工作有15个年头了,这里的读书风气一直很好,除了个别学生父母要带到其他地方上学外,基本没有流失的,辍学率为零。不要说我们这个胜利小学,就是整个田坝片区,文化底蕴好,学习风气好,与岭光电办学影响有很大关系。"①

## 二、把现代文化引入社会教育

在斯补区的乡村建设中,岭光电大力引进现代文化:引入现代医药治病方法、建立一所现代化的医院;把电影、话剧等现代文艺融入社会教育中;引进外来先进耕作技术和方法;通过扫盲、培训等方式让人们接触到现代文化。

此时期凉山的农业生产都是单家独户分散经营,普遍采取分散劳动形式,在劳动中有按性别、年龄的自然分工和简单协作方式,如在耕地播种时,男人犁地,妇女、老少碎土、撒种。即使在大奴隶主家的耕地上,参加生产的安家、呷西和曲诺很多,劳动时仍未采取分工协作的集体协作形式。往往二三十人集中在一块地上,没有组织,没有领队,只是由主子在旁监督,把农活做完了事。② 岭光电在初返田坝组织彝民垦荒时,规定以一个村为一个工作单位,各单位把人力集中起来通力合作,比如今天若干人集体帮助某甲耕作,明天某甲又参加一个小组集体帮助某乙耕作。这样人力集中,垦荒的收效就大,增加了不少耕地面积。③

凉山地区不注重积肥,不使用人粪,致使肥料短缺,产量低下,土地利用效率低,需采用隔年轮歇的办法。水利工作很差,一般不修

---

① 2016年1月6日笔者与王泽林主任在胜利乡民族小学的谈话。
② 凉山彝族奴隶社会编写组. 凉山彝族奴隶社会 [M]. 北京:人民出版社,1982:51.
③ 越嶲田坝建设社会工作 [M] //岭光电. 倮情述论. 成都:成都开明书店,1943:123-125.

水塘、不注意引用泉水灌溉，不注意水土保持，农作物常因缺水缺肥而减产。① 岭光电对此都有引进：主持修了两条堰，以利灌溉，并使一部分干地变成水田；组织封山育林，保持水源以利灌溉；教彝民修建厕所、猪圈，使用人肥、厩肥，增加土地肥力。②

无论是学校教育，还是社会教育，岭光电引进的现代文化成分，在当时彝族地区都是开风气之先，具有启蒙作用。长期从事边疆民族研究的著名学者徐益棠认为岭光电开展的教育活动使"川康夷区"有进步，其"由小而大，由近而远，由缓进而急进"的方法策略也很好地促进了现代文化在凉山地方的传播，并因此而评价"岭先生真有教育家之风度矣"。③ 长期从事民族语言研究的专家朱建新教授认为，岭光电开创了凉山地区双语教学的先河。是凉山地区兴办现代教育的先驱者。④ 孙自强先生评价斯补学校的历史功绩"不仅仅是为彝族培养了一批有文化、有知识的人才，更主要是它对于彝族地区的教育所起的先导、示范、推动、鼓舞作用，因而在凉山民族教育史上应当有它一席地位"，称赞岭光电先生对民族教育的历史功绩"不可磨灭"。⑤

在民国时期凉山地区的教育史上，岭光电可谓是一名先行者，其种种教育实践活动和教育理念，均紧跟时代步伐，具有启蒙的意义。

## 第三节 地方传统文化的改良者

怎样对待传统文化，在 20 世纪中国思想文化的舞台上实际上存在着三种旨趣各异的文化思潮，即文化激进主义思潮、文化保守主义

---

① 胡庆钧. 凉山彝族奴隶制社会形态 [M]. 北京：社会科学出版社，1985：58.
② 岭光电. 当土司的时候 [M] // 温春来，尔布什哈. 岭光电文集（下册）. 香港：香港科技大学华南研究中心，2010：291.
③ 徐益棠，川康夷区建设计划 [J]. 边疆通讯，1947，4（8-9）.
④ 朱建新教授 2013 年 11 月 2 日在"岭光电民族教育思想研讨会"的发言.
⑤ 原私立斯补边民小学校全体校友：《庆祝私立斯补边民小学校建校六十周年》，2001 年印，第 20-21 页。

思潮和文化改良主义思潮。文化激进主义主张彻底摧毁传统文化和全盘引进西方文化，其代表人物为胡适、陈独秀等；文化保守主义则主张极力维护传统文化，以胡先骕、梅光迪为代表；而文化改良主义的观点为主张中西文化的融合和调和，以梁启超、王国维、陈寅恪等为代表。陈寅恪作为文化改良主义者，他认为，"一个民族的文化要有活力，必须不断从外来文化中吸取营养，"但他同时又指出，"文化的改良是一个渐进的过程，不可一蹴而至，更不可能在引进外来文化的同时置本土文化于不顾。"① 抗战救亡时期，社会各界认同边疆民族地方文化是中华民族文化的一部分，认为对边疆民族地方文化应采取改良的办法，如任乃强、庄学本、马长寿、李安宅、徐益棠、马学良、卫惠林、凌纯声、张廷休、梁瓯弟、朱家骅、刘文辉等。李安宅认为教育是发展生命的适应过程，"对于原有的文化，不只于传递，而要接着它去作积极适应的功夫，才有创新的作用"，这种创新"是在原有的基础上继长增高，不求新而自新"。② 朱家骅主张实施边疆教育的一大原则就是"谋适应"，"适应个性"与"适应环境"，对于边疆教育，尤其要重视特殊环境之适应：边疆地方语言文字、风俗习惯、生活方式各不相同，因此教育过程，应顾及其特殊性，再慢慢谋求与内地的同一。③

对于地方传统文化，岭光电更多地是抱持改良的态度。在代表彝族去南京请愿的过程中，岭光电在成都和南京发表了一些演讲，演讲中表明了他对凉山地方传统文化的看法：对于地方传统文化的改革，要因地制宜，因俗制宜；不考虑实际情况，盲目推行，善政、善意可能变成"虐政"、"恶意"。如建筑厕所，在内地看来为必要设施，无厕则有碍卫生；而从凉山习俗看来，数人共厕廉耻全无，还会因如厕

---

① 胡伟希. 清华学派与中国现代思想文化——四论"清华学派"[J]. 学术月刊, 1996 (6).
② 李安宅. 谈边疆教育 [J]. 边疆通讯, 1947, 4 (2).
③ 朱家骅. 论边疆教育 [M]. 边疆教育概况（续编·代序）. 中华民国教育部边疆教育司编印, 1947.

问题引发翁媳、叔嫂间不必要的矛盾。彝、汉通婚在倡导者看来是善意，而在那时的彝族人观念中则根本不能接受。① 因此，对于地方传统文化的改良，岭光电采取了渐进的方式。

## 一、程度上的改良

对大多数的风俗习惯，岭光电进行的是一种程度上的改良，不会彻底废除或消灭。如在婚姻方面的改革：以前斯补区聘礼很高，导致很多年青人成不了家，岭光电主张降低聘礼，以前超过300两银子，现规定不得超过60两，规定结婚双方年龄相差不可过大，不打破早婚制，但规定10岁以上才能订婚，18岁以上才能同居；增加离婚难度，规定未经过亲人、头目和土司同意者，不得离婚；曾经离婚一次的女子，不能再结婚；男子24、女子22未结婚者，由头人强迫其婚嫁。通奸者以盗贼罪论处，由头人主持赔礼道歉。这些改良措施并未彻底改变原来的习俗或与原来的习俗针锋相对，但是却改变了以前斯补区很多贫穷青年难以成婚成家的现象，避免了年老者娶年青女子的事情发生，促进了社会和谐发展，也促进了该区域的人口增长。

在禁酒和送祖灵仪式方面：如果全部禁绝喝酒，一点也不许彝民喝，对于习惯喝酒的人来说，不可能做到，以酿醪糟代替烧酒，既能勉强满足嗜酒人的需要，又不至于喝酒过度造成耽误生产，扰乱社会，重要的是还节约了粮食。送祖灵仪式"尼木措毕"仪式在凉山地区盛行已久，大量打牲祭祖已成为后代理所当然的义务，对此，岭光电没有贸然采取根本取消贡献祭牲环节或全部以大换小的办法，而是采取了改良部分的措施。针对人们强调古礼，以习惯来反对的观点，首先引用人们信奉的经书上的话"示其十，给其五，报以九，献其一"，"祖先唯愿子孙好"，"报是报大的，祭是祭小的"作为根据，

---

① 任乃强. 我所知道的夷族土司岭光电先生 [J]. 边疆通讯，1947，4 (8-9).

说明以大换小古已有之，这样做恰恰是尊重古礼，而且别处也在这么做。其次，采取用小牲替换大牲的可行性办法。这样，既尊重了虔诚祭祖的心理需要，又有效地节约了财产，有利百姓家庭财产的积累，从而有利于今后的发展和提高。

## 二、范围上的改良

作为斯补区的管理者和话语掌握者，岭光电拥有最高权威，但他并不因此要求所辖百姓不分情况地服从他的一切改良规定。采取改良措施时，岭光电有个从岭光电本人—斯补区—斯补区以外—田坝街的范围考量。

在废除勒索旧俗上岭光电区分了他本人和其他人的界限：涉及他自己的利益时，他可以不要，但涉及其他人，比如说头人时，就不能免除了；岭光电规定土司办案不要办案费，但要给调解人付报酬。不是人人都像他那样有高尚的风格，如果他也要求别人这么做，可能就没有帮他办事的人了。

一般的改良措施他只针对斯补区内，对斯补区以外的地方则不加限制；在涉及斯补区以外的人和事，他一般按旧俗对待。如送祖灵仪式的换牲一事，区内百姓他要求"以小换大"，对区外的下土司区和黑彝亲戚们就凭他们自愿。

涉及与汉族人相关的风俗改良，则把范围只限制在彝族人群体内。而岭光电认为彝族人的婚姻制度，应当改革的地方甚多，但一时不能操之过急，引起反感，因此不主张彝汉通婚，不打破不同阶级不能通婚的制度。

对旧习俗，无论是程度上的改良，还是范围上的改良，岭光电的考量标准有两个：一是要有利于老百姓；二是要能切合实际，能够实行。

## 三、改良的局限性

对于凉山地区的未来,岭光电绘制了理想蓝图:他痛恨凉山地区分裂相残的现状,景仰古代先贤管仲、西门豹、姚崇、房玄龄、毕阿史拉则等人,希望在凉山地区出现众贤盛世局面。① 而实现理想的办法就是通过教育促进个人知识和能力的提高,提高当地人文化知识和生产技术水平;通过教育提高民族地位,争取民族平等;通过教育促进凉山各个家支之间的团结,避免无谓的消耗和牺牲,加快生产力的发展。在岭光电看来,教育是通往其美好愿景的最佳途径。

岭光电牺牲自己利益,创办斯补小学,鼓励耕植,建立医院,在斯补区进行卫生、习俗一系列的改良,凡事从有利于老百姓的角度出发,确实把斯补区营造成了一个安居乐业的环境,可谓乱世中的一方"净土"。其开新风、变旧俗的社会改良活动在斯补区成效显著,也给老百姓带来了实实在在的利益。其事功无论是在当时,还是从我们现在来看,都是非常了不起的,其历史功绩的确"不可磨灭"。然而,从社会发展来看,岭光电的教育改良活动有其局限性。

### (一) 影响范围小

岭光电办学和其他社会改良措施都只限于斯补区,出了斯补区,则无效力或影响微弱。上文提到的他在腴田办学的失败就是一个典型的案例:同样是成功创办斯补小学的岭光电,同样具有办学的决心和热情,并且拥有当地最高长官的身份,"别人也赞我重视教育,我一到(腴田)就说先办学校",② 最终腴田办学以失败收场。不仅办学,就是在腴田推行的其他措施,也难以真正实行。甚至连岭光电的自身

---

① 岭光电. 当土司的时候 [M] //温春来,尔布什哈. 岭光电文集(下册). 香港:香港科技大学华南研究中心,2010:297.
② 岭光电. 我在腴田特别政治指导区工作的经历 [M] //温春来,尔布什哈. 岭光电文集(下册). 香港:香港科技大学华南研究中心,2010:301.

安全,也需要依靠斯补区的力量保证。"岭土司在腴田当区长时,怕黑彝来整他,因此轮流派曲诺中年轻小伙子给他作护卫,伙食由土司负责"。① 岭光电"想在腴田为当地人做点事的雄心壮志也就烟消云散了",于是"下定决心辞去经费困难、矛盾重重、前途渺茫的腴田区长一职",②在邻近斯补区的腴田地方尚且难以实施改良措施,在各自为政的广大凉山的其他地方,就更不可能实施岭光电式的社会改良措施了。

## (二)岭式模式的成功具有特殊性

岭光电在斯补区的种种活动之所以能够成功,其中关键的原因在于他个人:一方面他是土司,在辖区具有最高权威,能够推行他的改良措施;另一方面在于他优秀的个人能力和高尚的人格品质。因为能力出众,所以他能想出许多切合实际的策略来实现其设想;因为人品高尚,所以他能甘愿牺牲自己利益,为大众谋幸福,并能以坚忍不拔之精神坚持到底。

岭光电的外甥岭固是岩润土司,从小受岭光电的培养,岭光电对他要求也很严格,送他到外地接受了新式教育。可以说岭固对岭光电的经历、为人、思想都很了解,但最后并没有变成岭光电理想中的土司,反而因苛刻百姓,统治残暴而被群众杀死。③米易县吉绍虞土司在岭光电的影响下办了一所绍虞小学,开办后默默无闻。与岭光电相比,吉绍虞也具有土司身份,受过很好的教育,认同汉族文化,经济状况比岭光电好,④但办学结果却相差悬殊。

岭固、吉绍虞都是对岭光电了解较深的人,深知岭光电为百姓谋

---

① 四川省编写组. 甘洛县斯补、宜地两乡社会调查[C]//四川省编写组. 四川省凉山彝族社会调查资料选辑. 成都:四川社会科学院出版社,1987:360.
② 岭光电. 我在腴田特别政治指导区工作的经历[M]//温春来,尔布什哈. 岭光电文集(下册). 香港:香港科技大学华南研究中心,2010:306.
③ 中国人民政治协商会议甘洛委员会文史资料委员会编. 甘洛县文史资料选辑:第五辑[C]. 2006:416-418.
④ 岭光电. 忆往昔[M]. 昆明:云南人民出版社,1988:102.

利益的思想和行为，尚且难以做到有利于老百姓的事情，可见岭光电的改良措施成功具有特殊性。

晏阳初在河北定县改造农村的实验最终失败，梁漱溟在山东邹平的乡村建设陷于"乡村运动而乡村不动"的困境，其关键原因在于没有触动政权上层建筑、没有掌握政治权力。而岭光电土司在斯补区处于上层建筑的顶层，他自己制定的很多改良措施就是针对他本人的，也就是针对上层建筑的；正是在革新后的核心权力的推动下，斯补区的乡村建设才能取得成功。而一般的地方并不具备可以改变上层建筑和掌握核心权力这个条件。

处于权力核心的土司身份加上过人的个人能力，才有岭式模式的成功，所以岭式模式的成功具有特殊性，不具有普遍性。

### （三）进步缓慢

岭光电期冀通过介绍培养出的大学生、高中生到国民政府等部门工作，传播岭光电的教育理念，提倡教育、提高当地人的文化知识，逐渐影响整个群体。① 而实际上，在民国时期，岭光电培养的学生少有用武之地。仅少数学生毕业后靠他推荐找到工作，大多数在家无所事事。岭光电自己也说："看看近年来，曾在军校毕业的边民青年，不能发生作用。"② 斯补校毕业生阿札木呷记录岭光电的各路"留学生"（指被岭光电保送到外地读书的学生）聚集到田坝，穿着洋气，学生气十足，但"他们除了接受人们的称赞，接受姑娘们的爱慕和追逐外，还能怎样呢？"③

当时国民党中央政权在西昌的委员长西昌行辕和西康省的宁属屯垦委员会互相争夺对凉山的控制权，但仅对凉山边缘地区能发生影

---

① 岭光电. 当土司的时候 [M] // 温春来，尔布什哈. 岭光电文集（下册）. 香港：香港科技大学华南研究中心，2010：296.

② 岭光电. 对于边教的一点意见 [M] // 温春来，尔布什哈. 岭光电文集（上册）. 香港：香港科技大学华南研究中心，2010：310.

③ 阿札木呷. 岭光电兴办教育和强征我读书的情况 [J]. 凉山民族研究，1994年刊.

响，凉山大部分地方处于黑彝统治之下；加上抗战中和战后重建事务繁多，国民政府无暇真正开发凉山，因而未能给当地人提供较多的工作机会。凉山黑彝政权在历史上长期以来四分五裂，各自为政，自有一套管理办法，也不太用得着受过现代学校教育的人；而且，他们那种各自为政的特点，也不允许外家支的人插手他们的事务。所以岭光电的学生在民国时期的凉山，不容易找到出路，岭光电想通过学生影响别地的彝族人这条途径并不现实，想以此促进当地人的进步，其步伐自然缓慢。真正令岭光电的大量学生发挥作用的，还是到了中华人民共和国的政权之下才实现。

岭光电在他的教育实践中，形成了立足地方传统文化，积极学习国家共同文化；既保持地方传统文化特征，又吸取先进文化成分的文化融合理念。此种理论，有利于其中成员提高进入共同文化社会的能力，求得个人最大限度的发展，从而有利于整个民族文化知识的提高，岭光电的学生和"牛圈"学校走出来的干部在中华人民共和国成立后凉山的建设和发展所发挥的重要作用即可作充分证明。岭光电采取语言教学等因地制宜的策略推进国家共同文化的教育，改革地方传统文化的一些落后之处，在凉山教育史上有启蒙之功，对凉山地方传统文化有改良的功用。当然，由于民国时期社会环境的原因，岭光电的教育实践和理念也受到一定的局限，难以进一步推广和普及。

# 结语：特殊的"乡"造就的自觉性乡贤

岭光电在凉山创办现代小学，大力推行中华民族共同文化教育，批判性传承地方民族传统文化，其种种教育实践活动给当地带来了现代文化的启蒙，唤人醒悟，塑造新民；教化乡里，功在桑梓，利在后世。就像他自己追随的管仲、西门豹、房玄龄、毕阿史拉则等古代先贤，岭光电也成了人们口中争相传颂的贤达，其学行德业反映了作为特殊个体的乡贤对自觉的乡贤文化的追求。

## 一、乡贤的伦理精神与运行基础

乡贤是指乡村社会中具有贤能的人，即具有德行、有学问，且热衷于乡村公共事务的人。明清时期，狭义上的"乡贤"指在乡村社会极具声望，且对乡村公共事务做出突出事功及贡献，经民间推举、官方认定，死后入祀乡贤祠的人；广义上的"乡贤"是指生于斯地，积极兴办乡村教育，参与乡村慈善事业和通过民俗、礼仪教化乡里，且有功德于民者。[1] 前者可称之为制度性乡贤文化，后者可称之为自觉性乡贤文化。[2] 也有学者认为，"地域性、知名度与道德价值呈现是乡

---

[1] ［明］汪循. 汪仁峰先生文集（卷20）：永嘉考名宦乡贤祠文［Z］//纪昀等. 四库全书存目丛书：集部第47册. 济南：齐鲁书社，1997：452.
[2] 季中扬，张兴宇. 乡贤文化传承与当代乡村治理［M］. 北京：商务印书馆，2022：29.

贤三个不可或缺的基本要素,"① 乡贤有其特定的伦理精神和运行基础。

### (一) 乡贤的伦理精神

"伦理精神"由伦理与精神结合而成,它可以更精准地阐释伦理道德的本质。黑格尔指出,伦理就是自在自为存在着的、客观的善与主观的善的统一;道德"毋宁应该说是一种伦理上的造诣",而伦理是"本性上普遍的东西",是"真实的精神。"② 从伦理人类学的视域来看,"乡"与"贤"的结合所代表的不同层面正是中国社会个体道德实践与伦理共体框架中的道德事实的生动形象图景。具体可以从以下三个维度探讨乡贤的伦理精神。

1. 个体生命与公共本质的联结合一

乡贤是个体生命与公共本质的联结合一,表现为"贤"—"乡"的精神维度,是伦理精神中个体道德与伦理实体的合一。在传统中国社会,乡贤之"贤"的评价标准主要有两个:一是学行;二是德业。学行仅为个体的能力素质,只有具备学行,同时将个体的学行贡献于乡里,泽被乡里,道德素质层面的"学"形塑为伦理造诣的学行,这时才能真正地转化成"贤"。正如一个硬币的两面,"贤"的第二个遴选标准是德业,而不是个人德性,因为德性常常表现为潜在的道德价值,说到底仅为道德可能性,个体可能践行为善,不一定能够做利民利乡的善事,个体的"为善之光"不一定惠泽乡里,只有将个体的德性现实表现为对乡里的道德行为,有益于斯地斯人,方能称之为"贤"。关于"贤"的学行和德业两方面内容具有一般性和普遍性,它通常取决于公认的伦理道德标准与当时社会的道德风俗,不会缘于

---

① 赵浩. "乡贤"的伦理精神及其向当代"新乡贤"的转变轨迹[J]. 云南社会科学, 2016(5).
② 黑格尔. 法哲学原理[M]. 范扬, 张金泰, 译. 北京: 商务印书馆, 2009: 162, 170.

时间、地点的变化而产生分殊。

"贤"—"乡"的伦理精神是将"贤"的公共性与普遍性贯穿于"乡"的伦理实体的客观后果，其中公共本质抑或公共性才是关键因子。

2. 道德价值特殊性与普遍性的辩证统一

乡贤是道德价值特殊性与普遍性的辩证统一，呈现为"乡"—"贤"的理路，实质为道德自身的内在规定性要求。精神道德表现的特殊性，即多样性取决于"乡"的差异性。伦理精神中道德价值的一致性通过"贤"对普遍性的诉求体现出来。古代行政范围的划分决定"乡"的范围，历史遗留因素或划分标准的差异可能影响"乡"的地域性。"乡"会随着时空的不同而发生演变，"乡贤"也会相应地产生时空之内的分殊。"贤"身上所体现的道德价值普遍性在"乡"的道德需求特殊性中得到书写、表达并践行。另外，"乡"本身的发展变化与地域特色亦对"乡贤"之"贤"的内容产生直接的影响。

3. 伦理实体与道德主体之间的良性互动

乡贤是伦理实体与道德主体之间的良性互动，"乡贤"道德哲学本质由此形塑，"伦"为伦理实体，在乡贤中即为"乡"这一范畴，表现为具象的、个别的、特殊的社会生活环境，"乡"即有别于家庭—宗族，亦有别于国家，"乡"居于两者的中间界域，"乡"的性质呈现出费孝通先生所说的"差序格局""熟人社会""乡土性"等特色。"道"是"乡"这一伦理实体之"理"从具象出发，对处于"乡"中之"贤"的客观要求，[1]它作为道德认同与某个时代的道德风貌相匹配，以"润物细无声"的方式深入人心。

## （二）乡贤的运行基础

个人可以超越自我，却无法从根本上超越社会。每个人最终选择

---

[1] 赵浩. "乡贤"的伦理精神及其向当代"新乡贤"的转变轨迹 [J]. 云南社会科学，2016（5）.

的地位、角色、乃至人生命运的归宿，都受制于社会。个人所获得的位置既属于个体，又属于社会。不同社会地位的有序性结合及其相互关系被称之为社会结构。乡贤发挥示范引导、社会教化功能需具备相关条件，这些条件无疑就是乡贤在传统社会结构所具备的地位作用和运行基础。传统乡贤的运行基础表现为三个方面：一是乡贤是权力终端的延伸；二是乡贤是民间治理的代表；[1] 三是乡贤对教育和文化特权的享有。

1. 权力终端的延伸

在"官—绅—民"的中国传统乡土社会结构中，由于治理手段与治理能力有限，治理范围分散，国家治理和社会控制存在地域和权力边界，传统乡贤事实上成为国家权力终端延伸至基层乡村社会的中介。封建王朝国家政权运行的终端是知县，在等级社会结构中，只有知县才直接承担着统治百姓的"王朝国家"的使命。然而在社会实际运行中，地方知县所拥有的代表王朝国家的权力却不能直接深入到乡村社区，作为地方社会特权阶层的乡贤群体获得了对地方实际控制的权力。地方知县要顺利地完成治下范围内的教化、征税、治安、断狱、农事、水利工程各项公务，最主要的依靠力量就是地方乡贤。清代知县官员中的一个代表汪辉祖曾这样说明士绅的作用："官与民疏，士与民近。民之信官，不若信士。朝廷之法纪，不能尽晓于民，而士易解析。谕之于士，使转谕于民，则道易明而教易行。境有良士，所以辅官宣化也。"[2] 没有地方乡贤的中介作用，王朝国家的力量就很难施行于民。

在这种"乡土性"权力结构中，乡绅所形成的地方影响和凝聚力甚至有时不弱于纯粹基层行政权力等正式组织所产生的功效。传统乡贤以"官督绅办"的方式，通过解读政府文本，代征国税皇粮，掌控

---

[1] 容中逵，杜薇. 传统乡贤社会教化的文化逻辑及其当代价值 [J]. 湖南师范大学教育科学学报，2021（5）.

[2] 汪辉祖. 学治臆说（卷上）[M]. 沈阳：辽宁教育出版社，1998：49.

地方社会教化等路径，成为乡村政治生态系统中的一种权力转换器和缓冲器，在实现国家意识、阶层利益的融合和皇权在基层乡村社会的延伸的同时，乡贤亦成为乡村社会教化及乡村资源处分收益的实际掌握者。

2. 民间治理的代表

传统乡贤是民间权威力量和内生秩序的代表。韦伯曾将支配类型分成"传统型""克里斯玛型""法理型"三种，① 并认为任何一种组织都以某种类型的权威为基础。在"传统型"权威中，合法性建立在传统的基础上，这种传统以所谓"历来如此""自古与之"等形式存在；在"克里斯玛型"② 权威中，合法性建立在领袖人物的超凡魅力上，超凡魅力可以是罕见的神迹、英雄品质或者其他典范特性；在"法理型"权威中，合法性建立在理性的基础上，所谓理性指的是规则法典等规定的制度。③ 中国传统的官僚体系可归为法理型权威，这种权威具有刚性的强制性，不足之处表现在缺乏真正民众认同的"地气"，这种"地气"表现为是否得到了民众的认同。在乡土社会，传统乡贤确实具备民众认同的权威：他们通过"地方服务""官绅互动"模式，依其人格魅力及其自身禀赋的场域，逐步构架对地方社会的现实掌控。乡贤这种内生性权威，从类型学来看，属于"传统型"和"克里斯玛型"，此权威来源不单纯依赖于规章制度、政策文本的刚性实施，更包含对权威发自内心的信服和服从，"从内心感到有必要服从"。④ 这种民间权威是中国乡土社会内在生命力的一种显现。传统乡贤正是通过村庄内生秩序代言人的角色来发挥自己的示范引导、

---

① 韦伯. 学术与政治 [M]. 冯克利, 译. 北京：生活·读书·新知三联书店, 2018：56-57.
② "克里斯玛"是一个音译词, 英文为"charisma", 根据《珂林斯高阶英语学习词典》, 当一个人可以凭自己的出众品质而吸引、影响和激励他人时, 我们就可以说他具有"克里斯玛"。在中文里, 也有人把"克里斯玛"意译为"个人魅力"或"超凡魅力"。
③ 李露露. 社会分层与社会流动 [M]. 北京：中国人民大学出版社, 2019：75.
④ 韦伯. 学术与政治 [M]. 冯克利, 译. 北京：生活·读书·新知三联书店, 2018：119.

社会教化的事实功用，既维护了乡村社会稳定，又在一定程度上缩短了国家治理的服务半径，减少了国家治理成本，成为行政嵌入民间治理的重要方式和基层治理的重要辅助路径。

3. 教育和文化特权的享有

传统乡贤是教育和文化特权的享有者。农耕社会基于"士农工商"的社会分工相对简单，技术知识及其革新较少且缓慢，"伦理知识"是维系社会秩序的工具和规则，而传统乡贤恰恰扮演着这种社会角色。在传统社会中，由于土地私有、财产世袭与封建权力系统性影响社会结构和社会制度，只有少数士绅的弟子依靠家族经济基础获得充分受教育的机会，大多数农民的子弟没有这种条件，文字知识几乎变成了乡贤的独占品。传统乡贤是农耕社会唯一享有教育和文化特权的阶层。任何一个王朝政权必须面对的重大现实问题：如何有效、方便管理区域广大又互相隔绝的乡村基层社会，让其统辖于王朝"儒学教化"，从而实现"引导""整合"，使底层社会及民众不致发生越轨动机和偏差行为，进而危及王朝秩序。历史上的王朝都有其应对办法。如清代以"重农桑""厚风俗""重人伦"为宗旨的"十六条圣谕"，成为农耕时代浸润着浓郁的东方伦理道德色彩的行为规范。[①] 而传统乡贤则充当着行走在乡村的田间地头，反复向乡民"本土化"书写、宣讲这些伦理规范的社会角色。"礼法"社会环境下，"知书"才配"识礼"，才能"识礼"。基于文化教育的享有，传统乡贤集合宗族、祭祀、法规、伦理和教化等各项责任与事权为一体。正如胡庆钧指出，农民生活中的生老病死葬等人生仪式及活动都离不开拥有知识文化的士绅在场安排指挥，不然就会发生失礼和错乱。[②] 文字符号对于目不识丁的普通农民，既充满神秘性，又充满权威性力量，它的具象呈现就是传统乡贤。

---

① 王先明. 近代绅士 [M]. 天津：天津人民出版社，1997：69-70.
② 胡庆钧. 论绅权 [M] //费孝通，吴晗，等. 皇权与绅权. 北京：生活·读书·新知三联书店，2013：153-154.

作为王朝国家权力终端的延伸，乡贤群体扎根在广袤的乡村社会，肩负着基层社区的利益，把自己的学行德业转化为服务乡里的公共社会事务，进一步推动制度性乡贤文化的发展。

## 二、凉山的岭光电乡贤

从某种程度上说，民国时期四川凉山的斯补土司区可以看作一个特殊的"乡"，统一在中央政府权威之下，但远离国家政治中心，直接听命于土司管辖，与彝汉杂居的田坝街接壤，受儒学文化影响较轻，难以产生制度性的乡贤文化；但受当地传统文化的深刻影响，并不缺乏对自觉的乡贤文化的追求，仍然具有本土传统文化中的"德"对本土的"贤"所具有的特殊道德要求。土司阶层向来追求的"好名声"就是追求"贤"的表现：见识高、慷慨、武力强悍、善于处理亲戚家门关系，办事能力强，会跟政府官员打交道、能保护老百姓、会处事等等。如岭光电在其自传《忆往昔》中讲述其舅爱护百姓、为岭光电母亲报仇，岭光电后来又为舅舅报仇赢得好名声；他的二伯岭维纲，因办事能力强而在地方上享有"马老虎"的威名等等。综合起来凉山地区这个特殊的"乡"对"贤"的中心要求就是：能保护一方安定；不"吃"百姓，处事公正，能让老百姓过上好日子。

凉山的土司阶层具有乡贤的运行基础：一是从元朝设置土司制度以来到民国时期，土司是封建王朝或中央政府在地方统治的代理人，是国家权力终端的延伸。代表国家征收国税皇粮，掌控辖区内的土地、经济、管理、社会教化等，成为乡村政治生态系统中的一种权力转换器和缓冲器，在实现国家意识、阶层利益的融合和国家权威在基层乡村社会的延伸的同时，土司是乡村资源及利益分配、乡村社会教化的实际掌握者。二是土司是民间治理的代表。传统乡贤是民间权威力量和内生秩序的代表，其能否实现对基层乡村的治理，取决于其是否得到民众的认同。而凉山土司天然就能得到民众的认同，在老百姓心目中，认同的直接管理者就是土司或黑彝。岭光电家遭受军阀利用"改土归流"之名号行欺压之事实后，上土司区无土司主持管理事务，百姓跑去西昌，流泪恳求还在上学的、仅仅只是个初中生的岭光电回来当土司，由此可见老百姓对土司管理的认同。三是土司对教育和文化特权的享有。社会秩序的维系和延伸依赖于"伦理知识"，而伦理知识需要通过教育获得，在凉山地区，土司阶层是享有教育和文化特权的社会群体。在彝族传统文化教育中，土司阶层的教育内容有尚武、田猎、辩才和交友等，还有文化知识方面的教育。而老百姓则以习得为农、为牧等生存技能为教育目的。岭光电的母亲一方面精心培养小岭光电作为土司接班人的各项能力，一方面下大力气聘请高明老师教授汉人文化。① 岭光电办学之初其妻和黑彝亲戚都反对让奴隶娃子读书，认为他们读了书当官了反倒会管起主子来。这些都说明文化教育是土司阶层才享有的特权。

土司具有乡贤的运行基础并不意味着凡是土司都能成为乡贤，这要取决于各个土司是否具备凉山这个特殊的"乡"所要求的"德"：能否保护一方安定；是否处事公正，不"吃"百姓，能让老百姓过上好日子。这两项要求看似简单，但要达到很不简单：需要极强的能力、学识和贤达的胸怀。岭光电家族中从他父辈到他这一辈，大小十多个土司，除了他本人，为人称道的只有他的二伯父岭维纲。下土司"煖带密土千户"是凉山最大的土司，掌握着"五印三司"，但有名者寥寥无几，最为人所熟知的仅岭承恩一人而已。

岭光电既是土司，更是凉山众多土司当中的贤达者。综观岭光电一生，其学行德业恰好对应了中华民族传统文化对乡贤的要求：第一，学行优良。幼时即接受儒学传统文化的教育，后来又得到系统的现代文化教育，青年时期以优异成绩考入移址南京的黄埔军官学校第十期，随时准备为国效力。既有传统儒学文化的扎实功底，又完成了

---

① 岭光电. 忆往昔 [M]. 昆明：云南人民出版社，1988：16-18，27-29.

高等水平的现代教育，学识深厚。不仅如此，岭光电还将所学发扬、传播、造福于乡里：创办学校，投身教育，改善民生，翻译的 14 部彝文经典和写作的大量文章为社会留下宝贵的精神财富。第二，德业贤达。首先积极兴办乡村教育。岭光电在公务之余，倾尽家产、克服一切困难创办私立斯补边民小学校，同时大力开展社会教育。其教育活动具有启蒙和改良之功，教育目的注重个人价值和社会价值的统一，教育策略灵活有效，文化融合理念务实创新，为凉山、为国家培养了一大批人才，为地方留下了好学、向学的好风气。其次积极主导、参与乡村慈善事业，提高村民生活水平。岭光电不仅仅是从事扶贫济弱，捐资资助乡村公共设施建设一类的慈善事业，而是以办慈善事业的热心帮助村民解决关键的生计问题。最后，移风易俗，教化乡里。岭光电在斯补区进行了许多风俗习惯、卫生、医药、文化方面的改革，改变当地的一些陋习，给老百姓带来实实在在的利益；安定地方，转化旧风气，带来良好的社会风气，使斯补区成为当时动荡社会中的安宁净土。

民族学学者林耀华曾说："一个民族学家如果既能把握住社会文化变迁的脉搏，帮助自己的研究对象探索出一条成功的社会文化调整、并且借助现代技术力量加速其经济文化繁荣的道路的话，那他的工作成果就一定会令人瞩目"。[1] 岭光电土司不是专门从事民族学研究的学者，但其工作成果恰好表现出了"令人瞩目"的成效。岭光电生于凉山斯补地方，且有功德于地方，他敏锐地把握住了民国时期凉山地区社会文化变迁的脉搏，在凉山实施的一系列教育活动及后来进行的地方文化研究，成功地适应了时代的发展变化，确确实实促进了当地政治、经济、文化的发展，改善了民生，改变了乡村风貌，对社会的进步有示范和引领作用，其局限性并未能掩盖其创造的硕果的光芒。

---

[1] 林耀华. 凉山彝家——文化变迁与双语教育 [J]. 中国民族, 2009 (12).

政府官方、时人和后辈都给予岭光电乡贤以高度评价。1944年国民政府给岭光电颁发"嘉惠青年"匾额一块①，以表彰他在教育方面的贡献；庄学本称赞他是"边地封建社会中不可多得之杰出人才"②；徐益棠评价岭光电"愿牺牲其个人之利益，而为大众谋进步也"，此种土司，"在现代中国可谓绝无"；③任乃强谓其深通内地文化、兼能了解国际形势与社会进化之理，虽受内地文化影响但并未背弃凉山地方之任何习俗，热忱宏愿专在领导地方进化；土司身份加上出众德行，受本地人心悦之程度较其他人为高，可以说是凉山地区的权威领导者，老百姓"敬他爱他"。④著名学者刘尧汉称赞"岭光电先生不是大土司，其名望则超过大土司"；原私立斯补边民小学校纪念碑上铭刻的碑文评价岭光电"是彝族旧制度的改革者和彝族传统优秀文化的振兴者"；2002年出版的《凉山彝族自治州志》在《人物传》为其设传记事。

岭光电土司在教育方面的突出贡献及优良学行德业造福乡里，惠泽一方，影响深远，对现在的乡村教育、民族地区的教育、地方传统文化传承和乡村振兴仍有积极借鉴意义；其成就的种种事功并不为博取名声，然而事实上却恰好满足了凉山这一特殊的"乡"对"贤"的要求；岭光电将个人的学行毫无保留地贡献于乡里，其德业利益地方乡民，其表现出来的"贤"可谓是个体生命与道德公共本质的联结合一，也是凉山对"贤"的道德价值特殊性要求与"贤"的普遍性的辩证统一。可以说凉山这个特殊的"乡"造就了岭光电土司这个自觉性意义上的乡贤，岭光电土司优良的学行德业也很好地诠释了中华民族传统乡贤的伦理精神，形塑了具有乡贤伦理精神的乡贤典范，也推动了凉山乡贤文化的发展。

---

① 政协凉山州委员会文史资料委员会编．凉山文史资料选辑［C］．第十三辑教科文卫专辑．1995：137.
② 庄学本．介绍越嶲煖带密土司岭光电［J］．边疆通讯，1947，4（8-9）.
③ 徐益棠．川康夷区建设计划［J］．边疆通讯，1947，4（8-9）.
④ 任乃强．我所知道的夷族土司岭光电先生［J］．边疆通讯，1947，4（8-9）.

# 参考文献

## 一、史料与专著类

[1] 凉山彝族自治州地方志编纂委员会. 凉山彝族自治州志（上、下册）[Z]. 北京：方志出版社，2002.

[2] 凉山彝族自治州教育志编纂委员会. 凉山彝族自治州教育志[Z]. 成都：四川民族出版社，1997.

[3] 凉山彝族自治州史志办公室. 中国共产党凉山历史（第二卷）[M]. 北京：中共党史出版社，2010.

[4] 韦清风. 凉山彝族奴隶社会的变革资料摘编[C]. 北京：中国社会科学院民族研究所印，1981.

[5] 温春来，尔布什哈. 岭光电文集（上、中、下册）[C]. 香港：香港科技大学华南研究中心，2010.

[6] "教育部". 第一次中国教育年鉴（上、下）[Z]. 上海：开明书店，1934.

[7] "教育部"教育年鉴编纂委员会. 第二次中国教育年鉴[Z]. 上海：商务印书馆，1948.

[8] 中国第二历史档案馆编. 中华民国史档案资料汇编第五辑第二编教育（一）[M]. 南京：江苏古籍出版社，1997.

[9] 国民党"中央"执行委员会秘书处与中央训练部档案[Z]//中

国第二历史档案馆编. 中华民国史档案资料汇编：第五辑第一编教育（二）. 南京：凤凰出版社，1994.

[10] 中国第二历史档案馆编. 中华民国史档案资料汇编：第五辑第一编教育（一）[Z]. 南京：江苏古籍出版社，1997.

[11] 抗战以来之教育. 中国第二历史档案馆藏档案：卷宗号五 12414 [Z].

[12] 四川省边地教育实施. 四川省教育厅参加全国边疆教育会议纪念刊 [C]. 四川省国民教育指导月刊印，1941.

[13] 冯克诚. 民国学校教育思想与教育论著选读（1）[C]. 北京：人民武警出版社，2010.

[14] 冯克诚. 乡村和平民教育思想与教育论著选读（上）[C]. 北京：人民武警出版社，2010.

[15] 汪洪亮. 民国时期边疆教育文选 [C]. 合肥：黄山书社，2010.

[16] 赵心愚，秦和平，王川. 建设新西康十讲 [C] // 赵心愚，秦和平，王川. 康区藏族社会珍稀资料辑要（下）. 成都：巴蜀书社，2006.

[17] 政协凉山州委员会文史资料委员会. 凉山文史资料选辑：第十三辑教科文卫专辑 [C]. 1995.

[18] 中国人民政治协商会议甘洛县委员会文史资料委员会. 甘洛县文史资料选辑：第五辑 [C]，2006.

[19] 中国人民政治协商会议甘洛县委员会文史资料委员会. 甘洛县文史资料选辑（第一辑）[C]. 1989.

[20] 中国人民政治协商会议四川省越西县委员会. 越西文史资料选辑 [C]. 2011.

[21] 中央档案馆. 中共中央文件选集（第10册）[G]. 北京：中共中央党校出版社，1982.

[22] 中华人民共和国教育部，中共中央文献研究室. 毛泽东邓小平江泽民论教育 [C]. 北京：人民教育出版社，2002.

[23] 中国第二历史档案馆. 中华民国史档案资料汇编（第5辑第1编政治2）[Z]. 南京：江苏古籍出版社，1994.

[24] 孙中山. 在上海中国国民党本部会议的演说（1920年11月4日）[C] //广东省社会科学院历史研究室. 孙中山全集（第5卷）. 北京：中华书局，1985.

[25] 吕大吉，何耀华. 中国各民族原始宗教资料集成（彝族卷、白族卷、基诺族卷）[C]. 北京：中国社会科学出版社，1996.

[26] 原私立斯补边民小学校全体校友. 庆祝私立斯补边民小学校建校六十周年[C]. 2001年印.

[27] 荣孟源. 中国国民党历次代表大会及中央全会资料（下）[M]. 北京：光明日报出版社，1985.

[28] 四川省编写组. 四川省凉山彝族社会调查资料选辑[C]. 成都：四川社会科学院出版社，1987.

[29] 四川省甘洛县地方志编纂委员会. 甘洛县志[Z]. 成都：四川人民出版社，1996.

[30] 李国祥，杨昶. 明实录类纂（文教科技卷）[Z]. 武汉：武汉出版社，1992.

[31] 习近平. 高举中国特色社会主义伟大旗帜　为全面建设社会主义现代化国家而团结奋斗——在中国共产党第二十次全国代表大会上的报告[M]. 北京：人民出版社，2022.

[32] 毛泽东选集（第1卷）[M]. 北京：人民出版社，1991.

[33] 毛泽东选集（第2卷）[M]. 北京：人民出版社，1991.

[34] 毛泽东大观[M]. 北京：中国人民大学出版社，1993.

[35] 孙中山全集（第5卷）[M]. 北京：中华书局，1985.

[36] [明] 祁彪佳. 祁彪佳日记（上）[M]. 张天杰，点校. 杭州：浙江古籍出版社，2017.

[37] [明] 王栋. 明儒王一庵先生遗集[M]. 陈祝生，等校点. 南京：江苏教育出版社，2001.

[38] 陈俊民辑校. 蓝田吕氏遗著辑校[M]. 北京：中华书局，1993.

[39] [清] 梁章锯. 称谓录：卷25[Z]. 冯惠民，李肇翔，点校.

北京：中华书局，1996.

[40] [明] 宋濂. 宋濂全集（第 2 册）：潜溪后集·宋学士文集（一）[M]. 杭州：浙江古籍出版社，2014.

[41] [清] 陈文述. 义学说 [M]//蒙文通. 儒学五论. 成都：巴蜀书社，2021.

[42] [明] 邱浚. 大学衍义补（卷五一）：明礼乐 [M]. 林冠群，周济夫，校点. 北京：京华出版社，1999.

[43] 杨伯峻. 论语译注 [M]. 北京：中华书局，2009.

[44] 冯敏，伍精忠. 凉山彝族传统家支功能的现代调适 [C]//民族学研究第十二辑——中国民族学学会第六届学术讨论会论文集. 1997.

[45] 翁乃群. 村落视野下的农村教育——以西南四村为例 [M]. 北京：社会科学文献出版社，2009.

[46] 梁漱溟. 梁漱溟全集（第五、六卷）[M]. 济南：山东人民出版社，2005.

[47] 费孝通. 中华民族研究新探索 [M]. 北京：中国社会科学出版社，1991.

[48] 费孝通. 中华民族多元一体格局 [M]. 北京：中央民族大学出版社，2003.

[49] 费孝通. 中国士绅 [M]. 赵旭东，秦志杰，译. 北京：生活·读书·新知三联书店，2009.

[50] 费孝通. 江村经济——中国农民的生活 [M]. 北京：商务印书馆，2001.

[51] 费孝通，吴晗，等. 皇权与绅权 [M]. 北京：生活·读书·新知三联书店，2013.

[52] 胡庆钧. 凉山彝族奴隶制社会形态 [M]. 北京：社会科学出版社，1985.

[53] 林耀华. 凉山夷家 [M]. 台北：南天书局有限公司，1978.

[54] 林耀华. 民族学通论 [M]. 北京：中央民族大学出版社，2011.

[55] 卫惠林. 边疆民族问题与战时民族教育 [M]. 中山文化教育馆编印，1938.

[56] 江应樑. 凉山夷族的奴隶制度 [M]. 珠海大学编辑委员会，1948.

[57] 庄学本. 西康夷族调查报告 [M]. 西康省政府印行，1941.

[58] 方国瑜. 彝族史稿 [M]. 成都：四川民族出版社，1984.

[59] 凉山彝族奴隶社会编写组. 凉山彝族奴隶社会 [M]. 北京：人民出版社，1982.

[60] 岭光电. 忆往昔 [M]. 昆明：云南人民出版社，1988.

[61] 岭光电. 倮情述论 [M]. 成都：成都开明书店，1943.

[62] 马长寿. 凉山罗彝考察报告 [M]. 成都：巴蜀书社，2006.

[63] 马学良，等. 彝族文化史 [M]. 上海：上海人民出版社，1989.

[64] 沙马拉毅. 彝族文学概论 [M]. 太原：山西教育出版社，2001.

[65] 沙马拉毅，李文华. 彝文古籍经典选择(1) [M]. 北京：民族出版社，2014.

[66] 蔡华. 道教与彝族传统文化研究 [M]. 北京：民族出版社，2005.

[67] 蒋昭. 末代彝族土司岭光电 [M]. 香港：天马出版有限公司，2011.

[68] 马林英. 百岁人生川康史——彝族老人李仕安口述记录 [M]. 李仕安，口述. 北京：民族出版社，2014.

[69] 刘正发. 凉山彝族家支文化传承的教育人类学研究 [M]. 北京：中央民族大学出版社，2007.

[70] 谢启晃. 中国民族教育史纲 [M]. 南宁：广西教育出版社，1989.

[71] 冯增俊. 教育人类学教程 [M]. 北京：人民教育出版社，2005.

[72] 冯增俊. 教育人类学 [M]. 海口：海南人民出版社，1988.

[73] 冯增俊. 教育人类学 [M]. 南京：江苏教育出版社，2001.

[74] 庄孔韶. 教育人类学 [M]. 哈尔滨：黑龙江教育出版社，1989.

[75] 庄孔韶. 人类学概论 [M]. 北京：中国人民大学出版社，2006.

[76] 戴庆厦，滕星，关辛秋，等. 中国少数民族双语教育概论 [M]. 辽宁：辽宁民族出版社，1997.

[77] 哈经雄，滕星. 民族教育学通论 [M]. 北京：教育科学出版社，2001.

[78] 宝玉柱. 民族教育研究 [M]. 北京：中央民族大学出版社，2009.

[79] 邓佑玲. 民族文化传承的危机与挑战：土家语濒危现象研究 [M]. 北京：民族出版社，2006.

[80] 郭献进等. 民族教育理论与政策述论 [M]. 长沙：湖南师范大学出版社，2011.

[81] 扈远仁. 固本与开新：晏阳初的平民教育思想研究 [M]. 成都：四川大学出版社，2010.

[82] 李红婷. 无根的社区 悬置的学校：湖南大金村教育人类学考察 [M]. 北京：民族出版社，2011.

[83] 李毅夫，赵锦元. 世界民族概论 [M]. 北京：中央民族学院出版社，1993.

[84] 李政涛. 教育人类学引论 [M]. 上海：上海教育出版社，2009.

[85] 卢德生. 民族文化传承中的社会教育运行机制研究 [M]. 北京：中国社会科学出版社，2009.

[86] 钱民辉. 多元文化与现代性教育之关系研究——教育人类学的视野与田野工作 [M]. 北京：民族出版社，2008.

[87] 四川民族地区民主改革研究 [M]. 北京：中央民族大学出版

社，2011.

［88］孙若穷. 中国少数民族教育学概论［M］. 北京：中国劳动出版社，1990.

［89］滕星. 教育人类学的理论与实践：本土经验与学科建构［M］. 北京：民族出版社，2009.

［90］滕星. 文化变迁与双语教育：凉山彝族社区教育人类学的田野工作与文本撰述［M］. 北京：教育科学出版社，2001.

［91］滕星，等. 书斋与田野：滕星教育人类学访谈录［M］. 北京：民族出版社，2010.

［92］滕星. 族群、文化与教育［M］. 北京：民族出版社，2002.

［93］滕星. 书斋与田野：滕星教育人类学访谈录（第3辑）［M］. 北京：民族出版社，2010.

［94］王鉴. 民族教育学［M］. 兰州：甘肃教育出版社，2002.

［95］吴明海. 中外民族教育政策史纲［M］. 北京：中央民族大学出版社，2006.

［96］曾昭抡. 大凉山夷区考察记［M］. 北京：中国青年出版社，2012.

［97］张庆熊. 熊十力的新唯识论与胡塞尔的现象学［M］. 上海：上海人民出版社，1995.

［98］张学继，张雅蕙. 陈立夫大传［M］. 北京：团结出版社，2008.

［99］赵学先. 中国国民党民族理论与民族政策研究［M］. 北京：中央民族大学出版社，2010.

［100］郑金洲. 教育人类学［M］. 北京：人民教育出版社，2000.

［101］周大鸣. 文化人类学概论［M］. 广州：中山大学出版社，2009.

［102］周自强. 凉山彝族奴隶制研究［M］. 北京：人民出版社，1983.

[103] 云南省少数民族语文指导工作委员会. 民族语文理论政策讲座 [M]. 昆明：云南民族出版社，1992.

[104] 苏德. 全球化与本土化：多元文化教育研究 [M]. 北京：中央民族大学出版社，2013.

[105] 王鉴. 民族教育学 [M]. 兰州：甘肃教育出版社，2002.

[106] 郑金洲. 教育文化学 [M]. 北京：人民教育出版社，2000.

[107] 刁培萼. 教育文化学 [M]. 南京：江苏教育出版社，1992.

[108] 巴战龙. 学校教育·地方知识·现代性——一项家乡人类学研究 [M]. 北京：民族出版社，2010.

[109] 廖泰初. 动变中的中国农村教育——山东省汶上县教育研究 [M]. 内部资料，1936.

[110] 李露露. 社会分层与社会流动 [M]. 北京：中国人民大学出版社，2019.

[111] 王先明. 近代绅士 [M]. 天津：天津人民出版社，1997.

[112] 刘永华. 礼仪下乡：明代以降闽西四保的礼仪变革与社会转型 [M]. 北京：生活·读书·新知三联书店，2019.

[113] 李庆真. 社会变迁中的乡村精英与乡村社会 [M]. 杭州：浙江大学出版社，2016.

[114] 王国维. 教育学 [M]. 福州：福建教育出版社，2008.

[115] 王道俊，郭文安. 教育学 [M]. 北京：人民教育出版社，2016.

[116] 李国栋. 民国时期的民族问题与民国政府的民族政策研究 [M]. 北京：民族出版社，2009.

[117] 袁同凯. 教育人类学简论 [M]. 天津：南开大学出版社，2013.

[118] 陈学金. 中国教育人类学简史 [M]. 北京：人民教育出版社，2018.

[119] 祁进玉. 群体身份与多元认同——基于三个土族社区的人类学

对比研究［M］．北京：社会科学文献出版社，2008．

［120］樊浩．道德形而上学体系的精神哲学基础［M］．北京：中国社会科学出版社，2006．

［121］毛礼锐，沈灌群．中国教育通史：第5卷［M］．济南：山东教育出版社，1988．

［122］高奇．中国现代教育史［M］．北京：北京师范大学出版社，1985．

［123］曲铁华．中国教育史［M］．武汉：武汉大学出版社，2011．

［124］孙培青．中国教育史［M］．上海：华东师范大学出版社，2000．

［125］南京师范大学教育系．教育学［M］．北京：人民教育出版社，2005．

［126］李桂林．中国现代教育史教学参考资料［M］．北京：人民教育出版社，1987．

［127］曲铁华．中国教育发展史纲［M］．长春：东北师范大学出版社，2006．

［128］周谈辉．中国职业教育发展史［M］．台北国立教育资料馆，1985．

［129］周慧梅．民国社会教育研究［M］．长沙：湖南教育出版社，2018．

［130］汪辉祖．学治臆说（卷上）［M］．沈阳：辽宁教育出版社，1998．

［131］宣朝庆．泰州学派的精神世界与乡村建设［M］．北京：中华书局，2020．

［132］张仲礼．中国绅士研究［M］．上海：上海人民出版社，2008．

［133］季中扬，张兴宇．乡贤文化传承与当代乡村治理［M］．北京：商务印书馆，2022．

[134] 萧公权. 中国乡村：19 世纪的帝国控制 [M]. 张皓, 张升, 译. 北京：九州出版社, 2018.

[135] 蒙文通. 儒学五论 [M]. 成都：巴蜀书社, 2021.

[136] 梁其姿. 施善与教化——明清的慈善组织 [M]. 石家庄：河北教育出版社, 2001.

[137] 贾银忠. 他从族群中走来 [M]. 北京：中国文史出版社, 2015.

## 二、期刊类

[1] 黄举安. 谈边疆教育读后感言 [J]. 边疆通讯, 1947, 4 (5).

[2] 李安宅. 谈边疆教育 [J]. 边疆通讯, 1947, 4 (2).

[3] 林达珊. 凉山边民的教育现况及其改进意见 [J]. 边疆通讯, 1948, 5 (8-9).

[4] 林达珊. 六年来的西康越巂小学 [J]. 边疆通讯, 1947, 4 (6).

[5] 岭光电. 我在夷区实施建设的经验 [J]. 边疆通讯, 1947, 4 (8-9).

[6] 岭光电. 西南夷族史 [J]. 新夷族, 1936, 1 (1).

[7] 马长寿. 凉山夷区的社会建设 [J]. 边疆通讯, 1947, 4 (8-9).

[8] 工成圣. 西康宁属的倮族 [J]. 边疆通讯, 1947, 4 (8-9).

[9] 新夷族 [J]. 西南夷文化促进会发行, 1936 (1).

[10] 新夷族 [J]. 西南夷族文化促进会发行, 1937 (2).

[11] 西尊. 边疆政治与教育问题——边疆开发与国防问题研究之一 [J]. 地方行政季刊, 1941, 2 (2).

[12] 郑鹤声. 我国边疆教育之计划与设施 [J]. 教育杂志, 1936, 28 (5).

[13] 古楳. 民族教育的讲授 [J]. 教育杂志, 1940, 30 (6).

[14] 张聿飞. 抗战中的中国社会教育 [J]. 社会教育辅导, 1945 (4).

[15] 陈守智. 边疆教育的现况 [J]. 中华教育界, 1936 (2).

[16] 谢澄波. 实施边疆教育之管见 [J]. 建设研究, 1940 (3).

[17] 谢松涛. 推进边疆教育问题之商榷 [J]. 中国回教救国协会会报, 1942 (5).

[18] 郭维屏. 抗战建国与边疆教育 [J]. 甘肃教育, 1939 (12).

[19] 孙诞先. 边疆问题与边疆教育 [J]. 青年月刊, 1941 (4).

[20] 梁瓯第. 民族政策与边疆教育 [J]. 广西教育研究, 1941 (6).

[21] 梁瓯第. 十年来的我国边疆教育 [J]. 学艺杂志, 1947 (1).

[22] 梁瓯第. 边疆教育导论 [J]. 贵州教育, 1942 (7-9).

[23] 周辉鹤. 近年来边疆教育概况 [J]. 边疆通讯, 1947 (1).

[24] 宗亮东. 现阶段边疆教育总检讨 [J]. 文化先锋, 1946 (18).

[25] 水梓. 甘肃教育概况及改进计划 [J]. 开发西北, 1934 (6).

[26] 实现国族主义应从边疆教育入手 [J]. 边民研究, 1936 (3).

[27] 文萱. 评梅心如先生著《西康》[J]. 开发西北, 1934, 2 (2).

[28] 孟真. 中华民族是整个的 [J]. 独立评论, 1935 (181).

[29] 王一影. 实施边民教育的刍议 [J]. 贵州教育, 1942 (7-9).

[30] 陈国钧. 边民教育之借鉴 [J]. 贵州教育, 1942 (7-9).

[31] 吴泽霖. 边疆的社会建设 [J]. 边政公论, 1943 (1-2).

[32] 曹树勋. 抗战十年来中国的边疆教育 [J]. 中华教育界, 1947, 1 (1).

[33] 黄熙庚. 边疆教育的特性及其应有之设施 [J]. 贵州教育, 1942 (7).

[34] 吴踌人. 今后二年之边疆教育 [J]. 建国教育, 1939 (2).

[35] 国民教育实施纲领 [J]. 教育通讯周刊, 1940 (11).

[36] 郭秀敏. 边地问题的重要性 [Z]. 四川省国民教育指导月刊印, 1941.

[37] 张廷休. 边疆与教育. 贵州教育, 1942 (7-9).

[38] 张廷休. 国防建设中之边疆教育 [J]. 教育通讯周刊, 1941, 4 (22).

[39] 张廷休. 边疆教育与民族问题 [J]. 学生之友，1941（1）.

[40] 李超. 土司制度终结新论 [J]. 青海民族研究，2020（3）.

[41] 阿扎木呷. 回忆开明土司岭光电 [J]. 凉山民族研究，1997.

[42] 阿札木呷. 岭光电兴办教育和强征我读书的情况 [J]. 凉山民族研究. 1994 年.

[43] 蔡华. 对彝族毕摩宗教现状的调查与思考 [J]. 西南民族大学学报，2005（10）.

[44] 蔡华. 凉山彝族媄尼（女巫）现状调查 [J]. 民族研究，2006（6）.

[45] 蔡华，等. 藏彝羌民族宗教与民族团结社会和谐研究报告——民族地区公共领域宗教透视 [J]. 宗教学研究，2014（4）.

[46] 董立人. 深入开展"四个认同"教育增强中华民族凝聚力 [J]. 中国民族教育，2009（12）.

[47] 罗志田. 地方的近世史："郡县空虚"时代的礼下庶人与乡里社会 [J]. 近代史研究，2015（5）.

[48] 关昉. 从民国报刊资料看彝族土司岭光电两次赴南京请愿事迹——以四川、南京报刊为核心 [J]. 民族史研究，2013（12）.

[49] 王景，赵志纯，盛莉波. 民国中央少数民族教育政策研究述评 [J]. 学术探索，2014（2）.

[50] 王景. 论民国政府少数民族教育政策的演变及其重心的转移 [J]. 学术探索，2015（5）.

[51] 土铁志. 论民族教育的概念 [J]. 民族教育研究，1996（2）.

[52] 李列. 现代学术史上的主位研究——以岭光电和曲木藏尧为例 [J]. 民族艺术研究，2006（1）.

[53] 岭光电. 忆往昔——"改土归流"及我再任土司期间的改革 [J]. 彝族文化，1985.

[54] 岭福祥、克古莫. 凉山彝族土司制度及其终结 [J]. 凉山文博，2011.

[55] 马雷军. 论多元文化背景下民族教育优惠政策的转型 [J]. 民

族教育研究，2009（6）.

[56] 潘蛟. 解构中国少数民族：去东方学化还是再东方学化 [J]. 广西民族大学学报，2009（2）.

[57] 沙马拉毅. 论彝族"克智" [J]. 西南民族学院学报（哲学社会科学版），2003（1）.

[58] 沙马拉毅. 彝族文化研究综述 [J]. 西南民族学院学报（哲学社会科学版），1996（12）.

[59] 蒋立松，吴红荣. 试析西南民族教育意义阐释的路径 [J]. 民族教育研究，2010（1）.

[60] 孙杰远. 文化断裂与教育使命 [J]. 当代教育与文化，2009（1）.

[61] 孙懿. 抗战时期民国政府的边疆教育政策 [J]. 中国边疆史地研究，2005（4）.

[62] 滕志研. 中国少数民族教育政策与美国多元文化教育政策的比较分析 [J]. 当代教育与文化，2010（2）.

[63] 万明钢，白亮. 西方多元文化教育与我国少数民族教育之比较 [J]. 民族研究，2008（6）.

[64] 王鉴，安富海. 当前我国民族教育研究前沿与热点问题综述 [J]. 学术探索，2011（2）.

[65] 王鉴. 地方性知识与多元文化教育之价值 [J]. 当代教育与文化，2009（4）.

[66] 王鉴. 论民族教育优先发展的科学内涵 [J]. 西北师大学报（社科版），2009（3）.

[67] 王鉴. 试论我国少数民族教育政策重心的转移问题 [J]. 民族教育研究，2009（3）.

[68] 王鉴. 我国民族教育现状、经验、展望 [J]. 民族教育研究，1994（4）.

[69] 马廷中. 民国政府的民族教育政策研究 [J]. 西南民族大学学报（人文社科版），2007（7）.

[70] 王菊. 从"他者叙述"到"我者建构"彝学研究的历史转型[J]. 贵州民族研究, 2008 (4).

[71] 韦钰. 论我国少数民族教育研究工作的原则与任务[J]. 当代教育与文化, 2009 (1).

[72] 温润芳. 多元整合教育理论视角下的民族地区校本课程开发[J]. 当代教育与文化, 2009 (5).

[73] 吴文定. 论少数民族民间文学的德育功能[J]. 民族教育研究, 2009 (6).

[74] 于影丽. 西北少数民族地区三级课程实施的进一步思考[J]. 当代教育与文化, 2010 (2).

[75] 余晓莹. 国外多元文化教育研究发展初探[J]. 比较教育研究, 1994 (6).

[76] 张强. 实施双语教学中若干认识和实践问题[J]. 民族教育研究, 2009 (1).

[77] 张善鑫. 民族教育发展：优惠政策、经验与展望[J]. 民族教育研究, 2009 (5).

[78] 张学梅. 中小学教育传承民族非物质文化遗产问题探微[J]. 民族教育研究, 2009 (6).

[79] 赵浩. "乡贤"的伦理精神及其向当代"新乡贤"的转变轨迹[J]. 云南社会科学, 2016 (5).

[80] 李复新, 瞿葆奎. 教育人类学：理论与问题[J]. 教育研究, 2003 (10).

[81] 斯平德勒. 教育人类学综合研究的初步尝试[J]. 李复新, 译. 华东师范大学学报（教育科学版）, 1999 (3).

[82] 李复新. 西方教育人类学述评[J]. 教育研究, 1988 (3).

[83] 李复新. 西方教育人类学研究的历史透视[J]. 华东师范大学学报（教育科学版）, 1990 (4).

[84] 滕星. "中华民族多元一体格局"思想与中国少数民族双语教育[J]. 民族教育研究, 1996 (4).

[85] 滕星. 国外教育人类学学科历史与现状 [J]. 民族教育研究, 1999（4）.

[86] 滕星. 回顾与展望：中国教育人类学发展历程——兼谈与教育社会学的比较 [J]. 中南民族大学学报（人文社会科学版），2006（5）.

[87] 魏峰. 从先贤祠到乡贤祠——从先贤祭祀看宋明地方认同 [J]. 浙江社会科学，2008（9）.

[88] 冯增俊. 教育人类学未来发展展望 [J]. 华南师范大学学报（社会科学版），2006（3）.

[89] 冯增俊. 教育人类学刍议 [J]. 当代研究生，1986（4）.

[90] 肖朗，叶志坚. 王国维与赫尔巴特教育学说的导入 [J]. 华东师范大学学报（教育科学版），2004（4）.

[91] 钱民辉. 费孝通的教育人类学思想初探 [J]. 中央民族大学学报（哲学社会科学版），2007（4）.

[92] 苏德. 少数民族多元文化教育的内容及其课程建构 [J]. 中央民族大学学报（哲学社会科学版），2008（1）.

[93] 牛建强. 地方先贤祭祀的展开与明清国家权力的基层渗透 [J]. 史学月刊，2013（4）.

[94] 陈剩勇. 清代社学与中国古代官办初等教育体制 [J]. 历史研究，1995（6）.

[95] 侯海燕. 当代国际科学学研究热点演进趋势知识图谱 [J]. 科研管理，2006（5）.

[96] 甘永涛，刘倩. 当代中国教育人类学研究热点及其演化的知识图谱 [J]. 民族教育研究，2014（4）.

[97] 陈学金. 当前的中国教育人类学研究：内容领域与焦点议题 [J]. 社会学评论，2014（6）.

[98] 陈学金. 西南少数民族农村教育的处境与出路——《村落视野下的农村教育》评介 [J]. 湖南师范大学教育科学学报，2010（6）.

[99] 吴晓蓉. 中国教育人类学研究述评 [J]. 民族研究，2010（2）.

[100] 吴晓蓉. 教育人类学研究的本土实践 [J]. 教育学报，2009

(6).

[101] 张蓉蓉. 教育与文化传承：贵州少数民族教育存在的两个问题 [J]. 贵州民族研究, 2006 (4).

[102] 吴震. 十六、十七世纪劝善思潮与善书 [J]. 中国史研究动态, 2017 (3).

[103] 王日根. "社学即官办初等教育" 说质疑 [J]. 历史研究, 1996 (6).

[104] 祁进玉, 候馨茹. 中国民族教育研究百年回顾与前瞻 [J]. 民族教育研究, 2021 (3).

[105] 祁进玉. 教育人类学研究：中国经验 30 年（1978—2008）[J]. 民族教育研究, 2009 (5).

[106] 祁进玉. 中国教育人类学研究的现状与反思 [J]. 湖南师范大学学报（教育科学版）, 2009 (7).

[107] 金志远. 新一轮课程改革背景下少数民族文化传承与民族基础教育课程改革 [J]. 民族教育研究, 2009 (6).

[108] 金志远. 民族教育定义辨析及判断标准 [J]. 内蒙古师范大学学报（哲学社会科学版）, 2000 (4).

[109] 冯跃. 中国 "教育人类学" 与 "民族教育学" 学科发展之比较研究 [J]. 内蒙古师范大学学报（哲学社会科学版）, 2003 (1).

[110] 苏日娜. 论教育人类学的学科性质与研究方法 [J]. 中央民族大学学报（哲学社会科学版）, 2005 (3).

[111] 耿金声. 论民族教育的概念和民族教育的特点 [J]. 民族教育研究, 1991 (2).

[112] 李红杰. 民族教育学研究对象和体系浅见 [J]. 北方民族, 1992 (2).

[113] 左松涛. 新词与故物：清季以来所谓'私塾'问题的再认识 [J]. 中山大学学报（社会科学版）, 2008 (3).

[114] 常永才. 民族教育学研究的历史、成就与现状 [J]. 中央民族大学学报（哲学社会科学版）, 1998 (3).

[115] 常永才. 中国少数民族教育学研究：历史、成就与问题 [J]. 中央民族大学学报（哲学社会科学版），2000（1）.

[116] 张飞，曹能秀. 学校教育中的少数民族文化传承研究——以云南省寻甸回族、彝族自治县六哨乡为例 [J]. 云南农业大学学报，2008（1）.

[117] 容中逵，杜薇. 传统乡贤社会教化的文化逻辑及其当代价值 [J]. 湖南师范大学教育科学学报，2021（5）.

[118] 费孝通. 中华民族的多元一体格局 [J]. 北京大学学报，1988（4）.

[119] 张敦福. 朝鲜族学生选汉校：急剧社会变迁中的文化适应 [J]. 民族教育研究，1997（4）.

[120] 王亚鹏，万明钢. 民族认同研究及其对我国民族教育的启示 [J]. 比较教育研究，2004（8）.

[121] 李亦园. 人类学本土化之我见 [J]. 广西民族学院学报（哲学社会科学版），1998（3）.

[122] 袁同凯，冯朝亮. 追寻"自性"：中国教育人类学的学科演进与范式探索 [J]. 教育研究，2022（6）.

[123] 侯怀银，王俊琳. 德国文化教育学在中国的传播及其影响 [J]. 外国教育研究，2016（9）.

[124] 叶澜. 中国教育学发展世纪问题的审视 [J]. 教育研究，2004（7）.

[125] 凌兴珍. "人本·创化·适应"：李安宅教育思想及其在边疆教育中的应用——一个社会学/人类学家对中国汉藏教育文化问题的探寻与应对 [J]. 四川师范大学学报（社会科学版），2020（3）.

[126] 陈宝良. 明代的义学与乡学 [J]. 史学月刊，1993（3）.

[127] 程方平. 中国民族教育研究述评 [J]. 民族教育研究，1993（1）.

[128] 丁虎生. 论民族教育概念的形成及其范畴 [J]. 贵州民族研究，1991（4）.

[129] 胡德海. 关于我国民族教育的几个问题 [J]. 西北师大学报（社会科学版），1990（4）.

[130] 李为香. 明末清初善书风行现象解析 [J]. 东北师大学报（哲学社会科学版），2008（2）.

[131] 哈经雄，滕星. 民族教育学学科体系构成及现状 [J]. 民族教育研究，1996（4）.

[132] 霍红伟. 清代地方官学的恢复与重建——以清代地方志为中心的考察 [J]. 中国地方志，2007（7）.

[133] 赵世林. 论现代化进程中的民族文化传承 [J]. 思想战线，1995（6）.

[134] 马戎. 民国时期的社会转型、政权建设与族群关系 [J]. 西北民族研究，2015（2）.

[135] 马戎. 如何认识"民族"和"中华民族"——回顾1939年关于"中华民族是一个"的讨论 [J]. 中南民族大学学报（人文社会科学版），2012（5）.

[136] 周文玖，张锦鹏. 关于"中华民族是一个"学术论辩的考察 [J]. 民族研究，2007（3）.

[137] 王卫平，马丽. 袁黄劝善思想与明清江南地区的慈善事业 [J]. 安徽史学，2006（5）.

## 三、译著类

[1][俄] 顾彼得. 彝人首领 [M]. 和铹宇，译. 成都：四川文艺出版社，2004.

[2][法] 爱弥尔·涂尔干. 宗教生活的基本形式 [M]. 渠东，汲喆，译. 上海：上海人民出版社，1999.

[3][美] 克利福德·格尔茨. 文化的解释 [M]. 韩莉，译. 南京：译林出版社，2008.

[4] 韦伯. 学术与政治 [M]. 冯克利，译. 北京：生活·读书·新知

三联书店，2018.

[5] 哈维兰. 文化人类学［M］. 翟铁鹏，张钰，译. 上海：上海社会科学院出版社，2006.

[6] 胡塞尔. 欧洲科学的危机与超越论的现象学［M］. 王丙文，译. 北京：商务印书馆，2001.

[7] 克莱德·克鲁克洪. 文化与个人［M］. 高佳，译. 杭州：浙江人民出版社，2006.

[8] 鲁道夫·谢弗. 儿童心理学［M］. 王莉，译. 北京：电子工业出版社，2005.

[9] 塞缪尔·亨廷顿. 文明的冲突与世界秩序的重建［M］. 周琪，等译. 北京：新华出版社，1996.

[10] 约翰·罗尔斯著. 万民法：公共理性观念新论［M］. 张晓辉，等译. 长春：吉林人民出版社，2011.

[11] ［德］克里斯托夫·武尔夫. 教育人类学［M］. 张志坤，译. 北京：教育科学出版社，2009.

[12] ［美］N. KEN SHIMAHARA, IVAN Z. HOLOWINSKY, SAUNDRA TOMLINSON-CLARK. 全球视野：教育领域中的族群性、种族和民族性［M］. 北京：民族出版社，2010.

[13] ［俄］康·德·乌申斯基. 人是教育的对象——教育人类学初探（上、下）［M］. 郑文樾，译. 北京：人民教育出版社，2007.

[14] 赫勃尔特·茨达齐尔. 教育人类学原理［M］. 李其龙，译. 上海：上海教育出版社，2001.

[15] ［俄］米·依·加里宁. 论共产主义教育和教学（1924—1945年论文和讲演集）［M］. 陈昌浩，沈颖，译. 北京：人民出版社，1981.

[16] ［美］麦克默林. 教育目的概述. 丁证霖，瞿葆奎. 教育学文集·教育目的［M］. 赵中建，译. 卢丹怀，校. 北京：人民教育出版社，1989.

[17] 博尔诺夫. 教育人类学［M］. 李其龙，译. 上海：华东师范大学出版社，1999.

[18] [英] 莫里斯·弗里德曼. 中国东南的宗族组织 [M]. 刘晓春, 译, 王铭铭, 校. 上海：上海人民出版社，2000.

[19] 黑格尔. 法哲学原理 [M]. 范扬, 张金泰, 译. 北京：商务印书馆，2009.

[20] 黑格尔. 精神现象学（下）[M]. 贺麟, 王玖兴, 译. 北京：商务印书馆，1981.

## 四、英文类

[1] Berry J W, POORTINGA Y P, SEGALL M H, et al. Cross-Cultural Psychology：Research and Applications (2nd ed.) [M]. Cambridge (UK)：Cambridge University Press，2002：345-383.

[2] JAMES A. BANKS, CHERRY A. MCGEE BANKS. Multicultural Education：Issues and perspectives [M]. Second Edition. Allyn and Bacon，1993：359.

[3] REDFIELD R, LINTON R, HERSKOVITS M J. Momorandumontth study of acculturation [J]. American Anthropologist，1936（38）：149-152.

[4] RENNOLD L. LOWY. Adventures in Lololand [J]. National Geographic Magazine，1947，91（1）：105-108.

[5] BENNETT, J W. Northern Plainsmen：Adaptive Strategy and Agrarian Life [M]. Chicago：Aldine，1969：10-11.

## 五、学位论文类

[1] 李列. 彝族研究现代学术的建立 [D]. 北京：北京师范大学，2005.

[2] 伊利贵. 民国时期西南"夷苗"的政治承认诉求——以高玉柱的事迹为主线 [D]. 北京：中央民族大学，2011.

[3] 张会会. 明代的乡贤祭祀与乡贤书写——以江浙地区为中心

[D]．长春：东北师范大学，2015．

[4]关昉．一个彝族土司的国家认同与民族认同——以岭光电两次赴南京请愿事为中心[D]．北京：中央民族大学，2015．

[5]戴玥琳．凉山彝族土司文化探究——以甘洛田坝地区为例[D]．北京：中央民族大学，2015．

[6]谢敏．学术与与时局——以《康藏研究月刊》为中心的考察[D]．成都：四川师范大学，2010．

## 六、报纸、手稿及油印资料

[1]李晓东，危兆盖，邵明亮．四川凉山教育调查：凉山教育，一场艰难的攻坚[N]．光明日报，2015-09-08（5）．

[2]李国太．岭光电：土司家庭走出的彝族学者[N]．中国民族报，2013-08-02（07）．

[3]杜受祜．吴乃军．生趣盎然，老当益壮——访国民党立法委员、二十七军副军长、彝族土司岭光电先生[N]．内部资料．

[4]岭光电手稿：《雷波卢占鳌父子》（1962）；《随中央军撤退逃亡》（1963）；《回忆舅舅》（1986）；《岭光电委员的发言》（1986）；《忆私立斯补边民小学校》（1987）；《阿侯入侵与麻卡格初反击情况及参加者族谱》（1987）；《忆乐（山）西（昌）公路北段边民筑路队》（1988）；《蒋大成为人》（1988）。

[5]岭光电油印资料：《呗耄献祖经》（1981）；《双动古侯》（1982）；《雪族》（1982）；《谚语（上）》（1982）；《教育经典》（1982）；《史传》（1983）；《谚语（中）》（1983）；《谚语（下）》（1983）；《凉山彝族有关妇女的谚语》（1983）；《之子宜乍》（1984）。

[6]顾颉刚．中华民族是一个[N]．益世报·边疆周刊，1939-02-13．

[7]张星泽．今后实施边疆教育之商榷[N]．中央日报，1946-09-05．

[8] 李子廉. 云南教育事业的现状 [N]. 云南日报, 1937-05-07.

[9] 郝瑞. "民族" 概念翻译中的难题 [N]. 中国社会科学报, 2010-07-22.

[10] 趁战时建设西北西南 [N]. 大公报, 1937-10-05.

[11] 费孝通. 关于民族问题的讨论 [N]. 益世报, 1939-05-01.

[12] 抗日救国运动中教育界之责任 [N]. 申报, 1931-10-03.

# 后 记

论文即将完成之日，感慨良多，有工作的辛苦，有进步的喜悦，亦有受挫的沮丧，其中最多的是满心的感谢！感谢良师益友和家人的支持与帮助！正是在他们的鼓励与关怀下，我才得以不断获得进步与成功，顺利完成人生中这段重要的历程。

我这篇博士论文的完成，从选题立意到框架结构，从田野调查到文献资料搜集，从初稿到定稿，都得到导师蔡华教授的悉心指导和细心批阅。蔡老师治学严谨，对学生既严格又关心。一发现我在论文准备和写作过程中的不足，马上毫不留情地指出并督促改正。想方设法给我的学习提供各种方便，甚至在春节她外出度假期间，只要一发现跟我论文有关的资料，她就会及时发送给我。本书能够顺利完成并达到学校博士论文的要求，与蔡老师的严格要求和精当指导是分不开的。可惜我力有不逮，并未完全达到老师的期望，希望这成为我继续前进的目标。博士学习使我受益匪浅，非常感谢蔡老师对我的严格要求！

沙马拉毅教授学问渊深，视野广阔，善于引导学生；谦虚宽厚，雍和大度，手握累累硕果，身居高位多年，然却能十分体察学生的难处，与沙马老师相处，如沐春风。沙马老师对我热爱地方传统文化、坚定专业研究的信心，起了重要影响。感谢沙马老师！

感谢我硕士期间的导师孙善玲研究员、朱代强教授和徐铭教授一如既往的关心与鼓励！

感谢西南民族大学和彝学博士点在我求学期间提供的良好学习氛围和各种便利！感谢读博期间各位老师与同学的支持帮助！

感谢岭光电家人给予的大力帮助！岭福英先生、岭琼芳女士、岭福祥教授、尔布什哈馆长回忆了他们与其父岭光电相处的很多事情，他们质朴的讲述颇有岭老先生在字里行间流露的真挚朴实的风格。其中尔布什哈馆长不仅提供了大量文本资料，在我写作过程中，更是不厌其烦，有问必答。岭老先生的长孙岭阿木做事细心周到、为他人着想，令我印象深刻。

在搜集资料和做田野调查时，我得到了众多长者和热心人的帮助。西昌的蒋正才先生、马之一先生、马之清先生、姜碧纶先生、刘世昌先生；甘洛的彭勇先生、潘占清先生、李敢先生、蒋杰先生、岳既英先生、李文明先生、骆兴旺与阿嘎甲哈夫妇；汉源的羊德帮先生；他们回忆了大量关于岭光电的事迹，其中蒋正才先生、马之一先生和蒋杰先生，还提供了一些个人珍藏的文本资料。难忘甘洛的彭阿木先生，素昧平生，悄悄地给我提供各种帮助，却表现得完全若无其事而不让我察觉；潘木乃先生给我提供准确的访谈人名单，给予急人所急的热心帮助。还有西昌的巴且日火先生，甘洛的马付清先生、罗富贵先生、王泽林先生、王加盛先生，都提供了尽可能的帮助。感谢所有热心人士的热情支持和帮助！

感谢我深爱的父母！正是因为父亲当年对我在极端困难条件下考研的信任和母亲的倾力后援，才使我走上了现在的治学之路。

感谢我的先生曹群勇和儿子曹哲远！我能顺利完成博士学业，先生付出极大，他尽可能承担所有他能承担的一切，从各方面帮我排忧解难，就只是为了让我心无旁骛的专心学业。儿子学习上不让我操心，完全凭借自己的能力，一步一步地扎扎实实地在进步，偶尔还为我打气加油。无私的父母和温暖的小家庭都是我前行的坚强后盾！

所有这些支持与帮助都成了我写作中源源不断的动力！

最后，再次向所有支持和帮助过我的师长、热心人士和亲友致以诚挚的感谢！

刘 星
2016年5月于西南民族大学

2016年6月笔者从西南民族大学西南民族研究院彝学博士点毕业至今已有七年，期间经历工作和生活上的一些变动，本研究也时断时续。在本书即将付梓之时，特补后记，将研究中的一些背景和心得做一个简单陈述。本书从选题、资料收集、田野调查到持续写作，从获得教育部人文社科项目立项、顺利结项，到获得国家社会科学基金项目立项，至现在呈现于读者面前的作品，历时十载。但实际上在此期间，因为工作和生活中一些变动的影响，未能将全部精力集中于本课题的研究，未能一鼓作气完成任务，以致于延迟到现在，着实感到惭愧！书中绪论部分交待了研究的缘由及过程，兹不赘述。

在博士学位论文和教育部项目结项最终成果的基础上，本次又对书稿按照专著出版的要求及范式做了较大修改：增加了乡贤研究、教育理论和抗战时期的教育情况方面的内容，框架结构也有调整；另外，因为学术环境变化的原因，一些概念的提法和表述改动也较多，以至于有些内容读起来有点别扭，在此就不一一列举了。本研究的部分篇章已经整理成独立论文发表，《论民国时期四川凉山彝区教育发展特征》一文发表于《民族教育研究》，2015年第6期；《适应与创造：论四川凉山彝族文化的传承路径》一文发表于《贵州民族研究》，2019年第10期。其中后一篇论文在书中仅保留了极少部分的内容。

本书的出版，得到了贵州民族大学民族学与历史学学院的领导与同仁的大力支持与帮助，何其有幸能在如沐春风般的环境中与大家共事！学院良好的工作氛围给我提供了尽可能好的写作便利；衷心感谢我们强大的学院、各位领导和同仁！特别感谢学院副院长郭国庆教授为本书出版默默地提供及时雨般的帮助！

另外，本书的初稿是在四川警察学院工作期间完成的，在此过程中，得到警察学院副校长郑友军教授的支持和帮助，在此表示特别感谢！

挚友们一路相伴提供的支持给了我一路前行的动力！特别感谢我亲爱的挚友们！感谢湖南郴州的黄友芬女士、黄代芳女士、刘春尧女士和亦亲亦友的妹妹刘晓飞女士！感谢四川绵阳的任萍博士和云南红河的高文博士！

非常感谢中央民族大学出版社和本书责任编辑舒松主任！中央民族大学出版社的高效运作模式给了我宽松的出版环境，舒老师对本书的修改、精心编辑和版式设计付出诸多智慧和辛劳，为本书增色华美。康厚桥副编审为本书的修改提出了诸多宝贵意见和建议，非常感谢！特别感谢校对老师的高度严谨负责、高水平的校对修改工作！布拉格老师精心设计封面，非常感谢！

岭光电土司是深受人们敬仰的凉山乡贤，在川、滇、黔、渝一带广有声誉，越是随着研究的深入，我越能感受到岭老先生的高尚人格魅力。然而，由于笔力有限，我恐怕未能完全写出岭老先生的"贤"与"能"，文中也难免有不足之处，在此，笔者期盼学界同仁和读者的批评与指正！也希望能获得更多材料，以后做进一步的修改和完善。

刘　星<br>
2023 年 9 月于贵州民族大学荟文苑